CHUANGXIN LAODONG JIAZHI LUN
LUN CHAOCHANG JIAZHI

创新劳动价值论
——论超常价值

赵培兴 ◎著

人民出版社

赵培兴，1942年出生于山东省海阳县。研究员。1965年，黑龙江大学哲学系毕业留校任教。1976年，调中共黑龙江省委机关工作后，先后任中共黑龙江省委机关党委宣传部副部长、中共黑龙江省兰西县委书记、黑龙江省出版局副局长、中共黑龙江省委办公厅副主任、黑河行署专员、黑河市人民政府市长、中共黑龙江省委党史研究室主任。著有《论规律》（人民出版社）、《社会主义论》（人民出版社）、《论创新劳动及其价值定位》（中央文献出版社）、《创新劳动论》（中央文献出版社、黑龙江人民出版社）等。主编《大庆"两论"起家——学习〈实践论〉、〈矛盾论〉》、《中共黑龙江简史》（中央文献出版社）等。在《人民日报》等报刊发表《〈创新劳动与重复劳动〉——对劳动的新分类》、《关于创新劳动及其价值定位问题》、《关于生产要素的合理流动与优化组合》、《不断增强综合国力》、《落实科学发展观，实现经济发展方式转变》等一批研究现实问题的文章。

目　　录

导　言

我从大学讲坛走到省委机关、县委书记、专员、市长等岗位，惯于在实际工作中对重大现实问题进行理论思考，曾著述《论规律》（人民出版社 1981 年版）、《社会主义论》（人民出版社 1988 年版）等专著。特别是从 1983 年以来，我始终带着工作实践中提出的关于创造性劳动及其创造的价值问题，反复学习马克思主义政治经济学，尤其是对马克思的《资本论》等一系列政治经济学著作及其笔记、通信逐一进行了研究，获得了不同于大学学习时的深刻感觉。同时，对人类经济社会发展史和创新劳动史，特别是对传统工业经济发展暴露的根本矛盾和随之出现的知识经济进行了跟踪考察。并且，对世界社会主义历史及其正反两方面的历史经验同中共党史和中国特色社会主义实践与理论进行了比较研究。在这个过程中，逐步形成了关于人类创新劳动及其创造的价值问题的一系列思想和概念并于 2001 年 6 月将部分核心内容发表在《人民日报》上。它曾将我提出的"创新劳动和重复劳动"概括为"关于人类劳动的新划分"。

实际上，最早启发我把创造性劳动概括为人类创新劳动的是邓小平同志。1984 年 11 月，赴黑龙江省兰西县投资兴建亚麻纺织厂的荣毅仁先生转述邓小平同志当年 8 月为中国国际信托投资公司题词"勇于创新"时,我(时任中共兰西县委书记)豁然领悟到邓小平同志"创新"二字一下子抓住了人类创造性劳动的本质特征并由此把工作中已经提出和正在研究的"创造性劳动"首次概括为"创新劳动"①。在随后的考察和研究中,发现"非创造性劳动"的本质特征在于"重复性"。这样,我就把原来研究的"创造性劳动和非创造性劳动"概括为"创新劳动和重复劳动"。后来,一些不了解此情的专家朋友多次建议我把这种人类劳动的现象概括为"创造性劳动和非创造性劳动",但我一直未改初衷。因为把人类创造性劳动形态锁定在"创新"二字上,不仅在实践中能够抓住"创造性"的客观标准和价值所在,而且在理论上也能把人类在此种形态劳动中的"发现、发明和创造"都涵盖进来。

2002 年 10 月,经过多年的研究和积淀,以及 2001 年发表在《人民日报》上的文章反馈,我在中央文献出版社出版的《论创新劳动及其价值定位》中,把关于创新劳动及其价值问题的一些主要研究成果简缩在 10 万字的小册子里。为了进一步阐述创新劳动理论和创新劳动价值理论,我又于 2006 年 7 月,在中央文献出版社和黑龙江人民出版社出版了《创新劳动论》,还计划接着出版《创新劳动价值论》,但出于慎重考虑,推延至今才与读者见面。

《创新劳动价值论》主要是在《创新劳动论》研究创新劳动理论的基础上,进一步研究创新劳动价值理论。在马克思主义劳动理论和劳动价值理论的指导下,《创新劳动论》和《创新劳动价值

---

① 在人类历史上,美籍奥地利裔经济学家约瑟夫·阿罗斯·熊彼特(Schu-mpeter, J·A)在 1912 年出版的专著《经济发展理论》中,曾首次在经济学上比较系统地论述了"创新"的意义,充分肯定了"创新"在经济,特别是微观经济发展中的地位和作用。这是他的贡献。但是,他尚未提出"创新劳动"与"重复劳动"的概念,也就是没有把"创新"作为人类劳动中一种特殊形态加以研究,更没有提出和研究创新劳动理论与创新劳动价值理论,没有提出和研究创新劳动价值论。其中,一个重要原因是其不承认马克思主义劳动价值论。

论》共同架构了一个关于研究、概括和阐述创新劳动理论和创新劳动价值理论的统一体。《创新劳动论》是《创新劳动价值论》的前提、铺垫和基础,不提出和研究"创新劳动论",就不能提出和研究"创新劳动价值论";"创新劳动价值论"则是"创新劳动论"的延伸、提升和深化,不提出和研究"创新劳动价值论",就不能从价值形态上深入研究人类创新劳动,也就不可能把创新劳动理论升华为创新劳动价值理论并最终形成创新劳动价值论。如果创新劳动理论的核心概念和逻辑起点是新质使用价值,那么创新劳动价值理论的核心概念和逻辑起点则是超常价值。因此,我为《创新劳动价值论》加上了一个开门见山的副题"论超常价值"。可见,《创新劳动价值论》,实际上就是《超常价值论》。

从结构上看,《创新劳动价值论》由六篇、十八章、三十七节构成,共计26万字。每篇当头,我设计了一个篇眼,概括本篇的核心思想,以起画龙点睛之效。

第一篇是"超常价值的来源",即来源篇。篇眼是"正常价值的来源是人类重复劳动,超常价值的来源则是人类创新劳动"。本篇包括第一章"劳动的两种性能"和第二章"劳动的创造性与价值的超常性",共两章,主要研究人类劳动的基本性能,即创造性与模仿性,揭示价值的超常性决定于劳动的创造性。这种超常性,在使用价值上具体表现为新质使用价值;在价值上具体表现为超常价值;在综合价值上,具体表现为革命性综合价值。

第二篇是"超常价值的生产",即生产篇。篇眼是"生产正常价值的是重复劳动的社会必要劳动时间,生产超常价值的则是创新劳动者耗费的个别必要劳动时间"。本篇包括第三章"生产超常价值的劳动时间的个别必要性"、第四章"生产资料的知识性和知识性的生产资料"、第五章"创新产品的价值构成"、第六章"生产绝对超常价值的个别必要劳动时间”、第七章“相对超常价值的形成”,共五章。主要研究超常价值究竟是怎么生产出来的问题。这一篇集中揭示了创新劳动价值论的精髓,即绝对超常价值与相对超常价值之间的辩证法。不弄懂它,就根本搞不明白超常价值究竟是怎么一回事,它究竟为什么具有超大的价值量。

第三篇,“超常价值的实现”,即实现篇。篇眼是“正常价值的实现是一次性的,超常价值的实现则是多次性的”。本篇包括第八章“超常价值实现的多次性”、第九章“超常价值的一次实现”、第十章“超常价值的二次实现”、第十一章“超常价值的承续实现”,共四章。主要研究为什么超常价值的实现是多次性的和超常价值是怎样通过多次实现来实现的问题。

第四篇,“超常价值的量度”,即量度篇。篇眼是“对正常价值必须进行精确量度,对超常价值则必须进行模糊量度”。本篇包括第十二章“超常价值的模糊量度”、第十三章“超常价值率”、第十四章“价格在超常价值量度中”,共三章。主要研究为什么对超常价值必须进行模糊量度和怎样对其进行模糊量度的问题。

第五篇,“超常价值的分配”,即分配篇。篇眼是“重复劳动创造剩余价值,创新劳动则创造超常剩余价值”。本篇包括第十五章“创新劳动者应得价值”、第十六章“超常剩余价值”,共两章。主要研究创新劳动者应得或所得价值对其创造的超常剩余价值的比率及其悬殊状态。此篇还提出了剩余价值,包括超常剩余价值的二重性理念,揭示了创新劳动者及其创新劳动和创新成果在生产力和人类社会及其各领域发展与进步,特别是超常发展和革命性进步中的价值定位。

第六篇,“超常价值的使命”,即使命篇。篇眼是“正常价值的使命是推进生产力和人类社会及其各领域发展与进步,超常价值的使命则是推进生产力和人类社会及其各领域超常发展和革命性进步"。本篇包括第十七章"价值发展的历史长久性和曲折性"、第十八章"最终完成社会主义历史使命的经济形态",共两章。此篇主要研究以人类抽象劳动为其实体的价值发展的必然趋势和超常价值的历史使命,特别是揭示了实现人的自由发展是全人类共同奋斗的最高目标,提出了知识经济是最终完成社会主义历史使命的经济形态。

概括起来,《创新劳动价值论》的主要理论创新和实践意义在于:

一、提出创新劳动价值论,初步搭建了理论框架

劳动价值论由资产阶级古典政治经济学家①提出以后,经过马克思和恩格斯的批判、继承和发展,建立了马克思主义劳动价值论。特别是马克思发现了劳动的二重性,创立了剩余劳动价值理论,揭示了剩余价值的剥削本质,完成了伟大的剩余价值学说,为马克思主义政治经济学奠定了理论基石。马克思主义劳动价值论对于我们研究和解决人类一切劳动形态及其价值问题,都具有普遍指导意义。尽管,马克思主义劳动价值论,是在研究实际上的重复劳动及其创造的正常价值的基础上形成的,但是在普遍的意义上,它是关于人类劳动及其价值的理论,而创新劳动及其超常价值仍然属于人类劳动及其价值的范畴。因此,马克思主义劳动价值

---

① 提出劳动价值论的资产阶级古典政治经济学家的主要代表有:威廉·配第(William Petty,1623—1687年,英国资产阶级古典政治经济学的创始人,统计学家)、亚当·斯密(Adam Smith,1723—1790年,英国著名经济学家,资产阶级古典政治经济学理论体系的创立者)和大卫·李嘉图(David Ricardo,1772—1823年,英国著名经济学家,资产阶级古典政治经济学的完成者)等。

论对于研究人类创新劳动及其创造的超常价值,仍然是须臾不能离开的科学指导。同时,它也为研究人类创新劳动及其超常价值留下了足够的理论发展空间。我提出的创新劳动价值论,正是在马克思主义劳动价值论的指导下并在研究人类劳动及其价值中这一最特殊、最复杂、最高级的形态,即创新劳动及其超常价值的基础上形成的。

在《创新劳动价值论》中,我以超常价值为核心概念与逻辑起点,提出了创新劳动价值论的六条特殊性原理,即关于超常价值来源于人类创新劳动的原理;关于创新劳动者发现、发明和创造新质使用价值所耗费的个别必要劳动时间生产超常价值的原理;关于超常价值实现的多次性原理;关于超常价值模糊性量度的原理;关于创新劳动力创造超常剩余价值的原理;关于创新劳动创造的超常价值和新质使用价值及其形成的革命性综合价值推进生产力和人类社会及其各领域超常发展和革命性进步的原理。同时,提出了以最低时间成本发现、发明和创造人类尚未有或部分尚未有新质使用价值,即创新时间成本最低化定律、创新成果超常价值和超常剩余价值及其承担者新质使用价值多次性实现形成革命性综合价值定律和劳动创新率、劳动价值率、超常价值率"三率正比"定律以及经济形态跨越社会形态定律等。此外,还提出或运用了新质使用价值、超常价值、革命性综合价值、知识性生产资料、绝对超常价值与相对超常价值、劳动创新率、劳动价值率、超常价值率、创新劳动者应得或所得价值、超长剩余价值和实践中的社会主义,即发展中的社会主义等新概念,对"经济形态"一类人们已用概念重新进行了明确的界定,并且首次明确提出和概括了剩余价值的二重性理念。这样,我以马克思主义劳动价值论为指导,以超常价值的主要原理与定律和一系列新概念为骨架与节点,搭建了一个创新劳动价值论的初步框架。

在创新劳动价值论这个框架中,核心是超常价值,整个创新劳动价值论都是紧紧围绕超常价值展开的。从超常价值的来源、超常价值的生产、超常价值的实现到超常价值的量度、超常价值的分配,最后到超常价值的使命,我力图从思想内容和逻辑结构上,篇篇递进、章章相扣,将其浇铸成一个统一的科学整体。

创新劳动价值论的理论架构,是根据马克思主义劳动价值论的基本原理和中国特色社会主义的基本理论,研究人类创新劳动史,特别是当代国内外创新劳动实践及其超常价值创造的特殊规律的结果,是其互相结合的产物。因此,其每一条原理都既坚持了马克思主义劳动价值论和中国特色社会主义理论的普遍真理,又反映了人类创新劳动及其超常价值的特殊规律和中国特色社会主义的基本经验:正常价值来源于人类重复劳动,而超常价值则来源于人类创新劳动;生产正常价值的是重复劳动的社会必要劳动时间,而生产超常价值的则是创新劳动者耗费的个别必要劳动时间;正常价值的实现是一次性的,而超常价值的实现则是多次性的;对正常价值必须进行精确量度,而对超常价值则必须进行模糊量度;重复劳动创造剩余价值,而创新劳动则创造超常剩余价值;重复劳动创造的正常价值和使用价值及其实现形成的综合价值,推动生产力和人类社会及其各领域发展与进步,而创新劳动创造的超常价值和新质使用价值及其实现形成的革命性综合价值,则推动生产力和人类社会及其各领域实现超常发展和革命性进步。同时,提出或使用的新定律、新概念也各有特殊性。创新劳动价值论正是在马克思主义劳动价值论和中国特色社会主义理论的指导下,走进了这块特殊的理论空间。因此,这是一个以马克思主义劳动价值论为基础的创新劳动价值论的特殊性理论架构。

二、应用创新劳动价值论的核心思想,大略论证了创新发展道路

创新劳动创造人类尚未有或部分尚未有新质使用价值和超常价值与超常剩余价值,它们的实现形成决定生产力和人类社会及其各领域超常发展和革命性进步的革命性综合价值。这一核心思想说明,实践创新劳动价值论,必将推进生产力超常发展和整个社会及其各领域实现革命性进步,形成创新发展道路。纵观人类社会发展史,无论是生产力的超常发展、社会形态的革命更替,还是国家的崛起、民族的振兴,以及产业的突起、企业的跃升,无一不是有意无意、自觉不自觉地实践创新劳动价值论,走创新发展道路实现的。创新劳动价值论是创新发展道路的理论支撑,创新发展道路是创新劳动价值论的实践轨迹。

面对当代高新科学技术和现代文化及其产业创新所形成的"价值黑洞",只有创新劳动价值论及其支撑的创新发展道路才能打开它的奥秘。特别是绝对超常价值与相对超常价值之间的对立统一这一创新劳动价值论的精髓,是最终解开这一奥秘的钥匙。例如,比尔·盖茨的微软公司,从1978至1998年仅用20年时间就创造和积累了价值2000亿美元的资产,如果加上比尔·盖茨本人和整个公司职工的个人收入以及国家税收等价值,其创造的总价值量恐怕不会少于4000亿美元。若按照这一时期单位国际社会必要劳动时间创造的价值含量,同微软公司全体职工的所有劳动时间计算,怎么也算不出4000亿美元的价值总量来,这中间就出现了一个难以破解的巨大价值黑洞。如果应用创新劳动者投入的个别必要劳动时间的劳动价值率,即其单位个别必要劳动时间的价值含量高于并

大大高于重复劳动者耗费的社会必要劳动时间的劳动价值率,即单位社会必要劳动时间创造的价值含量这一奥妙,一下子就揭开了这一价值黑洞的奥秘。人们一看,原来这"黑洞"里充填的竟是相对超常价值,即以社会必要劳动时间为价值尺度的所谓"超常价值"。此类现象比比皆是,不一而足。它充分说明,只有根据创新劳动价值论,坚持创新发展道路,才能实现生产力的超常发展和价值与社会财富的不断涌流,以及整个社会及其各领域的革命性进步。

三、根据创新劳动价值论的新概念,为创新型国家建设提出了价值标准

目前,国际上衡量和认定世界现有二十多个创新型国家的主要标准有三条:一是科学技术对经济发展的贡献率(70%以上)、对外科学技术依存度(30%以下);二是科学技术研发费用占国民生产总值(GNP)的比例(全球排名第一的瑞典为4.3%);三是创新指数(全球排名第一的瑞典为7.07)。虽然,这些指标对衡量和认定创新型国家是有意义的,但除"创新指数"外,都有一定缺憾。首先,"科学技术对经济发展的贡献率"和"对外科学技术依存度",不能完全反映科技创新对经济发展的贡献率,也不能完全反映对外科技创新的依存度,尚缺乏确切度。同时,科技研发费用占国民生产总值的比例,反映的只是用于科技开发的支出,而不是或不完全是创新成果,尚缺乏直接性。创新劳动价值论提出的"劳动创新率"(创新劳动创造的人类尚未有或部分尚未有新质使用价值同国家、企业或复合型创新劳动过程所创造的使用价值或社会财富的比率)、"超常价值率"(创新劳动创造的超常价值同国家、企业或复合型创新劳动过程所创造的价值总量的比率)和"超常剩余价值率"(超常剩余价值同创新劳动者所得价值的比率)等指标,则能够进一步确切、直接并刚性反映科学技术创新对国家或企业的社会财富或使用价值和价值,包括剩余价值创造的贡献率,从而为创新型国家建设提供价值标准,以充实创新型国家建设的标准体系。而且,在牙买加体系废除黄金的货币地位,采用不受价值总量限制的信用货币条件下,价值标准具有货真价实的标志性作用。

四、坚持指导我们党的思想的理论基础,具体探索了社会主义的历史必然性

在研究创新劳动价值论和考察人类经济形态发展史,特别是当代国内外工业经济和知识经济发展的过程中,我发现工业经济形态的充分发展必然导致知识经济,信息化、知识化拉动的新型工业经济的出现就是这一历史发展趋势的端倪;而知识经济形态的充分发展又必然导致社会主义代替资本主义或资本主义发展为社会主义,并且创造高于、大于、多于资本主义社会形态所能容纳的全部生产力的生产力,完成社会主义历史阶段生产力发展的任务。知识经济是最终究成社会主义历史使命的经济形态。这是由以创新,特别是包括科学技术文化的知识创新为核心的知识经济的内在性能和发展趋势及其特殊规律决定的。

具体来说,一是它具有推进生产力超常发展性能,因而发展知识经济必将使社会生产力发展形成超常化趋势,这是知识经济形态发展的一条特殊规律。由于创新,特别是包括科学技术文化的知识创新创造的是各种人类尚未有或部分尚未有新质使用价值及其超常价值和超常剩余价值,并且形成革命性综合价值,因此它必将推进社会生产力实现超常发展。可见,这是由知识经济形态自身具有的潜质和潜能决定的。二是它具有促进生产资料,特别是

知识性劳动资料占有社会化的性能,因而发展知识经济必将形成生产资料所有制发展的社会化趋势,以至使创新劳动者,特别是知识创新劳动者本身只有作为一个创新劳动力与创新劳动资料占有者的有机统一体,才能够实现创新。可见,这是由知识经济形态下劳动力占有者与劳动资料占有者之间的不可分离性决定的。这是知识经济形态发展的第二条特殊规律。其中,蕴涵着一种新的"劳动者有产、有产者劳动"的生产方式和社会结构,因此它将逐步破解资本主义生产方式固有的生产社会化与生产资料私人占有之间的根本矛盾。三是它具有保证经济社会可持续发展的性能,因而发展知识经济必将形成经济社会发展的可持续化趋势。这是知识经济形态发展的第三条特殊规律。由于以知识、智力和智慧为基础的知识经济正是为解决工业经济赖以生存发展的物质资源有限性与人类经济社会发展需求无限性之间这一时代性矛盾而产生的,并且已在应对人类共面的这场挑战中初露锋芒,因此它是从根本上实现人类经济社会全面协调可持续发展的唯一选择。说到底,这是由于知识经济的主要基础知识、智力和智慧发展的无限性决定的。四是它具有促使人的全面发展的性能,因而发展知识经济必将形成人的全面发展的历史趋势。这是知识经济形态发展的第四条特殊规律。由于知识经济自身发展要求人在自然属性、社会属性和思想观念层面实现全面发展,因此只有人的全面发展才能保证知识经济的发展,特别是其充分发展。可见,实现人的全面发展不仅是知识经济形态发展的目标,而且是知识经济形态发展的条件;不仅是知识经济形态发展的结果,而且是知识经济形态发展的过程。从根本上来说,这是由知识经济形态的以人为本宗旨和其高度知识性决定的。从长远看,只有实现人的全面发展,才能为实现"人"的自由发展这一全人类共同奋斗的最高目标打下坚实基础。五是它具有推动世界经济一体化发展的性能,因而发展知识经济必将形成世界经济一体化发展的趋势。这是知识经济形态发展的第五条特殊规律。这主要是由知识经济的主要基础,即知识、智力和智慧资源及其产品,特别是知识创新产品不同于物质创新产品的共享性决定的。这种共享性正在驱使当代世界经济逐步向一体化方向发展,并且使当今世界任何包括科技文化的知识创新产品,特别是高新科技和先进文化产品成为一个知识的"联合国"或"世博会",既发挥本国、本民族的科学技术和文化长项,又凝聚世界各国的顶尖科技成果和先进文化元素。在这种历史发展趋势下,任何国家都不可能、也不必要包打天下,创造和垄断世界一切先进知识,特别是高新科技和先进文化创新成果及其产业。而且,这种知识经济的内在一体性及其世界经济发展的一体化趋势具有一种和平合作机理,对于主要依靠物质资源的传统工业经济那种对物质资源、特别是短缺资源的垄断、抢夺,甚至以战争手段占有的非和平合作机理,具有内在的排斥性。实际上,对于知识、智力和智慧资源,靠战争手段也是难以得到的。

当然,这种当代经济,特别是知识经济发展中呈现的历史必然性的最终实现,对于实践中的社会主义国家具有特殊的复杂性、曲折性和艰巨性。由于实践中的社会主义国家是在特殊历史条件下产生的,因而其生产力发展须完成"三部曲",即追赶先进国家平均生产力或中等发达国家生产力发展水平、创造或参与创造资本主义社会形态所能容纳的全部生产力并在此基础上进一步创造高于、大于、多于资本主义社会形态所能容纳的全部生产力的生产力。然而,这种生产力发展"三部曲"也只有在实现工业化,特别是新型工业化的基础上或过程中,进一步发展知识经济并通过知识经济形态的充分发展才能最终完成。

　　总之,正如马克思、恩格斯所说,建立共产主义实质上具有经济的性质。创新劳动价值论关于推进生产力和人类社会超常发展与革命性进步宗旨和经济形态跨越社会形态定律揭示,并经上述以知识创新为核心的知识经济内在性能和特殊规律论证,我认为如果工业经济产生并初步发展于封建制社会,但其充分发展却导致资本主义社会形态,那么知识经济虽产生并初步发展于资本主义社会,而其充分发展,则必然导致社会主义替代资本主义或资本主义发展为社会主义并最终完成社会主义的历史使命,使人类从资本主义或其他私有制社会形态转变为共产主义社会形态(高级阶段)。这是一条不以人们主观意志为转移的客观规律。

　　所以,在工业化,特别是新型工业化的基础上或进程中,发展知识经济是社会主义替代资本主义或资本主义发展为社会主义并最终完成社会主义历史使命的必由之路。知识经济是最终完成社会主义历史使命的经济形态。因此,我们只有把共产主义信仰和中国特色社会主义信心建立在当代这一生产力发展和经济运动规律的基石上,才能进一步实现思想或信仰入党。①

　　同时,从人类由资本主义社会形态向共产主义社会形态发展的整个历史进程来看,我们只有不仅懂得社会主义为什么必然代替资本主义或资本主义为什么必然发展为社会主义,而且懂得社会主义究竟怎样或通过何种经济形态代替资本主义、资本主义究

---

　　①　关于思想入党或信仰入党问题,早在1942年,毛泽东同志就在《在延安文艺座谈会上的讲话》(《毛泽东选集》第三卷,人民出版社1991年第2版,第875页)中提到了全党面前:"有许多党员,在组织上入了党,思想上并没有完全入党,甚至完全没有入党。这种思想上没有入党的人,头脑里还装着许多剥削阶级的脏东西,根本不知道什么是无产阶级思想,什么是共产主义,什么是党。"在社会主义市场经济条件下,大量事实反复说明,这种思想上没有入党或没有完全入党的人,核心问题在于,他们的信仰没有入党或没有完全入党。因此,有一个进一步实现信仰入党或思想入党的问题。

竟怎样或通过何种经济形态发展为社会主义,才能不仅完成社会主义和整个共产主义进一步由实践到认识、由物质到精神的飞跃,共产党人进一步实现思想或信仰入党;而且最终完成社会主义和整个共产主义由认识到实践、由精神到物质的飞跃,并且把我们共产党人的伟大信仰变成为人类实现这种飞跃的巨大力量。

然而,根据创新劳动价值论原理和目前党的建设的实际情况,特别是党员,包括党员领导干部的核心思想或信仰状态,加强党的建设必须以增强共产主义信仰和中国特色社会主义信心为核心。研究腐败党员,特别是那些腐败党员领导干部堕落的具体行径,人们不约而同地发现:他们走向腐败几乎无一不是从动摇、背离共产主义信仰和中国特色社会主义信心开始的。问题的严重性在于,他们背离共产主义信仰和中国特色社会主义信心的过程常常潜移默化,难以及时发现。当人们发现时,他们的信仰已经发生了质变。更有甚者,他们有的还在乐酒幸姘之余,随其饱嗝儿出言自得:"这年头,傻瓜才信共产主义哩!"

尽管有些党员,包括党员领导干部的共产主义信仰程度不同地产生了模糊或动摇,在总体上还是认识问题,但也绝不能掉以轻心,仍须将其作为党的建设的核心问题加以研究和解决。应当从战略上充分认识社会主义市场经济条件下,共产党员进一步实现思想或信仰入党的极端重要性。我们不能忘记,苏共在约有35万党员时夺得政权,在约有550万党员时打败德国法西斯侵略,而在约有2000万党员时却丧失政权的历史教训。共产主义信仰是一个共产党员的灵魂。如果我们的共产党员,特别是党员领导干部能够迈出这一小步,进一步实现思想或信仰入党,党的建设和整个中国特色社会主义与中华民族复兴的伟大事业将迈出一大步。这就是共产党人伟大信仰的力量。

创新劳动价值论作为人类创新劳动及其超常价值的基础理论,是马克思主义劳动价值论与当今时代特征和国内外创新实践,特别是中国特色社会主义成功实践相结合的产物。由于它源于实践,因而只有再回到实践中,用以研究和回答我们和整个人类正在做的事情,才能充分焕发其生命力。

一如,根据创新劳动价值论原理和这场世界金融危机的根源及其深度,我们应对它必须立足于实体经济的科学发展。由美国引发的这场前所未有的世界金融危机,虽然表现为其货币价值贬降,金融产品包括其衍生品价格疯狂,反过来破坏实体经济,但是根源却在于其实体经济传统落后产能过剩,特别是其低知识、低价值、低效益,高物投、高碳排、高(经济社会生态)成本产能充斥市场,违背了由当代新型工业经济和知识经济劳动创新率、劳动生产率和劳动价值率、超常价值率与超常剩余价值率不断提高所推进的当代生产力和经济发展转型的大趋势。总体来说,这次金融危机的表现形态虽为金融产品价值贬降、价格疯狂,但实质上仍是实体经济传统过剩产能与有支付能力的需求之间的矛盾;虽未表现为房地产品销售不出去,但却表现为通过房贷使到手的房地产品消费者无力还贷;虽不是房地产品积压在房地产商手里,但却转移到无购买能力的消费者手里。可见,这次金融危机仍未逃出马克思关于资本主义经济危机以实体经济传统落后产能过剩为根源的客观规律。这一客观规律要求我们,顺应当代生产力和世界经济发展历史性转型的大趋势,切实贯彻科学发展观,在参与世界金融体系改革、发展必要劳动密集产业的同时,必须着眼于我国经济创新发展的战略决策,下力对经济、产业、产品和技术、劳动力、资本结构进行调整、升级,甚至更新换代,大力转变经济发展方式,坚持创新发展道路,积极发展高知识投入、高价值率、高综合(经济、社会、生态)效益,低物质投入、低碳排放、低综合成本的先进产能。在战术操作上,尚需规范发展股票市场、债券市场并积极推出股指期货、融资融券,恰当管理通胀预期,把虚拟经济纳入科学发展轨道。至于人民币是正在,并将进一步走向国际化的中华人民共和国的主权货币,具有不以人们主观意志为转移的、发展着的规律,其汇率变化也须按其规律进行。应瞄准结算、投资和储备货币的战略目标,通过汇率形成机制等改革,使其自主、扎实、健康发展。同时,还要立足于中国实力,警惕一些西方政治家惯用的捧杀、打压两手和"忽悠陷阱"。只有这样,我们才能从根本上赢得这场挑战并在后金融危机时代占据全球实体经济和虚拟经济的制高点。

历史将证明,我们今天在科学发展观指导下进行的经济发展方式转变,是继60年前实现社会制度更替、30年前实现经济体制转换以来,又一次决定我们国家前途命运的革命性进步。因此,我们一定要高瞻远瞩、坚定不移,聚精会神、千方百计地将其进行到底。

二如,根据创新劳动价值论原理和我国现行教育体制,建设创新型国家必须从改革教育体制入手,着重培养创新人才。人类创新劳动史和当代国内外创新实践已经敲响警钟:没有足够创新人才难有创新型国家,没有创新型教育难有足够创新人才。我国教育改革虽取得了不少成绩,但尚未根本改革教育体制。在总体层面上,我国当前的教育体制仍是一个难以培养创新人才,特别是原生性创新人才的体制。当年恩格斯在批评英国爱比斐特理科中学时曾尖锐地指出:这个学校流行着一种非常可怕的背书制度,这种制度半年的时间就会使一个学生变成傻瓜。对于我国目前的教育状况,钱学森曾一针见血地说,现在中国没有完全发展起来,一个重要原因是没有一所大学能够按照培养科学技术发明创造人才的模式去办学。

人才资源是不容断流的资源,十年树木,百年树人。只有每一代人都能培养创新人才,才能使每一代人都不乏创新人才。面对钱老这振聋发聩之问,我们必须根本改革教育体制,切实把我国自小学、中学、大学到研究生教育,从领导、教师到学生虽都想培养创新人才,但难以培养创新人才的体制中解放出来,切实有效培养足够创新人才,特别是原生性创新人才。只有在我国由人口大国变成创新人才强国之日,才是变中国制造为中国创造之时。

三如,根据创新劳动价值论原理和当代世界以工业经济为主体经济形态的基本特征,要从根本上建立既有利于发达国家又有利于发展中国家、既有利于资本主义国家又有利于发展中社会主义国家发展的国际政治经济新秩序,将是一个时代性课题,现在能够完成的只是阶段性任务。这是由于在以物质资源为主要基础的工业经济条件下,发达资本主义国家与发展中国家,包括发展中社会主义国家之间并存、竞争、合作的大格局不会根本改变,世界最大发达国家美国和最大发展中国家中国之间并存、竞争、合作的大格局也不会根本改变。其中,"并存"是客观的,特别是在一个相当的历史阶段,谁都消灭不了谁、谁都离不开谁,也难以再形成一个以蔑视人类力量为本质特征的霸权世界;"竞争"是必然的,特别是世界物质资源和生态能力分配再分配的矛盾是不可避免的,而矛盾就是潜在的竞争、竞争则是外化的矛盾;"合作"是需要的,特别是由美国引发的世界金融危机充分说明,需要是合作的基础、合作则是需要的实现,中美建立积极合作全面的 21 世纪关系,既是两国发展的需要,又是世界发展的需要。它有利于建立现阶段国际政治经济新秩序,调整发达国家与发展中国家、资本主义国家与发展中社会主义国家等不同国家在物质资源和生态能力分配再分配中的关系,促进世界和平、稳定、繁荣。然而,由于以物质资源为基础的工业经济形态,特别是传统工业经济不能根本解决这一时代性矛盾,因而只有发展知识经济,以知识、智力、智慧为经济社会发展的一种主要资源,才能赢得这一当代人类共同的挑战并充分发挥知识经济形态的内在一体性和知识产品的独特共享性,逐步实现世界经济发展的一体化,为最终建立开放、包容、共赢的国际政治经济新秩序创造必要的物质条件。

最后,为了让有兴趣的读者朋友能够同我一道走进这个创新劳动价值论的理论架构并同我一道走出来,我向朋友们交个底,创新劳动价值论有两条根:一是马克思主义劳动价值论,特别是马克思的巨著《资本论》;二是人类的创新劳动史,特别是当代国内外创新劳动及其超常价值创造实践。我们"必须用抽象力"①,才能把二者结合起来。具体来说,必须掌握马克思主义劳动价值论及其指导下的创新劳动价值论的十个方面的唯物辩证关系:一是劳动与价值的关系,劳动是价值的来源,价值是劳动的结晶,二者有生俱来,互相结缘,马克思主义的价值论是劳动价值论,超常价值论也是劳动价值论;二是使用价值与价值的关系,使用价值是价值的实际承担者,价值是使用价值中凝聚的必要劳动时间,商品的这种二因素是由劳动的二重性决定的,具体劳动创造使用价值,抽象劳动创造价值,这是理解政治经济学的枢纽;三是价值实体与价值形式的关系,人类抽象劳动是价值实体,交换价值只是价值的一种形式,实质上价值形式是所在经济形式和社会形态的社会关系,没有无价值实体的价值形式,也没有无价值形式的价值实体;四是价值与价格的关系,价值是价格的基础,价格是价值的表现,即"对

---

① 马克思:《资本论》第一卷,人民出版社 2004 年第 2 版,第 8 页。

象化在商品内的劳动的货币名称"①,它只可适当偏离价值,但不允许疯狂到虚幻程度;五是劳动力价值与剩余价值的关系,它们都以劳动力商品或商品性劳动力为源泉,劳动力价值是劳动过程只持续到劳动力生产再生产价值必要点所形成的价值,剩余价值则是超过这一必要点所增值的价值,它具有二重性,是生产关系剥削性和生产力先进性的对立统一,剩余价值率是资本剥削程度的数学表达,剩余价值学说是马克思主义政治经济学的基石;六是创新劳动与重复劳动的关系,它们同属人类劳动,创新劳动以创造性为主要特征,重复劳动则以模仿性为主要特征,因而创新劳动能够创造新质使用价值及其超前价值,而重复劳动则不能创造新质使用价值及其超常价值,创新劳动是对重复劳动及其成果的创新,重复劳动则是对创新劳动及其成果的重复;七是新质使用价值与非新质使用价值的关系,它们都是人类创造的使用价值,新质使用价值是人类在质上尚未有或部分尚未有的新使用价值,非新质使用价值则是人类在质上已有的旧使用价值,二者相辅相成,劳动创新率是对复合型创新劳动和创新型国家或企业的创新程度的数学表达;八是超常价值与正常价值的关系,它们都是人类劳动创造的价值,超常价值是创新劳动力创造的以其个别必要劳动时间为价值尺度的价值,正常价值则是重复劳动创造的以社会必要劳动时间为价值尺度的价值,二者相辅相成、相互转换,超常价值率是超常价值对复合型创新劳动过程和创新型国家或企业创造的总价值的比率;九是超常剩余价值与剩余价值的关系,它们都是劳动力的增殖价值,超常剩余价值是超过创新劳动力应得价值必要点的增殖价值,剩余价值则是超过重复劳动力价值必要点的增殖价值,二者

① 马克思:《资本论》第一卷,人民出版社 2004 年第 2 版,第 122 页。

是质的一致性与量的差别性的统一,超常剩余价值率和剩余价值率的率差就是它们之间关系的数学表达;十是革命性综合价值与综合价值的关系,它们都不是价值和使用价值本身,革命性综合价值是创新劳动者创造的人类尚未有或部分尚未有新质使用价值及其超常价值和超常剩余价值的实现所形成的决定生产力和人类社会包括各领域超常发展和革命性进步的作用、影响和意义,综合价值则是重复劳动创造的使用价值及其价值,包括剩余价值的实现所形成的推进生产力和人类社会及其各领域发展与进步的作用、影响和意义。

这十个唯物辩证关系,不仅是掌握创新劳动价值论的要点,而且也是出入其理论架构的路径。只要我们抓住这些要点,遵循其形成的路径,充分发挥自己的抽象力,就一定能够在创新劳动价值论的理论架构中,潇洒走一回并同我一道进一步研究人类这一创新发展理论。

为根本把握并充分发挥马克思主义劳动价值论对创新劳动价值论的指导作用,我几乎在所有必要的地方都完整地引用了马克思和恩格斯的有关论述,特别是《资本论》的原文,个别原文还不惜篇幅重复引用。为便于广大非专业读者查阅和掌握,我还把只要《资本论》单行本和《马克思恩格斯选集》里有的,原意又无出入的,一律把引自《马克思恩格斯全集》的原文换成了《单行本》和《选集》的原文;同时,在几乎所有揭示经济关系的数学表达中,除个别绕不开的符号外,一律没有采用高等数学的语言和公式。我认为,这也适合阐述政治经济学基础理论的需要。

实际上,创新劳动价值论还仅仅是一个初步的架构。我搭建它的目的在于,与国内外学者、专家和实际工作者以及广大读者朋友,共同研究、共同探讨,为更加深入、全面、系统地研究创新劳动价值论,打下一个可供继续攀登的基础,并且让创新劳动价值论这一人类创新发展理论在中国特色社会主义伟大实践和中华民族伟大复兴以及人类生产力和整个社会及其各领域的发展与进步,特别是超常发展和革命性进步中,释放和发挥其应有的价值与威力。

第 一 篇

超常价值的来源

正常价值的来源是人类重复劳动，
超常价值的来源则是人类创新劳动。

第一章　劳动的两种性能

第一节　两种劳动性能的共性

人类社会发展史就是人类的劳动史。人类劳动史说明,劳动有两种基本性能:一是创造性;二是模仿性。

在这里,我所说的"劳动的两种性能",既有别于将人类劳动区分为创新劳动和重复劳动,又不同于把人类劳动区分为具体劳动和抽象劳动。而是为深入研究超常价值的来源,在人类劳动自身性能的意义上,将其概括为创造性和模仿性,分别加以分析。

作为人类劳动的两种基本性能,创造性和模仿性具有一定的共性。

一、能动性

无论是劳动的创造性还是劳动的模仿性,都是人类独具的主观能动性。绝非只有劳动的创造性是人类的能动性,而劳动的模仿性不是人类的能动性。正如恩格斯所说:"人类社会区别于猿群的特征在我们看来又是什么呢? 是**劳动**。"而"劳动是从制造工具开始的"[①]。人类要制造工具,就必须发挥主观能动性,通过劳

[①]　恩格斯:《劳动在从猿到人转变过程中的作用》,《马克思恩格斯选集》第 4 卷,人民出版社 1995 年第 2 版,第 378、379 页。

动的创造性和劳动的模仿性这两种性能才能完成。

人类劳动的创造性和模仿性都来自于人类独具的思维。恩格斯说:"在所有这些起初表现为头脑的产物并且似乎支配着人类社会的创造物面前,劳动的手的较为简朴的产品退到了次要地位;何况能作出劳动计划的头脑在社会发展的很早的阶段上(例如,在简单的家庭中),就已经能不通过自己的手而是通过别人的手来完成计划好的劳动了。迅速前进的文明完全归功于头脑,归功于脑的发展和活动;人们已经习惯于用他们的思维而不是用他们的需要来解释他们的行为(当然,这些需要是反映在头脑中,是进入意识的)。"①他还强调:"人离开动物越远,他们对自然界的影响就越带有经过事先思考的、有计划的、以事先知道的一定目标为取向的行为的特征。"②可见,人类劳动的基本性能来自人类思维的基本性能,人类劳动的创造性来自人类思维的创造性,人类劳动的模仿性来自人类思维的模仿性。俗称"想在前做在后"。一般说来,无论这种做是创造性的做还是模仿性的做,都在想之后;无论这种想是创造性的想还是模仿性的想,都在做之前。在一定意义上,这是人类劳动不同于动物活动的一个根本区别,也是人类劳动的性能不同于动物的本能的一个根本区别。因此,恩格斯曾把思维或想称之为"物质的最高的精华"③,对轻视或否定人类思维的各种谬论,特别是经验主义,进行过尖锐的批判:"对一切理论思维尽可以表示那么多的轻视,可是没有理论思维,的确无法使自然

---

①　恩格斯:《自然辩证法》,《马克思恩格斯选集》第 4 卷,人民出版社 1995 年第 2 版,第 381 页。

②　恩格斯:《自然辩证法》,《马克思恩格斯选集》第 4 卷,人民出版社 1995 年第 2 版,第 382 页。

③　恩格斯:《自然辩证法》,《马克思恩格斯选集》第 4 卷,人民出版社 1995 年第 2 版,第 279 页。

界中的两件事实联系起来,或者洞察二者之间的既有的联系。在这里,问题只在于思维得正确或不正确,而轻视理论显然是自然主义地进行思维、因而是错误地进行思维的最可靠的道路。"①

可见,问题不是人类劳动的性能是不是由人类思维的性能决定的问题,也不是人类劳动的创造性是由人类思维的性能决定的,人类劳动的模仿性不是由人类思维的性能决定的问题,而是人类思维的不同性能怎样决定人类劳动的不同性能的问题。在一定意义上,可以说是人类思维的创造性决定了人类劳动的创造性,是人类思维的模仿性决定了人类劳动的模仿性;或者说是人类创造性的思维决定了人类创造性的劳动,是人类模仿性的思维决定了人类模仿性的劳动。

二、对象性

虽然人类劳动的创造性和模仿性作为人的能动性,特别是其体现的思维的能动性,属于作为劳动主体的人的主观性的东西。但是,它们同时又具有对象性,因而研究人类劳动的创造性和模仿性不能停留在其主观能动性上,还必须进而研究其客观对象性。人类实践已经反复证明,任何人类劳动的创造和模仿或创造性行为和模仿性行为无一不具备其客观目标,即独立于劳动主体之外的客观事物或使用价值,都毫无例外地表现出了鲜明的对象性。这就是说,人类劳动要创造和模仿的无一不是独立于劳动主体之外的客观事物或使用价值。简单说来,对于人类劳动的创造性和模仿性来说,都要有个创造什么和模仿什么的问题,这个"什么"

---

① 恩格斯:《自然辩证法》,《马克思恩格斯选集》第4卷,人民出版社1995年第2版,第300页。

就是其客观对象,它所体现的就是人类劳动创造性和模仿性的对象性。

特别是作为人类劳动创造性和模仿性核心的人类思维,不仅要反映一定客观事物或使用价值的现象形态和外部联系,而且要反映其本质形态和内部联系,即其本质和规律。只有这样,劳动的创造性和创造性的劳动,才能够切实创造出人类尚未有或部分尚未有新质使用价值;劳动的模仿性或模仿性的劳动,才能够准确模仿出人类已有或部分已有旧质使用价值。这里的问题,不是要不要以客观事物或使用价值及其本质和规律为创造或模仿对象的问题,而是能不能按照其现象与本质、外部联系与内部联系的统一,切实、准确地把它们创造或模仿出来的问题。所以,无论是人类劳动的创造性或创造性的劳动,还是人类劳动的模仿性或模仿性的劳动,无不具有客观对象性。

三、实践性

人类劳动创造性和模仿性的能动性回答的是创造性和模仿性的性质问题,劳动创造性和模仿性的对象性回答的是创造和模仿什么的问题,而劳动创造性和模仿性的实践性,解决的则是怎样创造和模仿,或者说能动性与其对象性怎样结合为新的劳动成果的问题。因此,研究人类劳动创造性和模仿性的共性问题,不仅不能停留在其能动性上,而且也不能停留在其对象性上,还必须深入研究其实践性。

创造性和模仿性作为人类劳动的基本性能,是在劳动实践中获得实现的,也是在劳动实践中使劳动创造性和模仿性的主观能动性和客观对象性结合为实际成果的;离开了劳动实践,无论是其创造性还是模仿性,都不可能获得实现,也不可能使其主观能动性与客观对象性结合为实际成果。具体说来,人类要把一定的客观对象创造或模仿出来,唯一的途径就是自己创造或模仿的实际行为、实际活动和实际过程;不经过这种创造或模仿实践,任何客观对象都创造或模仿不出来,劳动创造性和模仿性与其客观对象仍将处于分离状态。这是世界上一条最明白不过的真理,具有劳动创造性和模仿性的人类,只有在创造中才能把对象创造出来,只有在模仿中也才能把对象模仿出来,真正实现其劳动的创造性和模仿性;否则,再简单的对象也创造或模仿不出来,劳动创造性和模仿性仍将是可能意义上的创造性和模仿性,而不是现实意义上的创造性和模仿性。实际上,无论是实现劳动的创造性,把人类尚未有或部分尚未有新质使用价值创造出来,还是实现劳动的模仿性,把客观对象或人类已有或部分已有旧质使用价值模仿出来,这本身就是一种劳动实践。因此,创造性和模仿性的实践性,不过是"劳动创造性和模仿性"的题内应有之意。

不仅实现人类劳动的创造性和模仿性,把客观对象创造或模仿出来,必须通过劳动实践,而且人类劳动的创造性和模仿性本身也是在各种社会实践,特别是劳动实践的历史长河中,逐渐形成并不断发展起来的。其实,劳动实践"是一切人类生活的第一个基本条件,而且达到这样的程度,以致我们在某种意义上不得不说:劳动创造了人本身"①。劳动实践在创造整个人类的过程中,也就理所当然地创造了创造性和模仿性这两种人类劳动的基本性能。实际上,劳动实践创造人类及其劳动创造性和模仿性的进程是一个极为漫长的历史过程,仅"在人用手把第一块石头做成石刀以

---

① 恩格斯:《劳动在人猿到人的转变中的作用》,《马克思恩格斯选集》第4卷,人民出版社1995年第2版,第373—374页。

前,可能已经过了一段漫长的时间,和这段时间相比,我们所知道的历史时间就显得微不足道了"①。近现代不断发展的人类学、遗传学、考古学和生物化学,特别是基因理论、技术和工程的超常发展,进一步证明劳动实践创造人类劳动创造性和模仿性的过程,是一个由被动到主动、由盲目到自觉和由量变到质变、由偶然到必然的渐进过程。

此外,劳动创造性和模仿性的实践性还表现在这种劳动的基本性能随着各种社会实践,特别是劳动实践的广度、深度的不断扩大和深化而不断增强和发展,"并不是在人最终同猿分离时就停止了,而是在此以后大体上仍然大踏步地前进着"②,因而人类劳动的创造性和模仿性表现出越来越增强和发展的趋势,而且其增强和发展的速度与质量也愈来愈快、愈来愈高,进而使人类劳动的创造性与模仿性和整个人类"劳动本身经过一代又一代变得更加不同、更加完善和更加多方面化了"③。特别是人类近现代史中政治、经济、军事、外交和思想、观念、理论、学说以及科学、技术、文化、艺术的发展与进步进一步揭示出,人类劳动的创造性和模仿性,随着社会实践的日益扩大与深化而日益增强与发展;人类的社会实践则随着劳动创造性和模仿性的日益增强与发展而日益扩大与深化。

可以说,人类劳动创造性和模仿性的实现,以及它自身的产生、形成和发展始终贯穿着实践性。

---

① 恩格斯:《劳动在人猿到人的转变中的作用》,《马克思恩格斯选集》第4卷,人民出版社1995年版,第375页。

② 恩格斯:《劳动在人猿到人的转变中的作用》,《马克思恩格斯选集》第4卷,人民出版社1995年第2版,第378页。

③ 恩格斯:《劳动在人猿到人的转变中的作用》,《马克思恩格斯选集》第4卷,人民出版社1995年第2版,第380—381页。

人类的劳动史已经反复证明,既没有离开能动性、对象性和实践性的劳动创造性和模仿性,也没有离开劳动创造性和模仿性的能动性、对象性和实践性;能动性、对象性和实践性共同架构了劳动创造性和模仿性的共性,劳动创造性和模仿性则集中体现了能动性、对象性和实践性的本质。

第二节 创造性

我们研究了人类劳动创造性和模仿性的共性之后,还须分别研究它们的个性。下面,先研究劳动的创造性,再研究劳动的模仿性。

关于"创造"、"创造力"或"创造性"等,人类已积累了很多颇有见地的认识和卓有成效的经验。我国的《辞海》把"创造"概括为:"首创前所未有的事物"①。《简明不列颠百科全书》(*The New Encyclopadia Britannica*),则把"创造力"(Creativity)概括为"创新的能力",强调"最重要的因素就是首创精神"②。此外,古今中外的哲学家、经济学家、政治家以及心理学家、生理学家、神经学家、思维学家等各有关专家、学者,从不同领域、不同层面,都曾对创造性给出过一些使人颇受启发的论点。

在这里,我是把创造性作为人类劳动的一种基本性能提出来的,就是说创造性特指人类劳动独具的一种基本"性质和能力"。并且,按此定位研究劳动创造性的主要特殊性。

---

① 《辞海》,上海辞书出版社 1980 年版,第 183 页。
② 《简明不列颠百科全书》第 2 卷,中国大百科全书出版社 1985 年版,第 311 页。

一、创造性是人类劳动的核心性能

在人类劳动的创造性和模仿性这两种基本性能中，创造性处于核心地位，发挥着核心性能。它不仅是规定创新劳动之所以是创新劳动的决定因素，而且也是规定人类劳动之所以是人类劳动一个决定因素。因此没有丝毫创造性，不仅不能成为创新劳动，而且也不能成其为人类劳动。正如马克思所说："劳动是**积极的、创造性的活动**。"①可见，作为人类劳动的核心性能，创造性反映的是人类劳动的本质特征。

人类是从劳动开始的，劳动是从制造工具开始的，而人类制造工具又是从制造第一把工具开始的。这"第一把工具"是什么？它就是人类创新劳动的成果，同时又是人类劳动的成果，因而"第一把工具"的诞生，不仅说明人类的创新劳动开始了，而且说明人类劳动也已经开始了。人类之所以能够创造出第一把工具，这本身就是长期模仿劳动积累的结果。因为在任何人类模仿劳动中都含有一定的创造性因素，经过长期积累就可能转化为人类创新劳动。没有任何一点创造性的不仅不能成为人类创造性劳动，而且也不能成为人类模仿性劳动。

为了确认这一点，我们要透过动物本能的现象形态进入其本质形态，特别是要在能否制作工具、是否具有一定的创造性因素上划清人类劳动与动物本能的根本界限。例如，有些猿类能用手在树林中筑巢、搭棚；有些黑猩猩能拿着木棒抵御敌人或拾起石块向敌人投掷；有些动物特别是狐类能利用地形地物躲避追逐者，甚至中断其踪迹等，表现出动物"是有能力作出有计划的、经过事先考

---

① 马克思：《政治经济学批判》，《马克思恩格斯全集》第 30 卷，人民出版社 1995 年第 2 版，第 618 页。

虑的行动的"①。更有甚者，来自美国艾奥瓦州立大学吉尔·普
吕茨利帕科·贝尔托拉尼的报告说，他们在塞内加尔东南部大草
原黑猩猩的行为和活动中，观察到雌黑猩猩竟能选用一根树枝，
除去树叶和嫩枝，修成合适的大小，把一头咬出一个尖头，然后
将其刺入丛猴可能躲藏睡觉的树洞，最终把被它刺死或刺伤的丛
猴拖出来吃掉。然而，动物这些与人的某些行为和活动惊人相似
的现象，仍然停留在动物本能的被动、偶然、盲目状态，远未实
现向人类主动、必然、自觉的劳动行为飞跃。它不仅远未形成人
类劳动的创造性，而且也尚未形成人类劳动的模仿性。正如恩格
斯所说："甚至和人最相似的猿类的不发达的手，同经过几十万
年的劳动而高度完善化的人手相比，竟存在着多么大的差距……
然而即使最低级的野蛮人的手，也能做任何猿手都模仿不了的数
百种动作。任何一只猿手都不曾制造哪怕是一把最粗笨的石
刀。"② 其中，决定性的因素就在于人类劳动具有创造性，而动物，
哪怕是最高级的哺乳动物类人猿的本能行为和活动，则恰恰没有
这种人类劳动的核心性能。因此"一切动物的一切有计划的行
动，都不能在地球上打下自己的意志的印记。这一点只有人才能
做到"③。

　　十分清楚，上述动物那一系列类似人的表现，并不是它们的意
志所为，因而既不是人类劳动模仿性的体现，更不是其创造性的体
现，而只是它们在周围环境的刺激和逼迫下本能的生存竞争。人

---

　　① 恩格斯:《劳动在从猿到人的发展中的作用》,《马克思恩格斯选集》第 4 卷,人民出版
社 1995 年第 2 版,第 382 页。

　　② 恩格斯:《劳动在从猿到人的转变中的作用》,《马克思恩格斯选集》第 4 卷,人民出版
社 1995 年第 2 版,第 375 页。

　　③ 恩格斯:《劳动在从猿到人的转变中的作用》,《马克思恩格斯选集》第 4 卷,人民出版
社 1995 年第 2 版,第 383 页。

类学、解剖学和神经科学告诉我们,它们没有能够如同人类那样,在与自然环境的对立统一中实现基因突变并形成第二信号系统,因而不能产生只有人类大脑才能进行的高级的分析、综合、判断、决策等思维活动。人类思维是人脑借助于语言对客观事物的本质和规律的认识。无论是抽象思维、形象思维,还是动作思维,都是人脑的机能。既然人脑是思维的器官,"器"之不存,"官"者何为。如此一来,离开人脑,又何谈以创造性思维为核心的劳动创造性?又何谈发挥和运用人类劳动这一核心性能去制作工具?反过来说,不能制造工具又怎能跨入人类劳动的范畴,而进不了人类劳动的范畴,不仅不能奢谈人类劳动的创造性,而且也不能奢谈人类劳动的模仿性。

可见,创造性不仅是创新劳动的核心性能,而且是人类劳动的核心性能;否定了创造性,不仅否定了创新劳动,而且也否定了包括创造性和模仿性在内的整个人类劳动。

二、劳动创造性的目标对象是世界未知或部分未知事物和人类未有或部分未有新质使用价值

人类劳动的创造性和创造性的劳动的本质特征和根本意义,就在于认识世界未知或部分未知事物,发现、发明和创造人类未有或部分未有新质使用价值;否则,就不能称其为劳动的创造性和创造性的劳动。因此,问题不是人类劳动创造性的目标对象是不是认识世界未知或部分未知事物和创造人类未有或部分未有新质使用价值,而是怎样发挥劳动的创造性和创造性的劳动,去认识世界未知或部分未知事物,创造人类未有或部分未有新质使用价值。既然劳动的创造性和创造性的劳动决定于人类思维的创造性和创造性的思维,那就让我们从思维的创造性和创造性的思维入手来研究这个问题吧。

实际上,创造性思维,就是认识并创造世界未知或部分未知事物和人类未有或部分未有新质使用价值的思维。根据迄今人类学、生理学、心理学和神经科学、思维科学等有关领域的科学成果及其对人类各种思维轨迹的考察和实验结果,创造性思维具有不同于模仿性思维的特殊思维过程。概括起来,这个过程大体有五种互相区别、互相联结,先后有序、有所交错,甚至你中有我、我中有你的思维程序和思维机制。

第一,抓住主题,锁定目标。一般情况下,创造性思维是在客观世界和实践进程中出现世界上现有知识不能认识或不能完全认识、人类已有使用价值不能解决或不能完全解决的新问题的刺激下启动的,因而新问题是创造性思维的启动点。然而,实践证明并非新问题,特别是主要问题一出现人们就能够准确、深刻、完整地捕捉、认识和把握到的,尚有一个进行分析、综合和判断(贯穿整个思维,特别是创造性思维过程始终)的具体过程。对于这个过程的开始,苏联心理学家彼得罗夫斯基(А. В. Петровский)等学者概括为"问题情景"①。在这种情景中,可能出现关于新问题的各种信号或信息,其中的主要问题也可能发出不同的信号或信息。这些信号或信息将启动我们的创造性思维,从中抓住其主要问题及其形成背景、原因和条件,进而准确、深刻、完整地提出研究课题,锁定创造性思维的目标,进入和实现创造性思维的第一道程序和第一种机制。

古今中外,一切创新劳动的思维过程无不从"抓住主题,锁定

---

① 车文博、龚浩然、高汉生主编:《心理学原理》,黑龙江人民出版社 1986 年版,第 480 页。

目标"开始。无论是发现、发明和创造物质性创新成果的思维过程,无论是发现、发明和创造精神性创新成果的思维过程,还是发现、发明和创造物质与精神互相渗透的融合性创新成果的思维过程,概莫能外。例如,人类发明蒸汽机的创造性思维和创造性劳动过程,就是从"抓住主题,锁定目标"开始的。实际上,瓦特并不是第一个提出和发明蒸汽机的人,而是一个最终抓住、锁定并解决蒸汽机发明过程中主要问题的人。从 1765 到 1787 年间,瓦特已抓住了前人研制的蒸汽机的几个主要问题并相继解决了这些问题。首先解决了发动机的单动问题,使之变为双动,让同一汽缸容积产生出双倍功率,避免了蒸汽膨胀力浪费,使蒸汽机活塞在达到 1/2 冲程时即停止输入新的蒸汽,完全利用已输入蒸汽的膨胀力,在后 1/2 冲程中做功,从而节省了蒸汽消耗;同时解决了发动机速度不稳定问题,为保证在负荷变化情况下发动机仍有一个相对稳定的速度,在蒸汽机上安装了离心式调速器。这样,人类才基本完成了对蒸汽机这一新质使用价值的创造性思维和劳动过程,实现了其创新目标,使瓦特的双动旋转式蒸汽机基本具备了现代蒸汽机的形式,实现了标准化、批量化生产。可见,这里的问题不是要不要"抓住主题,锁定目标"的问题,而是怎样"抓住主题,锁定目标"的问题。

第二,捕捉灵感,实现顿悟。根据创造性思维的一般规律,在"抓住主题,锁定目标"后,创新劳动者要在围绕创新主题和目标,进行广泛、深入研究和长期、反复实践(包括科学实验)以及学习、积累并处前瞻状态的基础上,进入和启动"捕捉灵感,实现顿悟"的程序与机制。

所谓"灵感",是指在创造性思维过程中,关于创新课题与目标的新思想、新概念、新理论、新学说或新设计、新方案、新工艺、新形象等突然闪现的心理状态和深刻感觉。它往往是在创新劳动者对于其创新课题与目标有一定研究和理解的情况下,由某种看似偶然性的因素激发出来的。在这里,关键是创新劳动者对于其创新课题与目标必须已有一定研究和理解。这是因为"感觉到了的东西,我们不能立刻理解它,只有理解了的东西才更深刻地感觉它"①。所谓"顿悟",原为佛教中"顿然破除妄念,觉悟真理"之意,亦泛指忽然领悟。而在这里,"顿悟"特指在"灵感"的基础上产生的关于回答和解决创新课题与目标的一种突破性思维或浅思维成果。

人们往往把"灵感"和"顿悟"看成毫无差别的一个东西,其实二者之间既有共同点,又有不同点。它们都是在创造性思维过程中,围绕创新课题与目标的答案突然出现或形成的一种心理状态和心理机制。就其产生的认识成果来说,"灵感"是介于感性认识和理性认识之间的东西,既是创新劳动者迈出"感性王国"的最后一步,又是迈入"理性王国"的最先一步。因此,"灵感"对于感性认识来说,它是一种深刻的感觉;而对于理性认识来说,它则是一种"直觉思维"。但"灵感"者总还有一定的感性色彩,而"顿悟"则是在"理性王国"中闪现和产生的创造性思维的初始成果,或是在百思而不得其解中豁然冒出来的关于创新课题与目标的突破性认识,或是从一种对于创新课题与目标的错误认识转变到一种正确认识,或是从关于创新课题和目标的一种表象、片面和局部认识转变到一种深层、全面和整体的认识。因此"顿悟"虽然来得突然,但它总归是一种"悟",或以理性认识为主色的东西。

人类关于创造性思维和劳动的成功范例反复证明,"灵感"和

①　毛泽东:《实践论》,《毛泽东选集》第一卷,人民出版社1991年第2版,第286页。

"顿悟"具有创造性思维过程中其他程序和机制不可替代的功能和作用。只有捕捉灵感,实现顿悟,创新劳动者才能实现对于创新课题与目标由未知或部分未知向知或部分知、由未有或部分未有向有或部分有的突破。可以说,任何创造性的思维和劳动对于创新课题与目标的突破,都离不开"灵感"和"顿悟"程序与机制。例如,经典物理学家牛顿发现和提出万有引力定律,就是由熟苹果落地这一现象引发的灵感及其在此基础上激发的顿悟开始突破的。当然,牛顿并不是只观察了苹果落地这一现象,苹果落地也不是只有牛顿才观察到的。那么何以只有牛顿,而牛顿也只有在那时的苹果落地现象刺激下,才突发灵感并进而实现顿悟呢? 这是因为牛顿而非别人、此时而非他时,已经深入学习、研究了伽利略关于潮汐现象和地球运动的思想并受到了开普勒行星运动三定律的启发,同时观察并思考了其他许多反映地球引力的现象,因而只有牛顿、也只有他在 1665 年思考引力时,才能够对苹果落地现象突然产生深刻的感觉并在这种灵感的基础上顿时把它和地球引力联系起来,实现了顿悟,后经 20 年之久的研究,终于完成了对万有引力定律的发现和概括。正如牛顿自己对那些称他为天才的人们所说的:"我只是对一件事情很长时间、很热心地考虑罢了!"

可见,"灵感"和"顿悟"只同那些对创新课题与目标已经研究和思考并处前瞻状态的执著者有缘;但离开了这种只有在勤奋的土壤中才能生根、开花、结果的"灵感"和"顿悟",任何创造性的思维和劳动都不可能实现由未知或部分未知向知或部分知、由未有或部分未有向有或部分有的突破并最终完成创新课题,实现创新目标。

第三,独立想像,合理推测。如果灵感与顿悟使创新劳动者实现了对于创新课题与目标由未知或部分未知向知或部分知、由未有或部分未有向有或部分有的重点突破,那么想像与推测则实现了这种由未知或部分未知向知或部分知、由未有或部分未有向有或部分有的全面拓展。因此,任何创造性的思维和劳动不仅都离不开灵感和顿悟,而且也都离不开独立想像与合理推测。

想像和推测,既是人类创造性思维的特殊形式,也是创造性思维过程中不可或缺的程序和机制。就想像来说,它在心理学的层面上,"是人脑对已有的表象进行加工改造形成事物新形象的心理过程"①。在生理学的层面上,它则"是大脑皮层上已有的暂时神经联系进行重新筛选、组合、搭配和接通,形成新联系的过程。其中,第二信号系统起着重要作用。在思维的参加和言语的协调下,大脑中适合当前任务要求的一些暂时联系活跃起来,以黏合、夸张和典型化等方式搭配、组合成事物的新形象"②。凭借独立想像与合理推测,人类的创造性思维,包括创造性抽象思维、创造性形象思维和创造性动作思维,根据现有的必要资料和对相关事物、人物、动作的认识,不仅能够形成未曾见过和没有掌握,或未知或部分未知但却存在的有关事物、人物、动作的形象和认知,而且还能够形成人类未有或部分未有的新事物或新质使用价值、新人物、新动作的形象和认知。这是人类创造性思维过程中,其他任何程序和机制所不具备的特种机能,并且往往形成天才的一种重要素质。

例如,爱因斯坦(Albert Einstein,1879—1955 年)在创立相对论,包括狭义相对论和广义相对论的过程中,"独立想像,合理推

① 东文博、龚浩然、高汉声主编:《心理学原理》,黑龙江人民出版社 1986 年版,第 494 页。

② 东文博、龚浩然、高汉声主编:《心理学原理》,黑龙江人民出版社 1986 年版,第 496—497 页。

测"就起到了极为经典的决定性作用。狭义相对论的一条核心原理就是,"凡是对力学方程适用的一切坐标系,对于电动力学和光学定律也一样适用。"没有这一条原理或这条原理得不到科学论证,狭义相对论就创立不起来。而爱因斯坦之所以能够首次提出这条狭义相对论的核心原理,关键在于他冲破了传统力学的束缚,充分发挥了自己"独立想像,合理推测"这一创造性思维的特种能力和机制,因而才完成了"一切坐标系"的适用范围由"力学方程"向"电动力学和光学定律"的跳跃和扩张。随之,又给出了一个时间与空间互相联系的全新的相对论时空观,对时间与空间彼此孤立的传统时空观进行了一场革命。进而提出了在惯性系统内,空间长度、时间快慢和质量大小,将随着物体运动速度的变化而变化,反复论证了高速运动物体在其运动方向上长度缩短、高速运动物体的运动时钟变慢,而其质量则随着运动速度的增加而增加,并且论证了光在真空里总是以一个确定的速度传播,其速度与发射体运动状况无关,从而宣告了狭义相对论的诞生。同样,在爱因斯坦创立广义相对论的过程中,"独立想像,合理推测"也起到了经典的决定性作用。实质上,广义相对论是一种新的引力理论。牛顿的经典引力理论所刻画的仅仅是静态引力场,而广义相对论所刻画则是变化引力场。要完成由静态引力理论向动态引力理论的革命性转变或进步,关键在于把相对论从惯性系扩大到非惯性系。虽然,爱因斯坦完成这一历史任务整整用了从 1907 年起的十年时间,但是从创造性的思维与劳动的过程来看,他之所以能够提出在惯性系适用的狭义相对论原理在非惯性系也适用的广义相对论,决定性的因素仍然在于其充分发挥了自己"独立想像,合理推测"的机能,因而才完成创造性的思维与劳动过程中这一关键性跨越。随之,提出了"空间引力场的时空特性取决于物质的质量和空间几何分布,也就是说由物质和场决定。物质分布不均必将引起空间弯曲,质量越大,分布越密,空间曲率越大,时间流逝就越慢,引力不过是时空弯曲的'效应'。从牛顿引力理论看来,地球绕太阳公转是由于地球受太阳引力作用的结果,而从广义相对论看来则是由于太阳的巨大质量,使太阳周围的空间弯曲,而地球只不过是在这弯曲空间作惯性运动"①。在这些深邃的物理思想得到完美数学表达后的1916年,爱因斯坦发表了《广义相对论的基础》,又宣告了广义相对论的诞生。

可见,没有创造性的思维,特别是劳动过程中的"独立想像,合理推测",不仅没有狭义相对论的创立,而且也没有广义相对论的创立。正如爱因斯坦自己所说:"想像力比知识更重要,因为知识是有限的,而想像概括着世界上的一切,推动着进步,并且是知识进化的源泉。严格地说,想像力是科学研究中的实在因素。"②这是对"独立想像,合理推测"在创造性的思维与劳动中的决定作用的一种科学而生动的概括。

第四,科学抽象,严密概括。当"捕捉灵感,实现顿悟"和"独立想像,合理推测"等创造性思维程序与机制,为创造性的思维与劳动过程的深入推进准备了足够的感知和认识成果时,必须适时启动"科学抽象,严密概括"程序和机制并借助于分析和综合,进一步认识和掌握作为创造性的思维与劳动对象的未知或部分未知事物和未有或部分未有新质使用价值的整体、本质和规律,进而形成科学可行的思想、概念、理论、学说或设计、方案、工艺、形象等创造性的思维与劳动的目标成果。

①　李思孟、宋子良:《科学技术史》,华中理工大学出版社2000年版,第281页。

②　爱因斯坦:《爱因斯坦文集》第一卷,商务印书馆1976年版,第284页。

所谓抽象，就"是在思想上把各种对象与现象之间的本质的属性抽取出来的思维过程"，而所谓概括，则"是在思想上把抽象出来的各种对象与现象之间的本质的属性结合起来，推广到同一类事物上去的思维过程"①。由于分析与综合是贯穿整个创造性思维与劳动过程始终的，抽象和概括也是在分析与综合的基础上完成的。在这里，抽象就是把人类未知或部分未知事物和未有或部分未有新质使用价值的整体、本质和规律提取出来；而概括则是把这些提取出来的整体、本质、规律推广和外延到同一类未知或部分未知事物和相关未有或部分未有新质使用价值上去并形成创造性思维与劳动的目标成果。

例如，马克思创立剩余价值学说的过程，就是人类在创造性的思维与劳动过程中进行"科学抽象，严密概括"的一个经典范例。在《资本论》中，马克思辟头打开了资本主义社会"庞大的商品堆积"②，在分析综合的基础上，科学抽象并严密概括了商品的二因素，即使用价值和价值；接着，透过商品的二因素，马克思又科学抽象、严密概括了凝结于商品二因素中劳动的二重性，即具体劳动和抽象劳动，首次揭示了理解政治经济学的枢纽并界定具体劳动创造使用价值，抽象劳动创造价值；随后，马克思就深入分析了抽象劳动及其创造价值的过程，抽象并概括出劳动力价值和剩余价值；在此基础上，马克思直奔剩余价值来源，把资本的有机构成抽象并概括为不变资本和可变资本，论证了变为劳动力的可变资本执行价值增殖职能，它所代表的劳动力是剩余价值的创造者，揭示了剩余价值的源泉，戳穿了资本主义剥削的秘密，创立了剩余价值学

① 东文博、龚浩然、高汉生主编：《心理学原理》，黑龙江人民出版社 1986 年版，第 475—476 页。

② 马克思：《资本论》第一卷，人民出版社 2004 年第 2 版，第 47 页。

说。对于马克思科学抽象和严密概括的剩余价值理论,恩格斯曾把它和发现历史唯物主义作为马克思终生两大贡献予以高度评价。

马克思之所以能够为人类,特别是全世界工人阶级和广大劳动者创造出如此拨云见日、出笔立地的辉煌巨著并形成伟大的无产阶级革命理论,除了其他必要条件之外,马克思在创造性的思维与劳动过程中,充分发挥了自己的"科学抽象,严密概括"天才,不能不说是其极为关键的因素。这正如马克思精辟总结的,在经济形态的分析上,必须用抽象力。可见,"科学抽象,严密概括"是认识世界未知或部分未知事物,创造人类未有或部分未有新质使用价值的有力武器,也是人类创造性的思维与劳动过程中的顶级程序和最高机制。通过这种程序和机制,人类不仅要认识、掌握和应用未知或部分未知事物和未有或部分未有新质使用价值的整体、本质和规律,进而形成科学可行的思想、概念、理论、学说或设计、方案、工艺、形象等创造性的思维与劳动成果,而且还要把人类尚未有或部分尚未有新质使用价值实际地发现、发明和创造出来。

第五,自觉检试,实践验证。这是整个创造性思维和劳动过程中最后一种程序和机制,而且是唯一一种逆向进行的程序和机制。

当抽象和概括出反映人类未知或部分未知事物的整体、本质和规律的思想、概念、理论、学说或设计、方案、工艺、形象等创造性思维与劳动成果并把人类尚未有或部分尚未有新质使用价值发现、发明和创造出来,创造性思维与劳动的过程不仅仍未结束,而且还必须进入检试验证程序和机制。这是由于我们虽然已把一定人类未知或部分未知事物的整体、本质和规律及其思想、概念、理论、学说或设计、方案、工艺、形象等抽象和概括出来,并且把一定新质使用价值发现、发明和创造出来,但是得到的创造性思维与劳动成果是否正确反映了这些人类未知或部分未知事物的整体、本质和规律尚未得到检试,发现、发明和创造的新质使用价值究竟能否回答、解决和应对人类面临的新问题、新矛盾、新挑战,也尚未得到验证。因此,最后还必须启动和通过"自觉检试,实践验证"程序和机制。

这种"自觉检试,实践验证"程序和机制的职能和任务有两条:一是检试和验证创造性思维与劳动的成果是否反映了人类一定未知或部分未知事物的整体、本质和规律,发现、发明和创造的人类尚未有或部分尚未有新质使用价值能否解决当时人类面临的新问题、新矛盾和新挑战,对此作出科学评估;二是对那些经检试不符合或不完全符合人类未知或部分未知事物的整体、本质和规律的成果及其形成的思想、概念、理论、学说或设计、方案、工艺、形象等,进行修正、补充、深化,使其达到符合或完全符合的目标;对那些不能解决或不能完全解决当时人类面临的新问题、新矛盾、新挑战的新质使用价值,进行改造、调整、发展,使其达到解决或完全解决的目标。

因此,这一程序和机制既可能是创造性思维与劳动的结束,又可能是其继续。对那些经评估达到创造性思维与劳动目标的,就是一种结束;而对那些经评估未达目标或部分未达目标的,则是一种新的开始,或者说是创造性思维与劳动过程的继续。只要检试和验证出创造性思维和劳动成果及其形成的思想、概念、理论、学说或设计、方案、工艺、形象等不符合或不完全符合有关人类未知或部分未知事物的整体、本质和规律,发现、发明和创造的新质使用价值不能解决或不能完全解决当时人类所面临的新问题、新矛盾和新挑战的,就必须回过头来,应用这种逆向程序和机制,从"科学抽象,严密概括"的程序和机制开始,到"独立想像,合理推测"、"捕捉灵感,实现顿悟",直到"抓住主题,锁定目标",一道程序一道程序、一种机制一种机制地检验,从中找出问题,查准原因并切实改正,直至使创造性思维与劳动的成果及其形成的思想、概念、理论、学说或设计、方案、工艺、形象等符合或完全符合有关人类未知或部分未知事物的整体、本质、规律,使发现、发明和创造的新质使用价值能够或完全能够回答、解决和应对人类面临的新问题、新矛盾和新挑战,最终达到或完全达到创造性思维与劳动的目标。十分清楚,在这个检试和验证的过程中,无论是发现、解决任何一种程序和机制中的问题,无一不是整个创造性思维与劳动过程的继续或继续的创造性思维与劳动过程。

须指出的是,这种进行检试和验证的过程不仅不是一蹴而就的,而且往往是一个长期、反复、艰巨的过程,有的甚至须经历数年、数十年,乃至更长时间的验证过程。

足以说明创造性思维与劳动过程中检验程序和机制艰巨性的经典例证,可算是美国著名发明家爱迪生发明电灯,特别是其检验灯丝材料的具体过程。其实,爱迪生早已开始对普遍适用的白炽灯的研究,只是难于寻找一种纤维结构条理清晰、纹丝匀称并既能最大限度地承载、释放电的光能,又可长久耐用的灯丝材料。这个寻找的过程,对于人类整个的创造性思维与劳动过程来说,也就是对各种可用材料的检试和验证的程序和机制。为此,爱迪生以超常的耐力,硬是对多达1600多种拟用材料一一地进行了检试和验证,终于惊喜地选定了可连续点燃1200多小时、至今人类仍在沿用的钨丝。

足以说明创造性思维与劳动过程中验证程序长期性、反复性的经典例证,不能不说是爱因斯坦关于宇宙存在"暗能量"的验证过程。当年,爱因斯坦在研究宇宙,特别是解释宇宙在万有引力的作用下为什么不会崩溃时,他曾试图用"暗能量"理论来回答。但是,由于在当时条件下得不到验证,因而使爱因斯坦也不得不毫不犹豫地放弃了这一预想。然而,恰恰是由于爱因斯坦身后科学家们在各种科学实践中的不断验证,使这一天才的创造性思维与劳动成果正在重新得到确立。特别是由于哈勃太空望远镜的不断观察,已经反复显示这种神秘能量似乎在宇宙形成后的大部分时间里支持其扩张,因而使宇宙在万有引力的条件下不但不崩溃,反而不断扩张。今天的天文学家们已经可以有根据地说,这种"暗能量"至少已经推动宇宙向外扩张了 90 亿年。对此,美国的约翰斯·霍普金斯大学天文学教授兼美国航天局太空探测科学研究所研究员亚当·里斯说:"这是我们首次掌握意义重大的不连贯数据,使得我们可以溯及那个时候。"①随后的一系列验证结果,特别是"哈勃"新数据,也都在不断地验证爱因斯坦这一创造性的思维与劳动的巨大成果。这一经典例证说明,作为一个对科学真理高度负责的科学家,绝不会没有根据地抱着得不到验证的预想,哪怕是天才的预想不放;反之,无论是任何人,哪怕是天才科学家"放弃"的理论,只要得到确实的验证,就应当予以承认并充分发挥其价值和作用。这说明在创造性的思维与劳动过程中,必须始终坚持实践是检验真理的唯一标准,这是检试验证程序与机制的灵魂。

可见,在任何创造性的思维和劳动的过程中,"句号"都是由"自觉检试,实践验证"程序和机制画就的,而且也只能由这一程序和机制来画就。

总之,从"抓住主题,锁定目标"到"捕捉灵感,实现顿悟"、"独立想像,合理推测"、"科学抽象,严密概括",再到"自觉检试,实践

---

① 转引自《参考消息》2006 年 11 月 18 日,第 7 版。

验证"，这五种程序和机制之间，不仅互相制约，而且互相依存；不仅互有分工，而且互有交叉；不仅先后有序，而且先后渗透，甚至你中有我、我中有你。它们作为一系列规律性现象，共同架构了人类统一的创造性的思维与劳动过程。

尽管，这五种程序和机制环环相扣、扣扣咬合，把人类创造性的思维和劳动过程铸成了一个层层深化、步步升华的思维和劳动链条，但它仍然可以划分为三个互相衔接、互相渗透的阶段：一是由"抓住主题，锁定目标"构成的"问题阶段"；二是由"捕捉灵感，实现顿悟"、"独立想像，合理推测"和"科学抽象，严密概括"构成的"飞跃阶段"；三是由"自觉检试，实践验证"构成的"检验阶段"。这五种程序和机制与"三个阶段"，共同回答和解决的是两个问题：一是"什么是"的问题，即什么是创造性的思维和劳动回答和解决人类面临新问题、新矛盾、新挑战的主题目标；二是"怎么样"的问题，即怎么样实现创造性的思维和劳动的主题目标。

实际上，人类进行创造性思维和创造性劳动的过程，不仅是一个认识世界的过程，而且是一个创造世界的过程。在这个过程中，思维的创造性和创造性的思维，作为人类劳动的创造性和创造性的劳动的核心，不仅是人类认识世界，特别是认识未知或部分未知事物的望远镜和显微镜；而且是创造世界，特别是发现、发明和创造人类尚未有或部分尚未有新质使用价值的设计师和工程师。因此，人类思维的创造性和创造性的思维及其以此为核心的人类劳动的创造性和创造性的劳动，不仅能够认识和掌握人类未知或部分未知事物，而且能够发现、发明和创造人类未有或部分未有新质使用价值及其超常价值并形成革命性综合价值。

第三节　模仿性

为了完整地认识和掌握人类劳动,不仅要研究其创造性,而且还要研究其模仿性。

关于"模仿"、"模仿力"或"模仿性"等,人类也已积累了很多颇有见地的认识和卓有成效的经验。我国的《辞海》把"模仿"概括为:"仿照一定榜样做出类似动作和行为的过程。"[1]还说:"人在掌握语言和各种技能的过程中,以及艺术习作的最初阶段,都要借助于模仿。"[2]《简明不列颠百科全书》,则把"模仿"(imitation)概括为:"感知到别的动物或人的动作,并作出类似动作的过程。模仿过程常常要有一个模式,模仿者对之注意并作出应答。'模仿'是一个描述性的术语,涉及大量的社会适应现象。"[3]此外,古今中外的哲学家、生理学家、心理学家和神经学家、思维学家等各有关科学家,也从不同领域、不同层面给出一些使人颇受启发的论点。

在这里,我是把"模仿性"作为人类劳动的一种基本性能提出来的,这就是说模仿性特指人类劳动独具的一种基本"性质和能力"。并且,按此定位研究模仿性的主要特殊性。

一、模仿性是人类劳动基本性能中一种必要性能

创造性在人类劳动中的极端重要性,并不意味着模仿性就可有可无了。相反,创造性的核心地位和作用代替不了模仿性在人类劳动中的必要地位和作用。

---

[1]　《辞海》,上海辞书出版社 1980 年版,第 219 页。
[2]　《辞海》,上海辞书出版社 1980 年版,第 1220 页。
[3]　《简明不列颠百科全书》第 6 卷,中国大百科全书出版社 1985 年版,第 19 页。

我们研究的模仿性是人类劳动的一种基本性能,而绝非动物的本能。这就是说,这里所研究的不是由第一信号系统条件反射引起的模仿,那是动物本能性的模仿;而是由第二信号系统条件反射引起的模仿,也就是人类思维的模仿性或模仿性的思维决定的模仿。它们之间的一个根本区别在于,是否包含创造性。因为即使是人类劳动的模仿性也体现着人的主观能动性并包含着一定的创造性。正是在这个意义上,我们说模仿性是创造性的一种基础,没有积累的劳动模仿性或劳动模仿性的积累,就没有劳动的创造性。这不仅是一个逻辑的结论,而且是一个历史的过程,自有人类劳动以来的史实已经把它写成了一部厚重的人类劳动史。

那么,究竟何以说创造性是在模仿性的基础上产生的呢？根据对迄今考古学、人类学等相关科学提供的人类进化资料的分析,人类能够制造工具,特别是制造第一把工具之前,那是人类史前史之前的漫长时期。对于这段时间,恩格斯曾作过一个科学的判断:"从攀树的猿群进化到人类社会之前,一定经过了几十万年——这在地球的历史上只不过是人的生命中的一秒钟。但是人类社会最后毕竟出现了。"①正是在这一漫长的历史进程中,实现了从猿到人、从猿群到人类社会、从类人猿本能活动到人类劳动的历史性过渡。其中也实现了由类人猿本能活动的基本性能向人类劳动的基本性能的过渡,包括类人猿本能活动的模仿性向人类劳动的模仿性的历史性过渡。而人类创造第一把工具所体现出来的劳动创造性,正是人类劳动的模仿性长期积累的结果。这种模仿性是人类的"专利",其他任何动物也没有这种含有创造性因素的模

---

① 恩格斯:《劳动在从猿到人的转变中的作用》,《马克思恩格斯选集》第4卷,人民出版社1995年第2版,第378页。

仿性。

　　实际上,能够说明人类劳动创造性的所有标志性行为或活动及其成果,无一不是在模仿性行为或活动及其成果的基础上实现的。例如,"手"的解放和自由,是从猿到人转变过程中具有决定意义的一步,这是实现直立行走、保存与发明火、制造工具等人类原始创造性的前提条件。而手的解放和自由的过程,本身就是我们的祖先从猿到人转变过程中通过"模仿"积累的结果,包括类人猿本能的所谓"模仿性"向人类劳动的模仿性的转变,也包括从人类劳动的模仿性向其创造性的转变,用恩格斯的话来说:"我们的祖先在从猿过渡到人的好几十万年的过程中逐渐学会的使自己的手能做出的一些动作,在开始时只能是非常简单的。"[①]这个由不会到会、由不能到能、由简单到复杂的学习过程,恰恰就是一个在模仿中创造、在创造中模仿的过程,也是一个在模仿积累的基础上实现创造的发展过程。

　　再如,人类制造工具,包括制造第一把石制工具,由拾用大自然中一般的石块到挑选其中有棱角的石块、由自然碰撞形成的锋利石块到人工打造锋利的石具、由打造简单的石器到磨制复杂的石器,以至由石器到青铜器、由青铜器到铁器,每一步创造中都存留着模仿的足迹。

　　还如,人类对于火由利用到保存,再到人工制取的过程,也无一不体现了由模仿到创造这一人类劳动自身发展的规律性。首先,是自然火向人类反复发出了御敌、防暗、熟食、取暖等各种关系到生存和发展的诱导;接着,就是人类主动地保存这一给人类带来

---

　　① 恩格斯:《劳动在从猿到人的转变中的作用》,《马克思恩格斯选集》第4卷,人民出版社1995年第2版,第375页。

巨大福祉的自然火,使其延续这些人类不可缺少的功能;后来,人类便在反复感觉自然界各类碰撞和摩擦生火的刺激下,逐渐开始了自己最初的造火,先后出现了钻木取火和打(凿)石取火等人工取火。这中间,反复不断地持续着的不正是人类由模仿到创造的劳动过程吗?!

不仅如此,人类进入文明时代以后的任何发现、发明和创造,也无一不具有形式不同、程度不同的模仿性痕迹。迄今,人类发明和创造的各类船只,从独木舟到打渔船、从舰艇到航母,无一不存有人类对鱼类的模仿;人类发明和创造的各种飞机,从莱特兄弟发明的第一架飞机到现代的超音速、高超音速和航天飞机,也无一不遗留着人类对飞鸟的模仿,等等,不一而足。

其实,不仅在人类对于各种尚未有或部分尚未有物质性新质使用价值的发现、发明和创造中,保存着模仿性及其基础作用,而且在人类对于各类非物质性新质使用价值的创造,包括天才的创造中,也不乏模仿性的身影。从列夫·托尔斯泰的安娜·卡列尼娜到鲁迅的祥林嫂,从雨果的畸形儿卡西莫多和吉卜赛女子爱斯梅拉达到莎士比亚的罗密欧与朱丽叶,从达·芬奇的蒙娜·丽莎到曹雪芹的"林黛玉",无一不说明再伟大的创造也离不开模仿,再天才笔下的艺术形象也无不留有现实生活中原型的因素。

可见,模仿性对于创造性的必要性,即只有在模仿的基础上才能实现创造,这一简单得不能再简单、明白得不能再明白的真理,早已被一代又一代创新劳动者镌刻在人类的创新劳动史上。

二、劳动模仿性的目标对象是人类已知或部分已知事物和已有或部分已有使用价值

如果劳动创造性的目标对象是人类未知或部分未知事物和未

有或部分未有新质使用价值,那么劳动模仿性的目标对象则是人类已知或部分已知事物和已有或部分已有使用价值;如果认识和掌握人类未知或部分未知事物,发现、发明和创造人类未有或部分未有新质使用价值,是劳动创造性的本质特征和根本意义,那么反映和描述(绘)人类已知或部分已知事物,复制和生产人类已有或部分已有使用价值,则是劳动模仿性的本质特征和根本意义;如果人类劳动的创造性是由人类思维的创造性或创造性的思维决定的,那么人类劳动的模仿性则是由人类思维的模仿性或模仿性的思维决定的。

其实,劳动模仿性以人类已知或部分已知事物和已有或部分已有使用价值为目标对象,古今中外,历来如此。这也是一个简单得不能再简单、明白得不能再明白的真理。它同样不仅是一个逻辑的结论,而且是一个历史的事实,早已被一代又一代模仿劳动者镌刻在人类的重复劳动史上。在这里,问题不是劳动的模仿性或模仿性的劳动是不是以人类已知或部分已知事物和已有或部分已有使用价值为目标对象的问题,而是怎样把这种目标对象模仿好的问题。解决这个"怎样"的问题,要坚持"三项操作原则":

第一,要坚持模仿的自觉性,防止其盲目性。这是能否实现模仿劳动目标的前提。由于任何人类劳动,包括模仿性劳动,无一不是受一定的动机状态调节的,因而模仿性劳动者是否具有自觉的动机状态,能否防止和克服动机状态的盲目性,对于模仿劳动目标的实现无疑是有意义的。为此,首先必须有意识地模仿,避免模仿处于一种无意识或下意识状态,切实明确模仿目的,自觉锁定模仿目标。特别是要确定标准化模式,或实现模式的标准化;否则,模仿目标是难以实现的。同时,必须主动地模仿,避免被动模仿。在模仿目标模式确定后,模仿劳动者要使模仿动机处于主动状态,决不要陷于被动状态。特别是作为模仿的主体,充分地准备或准备得充分是重要的,无论如何不在无准备、无把握情景下实施模仿。此外,必须有计划地模仿,避免随意模仿。模仿劳动者作为模仿实施主体,在调整模仿动机状态、确定模仿目标模式后,重要的在于对整个模仿劳动过程通盘考虑,全面安排,特别是要选择在最佳条件下,采取最佳方式并分步骤地实施模仿。可以说,模仿的自觉性从根本上决定着模仿的成败。

第二,要坚持模仿的真确性,防止其虚拟性。这是是否实现了模仿劳动目标的标准。人类模仿行为和模仿成果的生命攸关,在于其真确性;失去了真确性,就难以称之谓"模仿"。坚持模仿的真确性,就是要实现模仿行为或模仿成果与具体模仿目标模式之间的一致性。这种一致性,首先是外在的一致性,也就是它们之间在形态上,特别是整体形态上的一致性,甚至达到人们对二者在感觉和知觉上的重叠性。同时,要实现其内在的一致性,也就是要切实反映或透视出二者之间在其本质和规律上的一致性。特别是对于科学技术和文化艺术领域的模仿行为、模仿形象或其他模仿成果,更须做到不仅其外像,而且其内像;不仅其形像,而且其神像。此外,还要实现其准确性或精确性,即不仅要使模仿行为或模仿成果切实做到"真",而且要切实做到"确"。或者说,既要做到模仿行为或模仿成果与其模仿目标模式之间在质上的一致性,又要做到模仿行为或模仿成果与模仿目标模式在量上的一致性;既要实现二者之间在整体上的一致性,又要实现其在具体上的一致性。只有这样,才能既防止模仿过程中的虚假性,又防止模仿过程中的虚拟性,切实做到真而确。如果虚拟性在某些领域是必要的,那么它却是模仿之大忌。

第三,要坚持模仿的积极性,防止其消极性。这是能否实现模仿性劳动的战略目标的保证。在这里,模仿的积极性远不只是一个模仿劳动的态度问题,而主要是一个对人类模仿劳动的战略成果的实现问题。从整个人类劳动的本质和使命来考虑,模仿性作为它的一种基本性能,其目标是双重性的,既有现实目标,又有长远目标;既有具体目标,又有抽象目标;既有战术目标,又有战略目标。其中,实现模仿行为或模仿成果与具体模仿目标模式的一致性,以及通过以模仿性为本质特征的重复劳动,批量化、商品化生产创新劳动成果的标准化产品,的确是模仿的现实的、具体的、战术的,并且是基本的劳动目标。然而,劳动的模仿性与劳动的创造性这两种基本性能之间对立统一的辩证关系说明,由于在劳动的模仿性和模仿性的劳动中存在着劳动创造性和创造性劳动的元素,因而它本身还包含着一种积累劳动创造性和创造性劳动元素的战略目标。尽管这种战略目标,对于劳动的模仿性和模仿性的劳动是非基本的,但它却是内在的和不断的,因而也是人类劳动的模仿性或模仿性的劳动的题内应有之意。

总体说来,实现人类劳动模仿性和模仿性劳动战略目标的过程,是一个渐进的发展过程。在这个过程中,往往会出现一个由量变到质变、由部分质变到整体性质变的突破点,进而实现由劳动模仿性和模仿性劳动向劳动创造性和创造性劳动的转变。人类创新劳动史,特别是近现代国内外创新劳动实践反复揭示,这种由量变到质变、由部分质变到整体质变的突破点又往往发生在矛盾双方互相冲突和个性与共性互相联结等特定时空条件下,从而形成了人类劳动的模仿性和模仿性的劳动向劳动的创造性和创造性劳动转变中的边缘效应。

例如,德国物理学家普朗克(Max Planck,1858—1947 年)发现和创立量子论,就是一个从反复模仿的矛盾冲突中实现突破的经典范例。原来，他并没有设想打破经典物理学的基本理论，只是想模仿经典物理学的方法，提出一个折中的公式，把"维恩公式"（由柏林大学教授维恩于1894年提出）和"瑞利公式"（由英国物理学家瑞利于1900年提出）这两个互相矛盾、互相冲突的公式统一起来，试图以此解释辐射过程中的非连续现象。可是，他并没有也不可能在传统物理学关于物质运动绝对连续的理论框架之内获得成功。在这种反复模仿中，普朗克终于认识到，"维恩公式"与"瑞利公式"之间的矛盾冲突直击传统物理学关于物质运动绝对连续的观念，从而把握了解决这种矛盾的突破点，即冲破传统物理学关于物质运动绝对连续观念的束缚，从根本上解决这对尖锐的矛盾。于是，他在1900年10月19日，提出了自己彻底跳出经典物理学理论的革命性新公式，即著名的"普朗克公式"并于当年12月14日，系统阐述了其理论基础，这就是著名的"能量子假说"，一举突破了经典物理学关于物质运动绝对连续观念，提出了关于辐射过程的非连续观念，论证了辐射过程是以最小分量进行放射或吸收的。这种最小分量，就是最小的能量单位，也就是"能量子"。可见，著名的"量子论"正是在从对传统物理学原理反复进行模仿的矛盾冲突，即"维恩公式"与"瑞利公式"的尖锐对立入手，实现由对传统力学的模仿向量子力学的创新突破的。这说明敢于并善于从矛盾冲突中实现突破，是由人类劳动的模仿性和模仿性劳动向劳动的创造性和创造性劳动转变的一条重要路径。

至于通过研究个性，从剖析个性与共性的联结中揭示共性，从而实现由劳动的模仿性和模仿性的劳动向劳动的创造性和创造性的劳动转变的经典范例，更加不胜枚举。无论是在自然科学还是在社会科学，以及自然科学与社会科学互相渗透的融合性科学领域，人类的许多发现、发明和创造，都是由此路径实现的。特别是在文学艺术的创作中,各种典型人物和艺术形象的概括和塑造,包括那些在人类历史上可圈可点的天才创造,无一不是经过对人类历史上或现实生活中各种个性原型或模仿对象的反复研究、深刻剖析和抽象概括而形成的。从莎士比亚的哈姆莱特到鲁迅的阿Q,再到海明威的乔丹等等,哪一个形象不集中了他们所生活的时代和社会中无数个性中体现或隐藏的共性?!阿Q身上集中的是当时半封建半殖民地中国那个病态社会中病态人格的共性,特别是"精神胜利法",使这一个性充满了从自我麻醉中唤醒农民的强大共性震撼力。虽然,哈姆莱特这一个性反映的背景是中世纪的丹麦,但莎士比亚却把16世纪末17世纪初英国先进人文主义个性中的共性特征集中在他身上,从而把当时先进人文主义与黑暗封建势力之间尖锐斗争的时代课题提了出来,使哈姆莱特的历史任务由为父报仇升华到"重整乾坤"的高度。虽然,由于历史条件的限制,使他在为父报仇时自己却牺牲了,但由于作者把他放在与虽已腐朽、但仍占统治地位的封建势力尖锐斗争的时代主题中,因而不但没有影响其气壮山河的艺术魅力,而且使哈姆莱特悲剧上升为一个时代性悲剧,成为一个如恩格斯所说,历史的必然要求和这个要求的实际上不可能实现之间的悲剧性冲突。尽管,乔丹的原型是西班牙人民反法西斯的英雄,但海明威却把反法西斯斗争中许多个性人物的英雄品质和整个人类反对战争的共同意志联结并集中在乔丹这个典型形象中,把它浓缩为一个震撼全人类心灵的主题——丧钟为谁而鸣?进而为法西斯侵略者敲响了丧钟。

请看,这些警世艺术巨作所发现、揭示和创造出来的共性,哪一个不是从个性中探求出来的,他们在文艺创作的劳动中,由劳动的模仿性和模仿性的劳动向劳动的创造性和创造性劳动的转变,又有哪一位不是从个性与共性的联结中实现的呢?!

可见,坚持模仿的自觉性、真确性和积极性,不仅是实现人类劳动模仿性和模仿性劳动具体目标的指导原则,而且是实现其战略目标的操作艺术;舍此,不仅不能实现人类劳动模仿性和模仿性劳动的任何目标,而且也不能称其为人类劳动的模仿性或模仿性的劳动。

人类的劳动史充分证明,劳动的创造性和劳动的模仿性之间是对立统一的。可以说,创造是模仿基础上的创造,模仿则是创造基础上的模仿;经过创造就进入了模仿,经过新的创造又进入了新的模仿;创造、模仿,再创造、再模仿,往复无穷。同时,任何创造都是一种质变,进入模仿则开始量变;而在任何劳动模仿中都有一定的创造性元素,它积累为劳动的主要成分时,模仿就质变为创造;随后又进入模仿并积累着新的创造;质变、量变,再质变、再量变,往复无穷。此外,任何创造都是对一定模仿的否定,而任何模仿则都是对一定创造的肯定;新的创造是对新的模仿的否定,更新的模仿又是对新创造的肯定;否定、肯定,再否定、再肯定,往复无穷。这就是人类劳动中创造性和模仿性的辩证法。

总之,任何人类劳动都是一个创造性和模仿性的对立统一体,不仅有创造性,而且有模仿性,才是完整的人类劳动。没有无任何创造性因素的模仿性劳动,也没有无任何模仿性因素的创造性劳动。因此,只有既发挥劳动的创造性,又发挥劳动的模仿性,才能全面实现人类劳动的基本性能;既不断发现、发明和创造人类尚未有或部分尚未有新质使用价值及其超常价值,又不断对其进行标准化、批量化、商品化生产,才能使其超常价值转化为巨大的正常价值并使它们不断地得到实现,以推进生产力和人类社会及其各领域发展与进步,特别是超常发展和革命性进步。

第二章　劳动的创造性与价值的超常性

第一节　新质使用价值

劳动的创造性和创造性的劳动所创造或形成的"价值"①形态及其所体现的超常性,在使用价值的意义上,表现为新质使用价值;在价值的意义上,表现为超常价值;在综合价值的意义上,则表现为革命性综合价值。

所谓新质使用价值,就是人类在质上尚未有或部分尚未有的新使用价值,而不是在量上尚未有或部分尚未有的新使用价值。这种新质使用价值,是由人类劳动的创造性和创造性的劳动,即创新劳动发现、发明和创造出来的,而且只有创新劳动才能够发现、

---

① 此处为广义的价值或价值的广义形态,在本书中凡用"价值"标明的皆为包括使用价值、价值和综合价值在内的广泛意义上的价值。据《简明不列颠百科全书》(中国大百科全书出版社 1985 年版,第 4 卷,第 306 页)介绍,价值学(axiology)对于最为广义的价值曾进行过专门研究。19 世纪,政治经济学上价值的意义被延伸至更为广泛的领域。特别是 R. B. 佩里在其《一般价值论》中,甚至认为价值是"任何有益的事物"。后来,他还具体探讨了这种广义价值的具体领域。他曾一一研究了八大价值领域:道德、宗教、艺术、科学、经济学、政治、法律和习俗。现在,人们俗称的政治价值、军事价值、社会价值、生态价值和思想价值、理论价值、学术价值、科学价值、文化价值、艺术价值、文物价值、食用价值等,均属于这种更为广泛的价值。而在这里,我们则根据价值的性质、作用和适用范围,在广义上集中概括为三种价值:使用价值,价值和综合价值。

发明和创造出来。我在研究创新劳动时曾提出："在使用价值的意义上,所谓创新劳动,就是发现、发明和创造人类在质上尚未有或部分尚未有的新使用价值的劳动;而重复劳动则不能发现、发明和创造人类在质上尚未有的新使用价值,也不能发现、发明和创造人类在质上部分尚未有的新使用价值。"①这种新质使用价值,既包含物质性文明成果和精神性文明成果,也包含物质与精神相互渗透的如社会的经济和政治等层面的形态、制度、体制、机制以及各种活动模式一类融合性文明成果。这就是说,劳动的创造性和创造性的劳动,即创新劳动,是人类尚未有或部分尚未有新质使用价值的创造者和重要来源。这是一个正确的结论,特别是在研究创新劳动和重复劳动的区别时,这个结论不仅具有科学性,而且具有鲜明性。

然而,创新劳动却不是人类尚未有或部分尚未有新质使用价值的唯一来源。作为人类社会财富的使用价值,包括新质使用价值的来源,有三个基本层面或三个基本来源:一是客观层面的来源,或客观来源;二是主观层面的来源,或主观来源;三是实践层面的来源,或实践来源。同时,这三种来源必将在使用价值,包括人类尚未有或部分尚未有新质使用价值的内部结构中,凝结为客观性、主观性和实践性的三种因素。正如恩格斯所说:"政治经济学家说:劳动是一切财富的源泉。其实,劳动和自然界在一起它才是一切财富的源泉,自然界为劳动提供材料,劳动把材料转变为财富。"②

对于人类尚未有或部分尚未有新质使用价值来说,同样首先

---

① 赵培兴:《创新劳动论》,中央文献出版社、黑龙江人民出版社2006年版,第23页。

② 恩格斯:《劳动在从猿到人的转变中的作用》,《马克思恩格斯选集》第4卷,人民出版社1995年第2版,第373页。

具有客观来源,而且客观来源是其第一来源。没有客观来源,人类尚未有或部分尚未有新质使用价值,就失去了发现、发明和创造的根本前提,任何新质使用价值都无从谈起。同时,这种客观来源又必将在新质使用价值内部凝结为客观因素,成为其结构的客观内容。

其实,在人类创新劳动史上,任何尚未有或部分尚未有新质使用价值,无一不是人类为回答、解决和应对其生存发展进程中不断出现的新问题、新矛盾和新挑战而发现、发明和创造出来的,而任何新问题、新矛盾和新挑战,又无一不是在人类已经具备或基本具备解决它们的客观可能性的情况下才会出现的。对此,马克思曾作过精辟的论断:"人类始终只提出自己能够解决的任务,因为只要仔细考察就可以发现,任务本身,只有在解决它的物质条件已经存在或者至少是在生成过程中的时候,才会产生。"①这些人类生存发展进程中出现的新问题、新矛盾、新挑战以及业已存在或正在生成的人类解决它们的物质条件,正是人类用以回答、解决和应对这些新问题、新矛盾、新挑战的新质使用价值的客观来源并在新质使用价值的内部结构中,形成其固有的客观因素。任何人类尚未有或部分尚未有新质使用价值,都不是创新劳动者头脑中所固有的;没有客观来源,任何创新劳动者的天才头脑都不仅不可能把回答、解决和应对人类生存发展进程中新问题、新矛盾、新挑战的新质使用价值发现、发明和创造出来,而且也不可能把其作为人类劳动创造性和创造性劳动的主题和目标提出来。肯定和坚持人类尚未有或部分尚未有新质使用价值的这种客观来源及其形成的客观

---

① 马克思:《政治经济学批判》,《马克思恩格斯全集》第31卷,人民出版社1998年第2版,第413页。

因素,就是关于新质使用价值来源和结构问题上的唯物论。

　　人类尚未有或部分尚未有新质使用价值,不仅具有其客观来源,而且要有其主观来源。而这种主观来源又必将在新质使用价值的内部结构中,凝结成为其主观因素。劳动之所以能够把自然界提供的材料或资源变为社会财富,一个不可或缺的因素在于发挥人类独具的主观能动性和能动力;如果没有或不发挥人的主观能动性和能动力,再丰佳的自然材料或资源也不可能变为人类的社会财富。因此,人类独具的主观能动性和能动力,就不能不成为社会财富的主观来源并必将在社会财富的内部结构中,凝结成为其主观因素,成为其不可缺少的必要组成部分。

　　对于人类尚未有或部分尚未有新质使用价值来说,如果人类生存发展进程中产生的新问题、新矛盾、新挑战以及回答、解决和应对它们的物质条件是其客观来源的话;那么以人类思维的创造性与创造力为核心的劳动的创造性和创造力,则是其主观来源。而且,在这种新问题、新矛盾、新挑战以及解决它们的物质条件已经存在或正在形成的前提下,究竟能否把人类用以回答、解决和应对这些新问题、新矛盾和新挑战的新质使用价值发现、发明和创造出来,人类劳动的创造性和创造力也就成为一个决定性因素。没有或不发挥人类劳动的创造性和创造力,即使具备了人类尚未有或部分尚未有新质使用价值的客观来源,也不可能把这种新质使用价值发现、发明和创造出来。

　　这种人类劳动的创造性和创造力,又是以人类思维的创造性和创造力为核心的,因此它之所以能够在新质作用价值的客观来源的基础上,通过实践,把它们发现、发明和创造出来,是由于经过了一个科学、系统、严密的创造性思维的加工制作过程,特别是通过如前所述的"五种机制与程序"和"三个阶段"并回答和解决了

"两大问题",才得以完成对这种新质使用价值的整体、本质、规律的认识,实现了人类对其由不知到知,进而在实践中实现对其由未有到有,把这种新质使用价值实际地发现、发明和创造出来。

须强调指出的是,这种人类思维和劳动的创造性与创造力,是作用和贯穿于发现、发明和创造新质使用价值过程始终的。也就是说在人类掌握新质使用价值整体、本质和规律的认识过程中离不开人类思维和劳动的创造性与创造力,在人类根据对其整体、本质和规律的认识,把新质使用价值实际地发现、发明和创造出来的实践过程中,也离不开人类思维和劳动的创造性和创造力。因此,从静态上分析,在任何人类尚未有或部分尚未有新质使用价值中,都不仅存在着其客观来源或客观因素,而且也都凝结着其主观来源或主观因素。这种主观来源或主观因素,就是人类思维和劳动的创造性和创造力。如果坚持人类尚未有或部分尚未有新质使用价值的客观来源及其形成的客观因素,是新质使用价值来源与结构问题上的唯物论;那么,坚持人类尚未有或部分尚未有新质使用价值中这种主观来源和主观因素,则是新质使用价值来源和结构问题上的辩证法。

人类尚未有或部分尚未有新质使用价值不仅具有客观来源及客观因素和主观来源及主观因素,而且还必然具有实践来源。而这种实践来源又必然在新质使用价值的内部结构中凝结为实践因素。而且在其客观来源和主观来源具备的条件下,这种实践来源或实践因素便成为了"新质使用价值"能够成为新质使用价值的决定因素。

可见,即使人类尚未有或部分尚未有新质使用价值具备了客观来源,又具备了主观来源,也并不等于其实际产生,而只是为它的产生提供了可能性,要把这种可能性变成为现实性,唯一的途径就是创新劳动实践。实践,创新劳动实践,是把新质使用价值的客观来源和主观来源结合起来并形成新质使用价值的必由之路。其实,这也就是以上恩格斯所说自然界为劳动提供材料,劳动把材料变为财富的原理,在创新劳动把新质使用价值的客观来源和主观来源变为新质使用价值问题上的应用。

　　实际上,人类发现、发明和创造新质使用价值的完整过程是一个认识世界和创造世界的过程。我在《创新劳动论》中曾提出:"创新的实现过程就是一个人类对规律的认识和实践的过程,也就是一个从必然王国向自由王国发展的过程。"①这里的"规律"当然是人类尚未认识或尚未完全认识的规律,这里的"实践"也当然是人类尚未进行或尚未成功进行的实践。而这里之所以不仅需要认识,而且还需要实践,是由于人类发现、发明和创造新质使用价值的完整过程,不仅包括认识和掌握新质使用价值及其相关事物的整体、本质和规律,解决人类对这种新质使用价值由未知或部分未知到知或部分知的问题,而且还包括按其整体、本质和规律把它实际地发现、发明和创造出来,解决人类对这种新质使用价值由未有或部分未有到有或部分有的问题。在这个完整的过程中,创新劳动者必须经过由物质到精神,由精神到物质,即由实践到认识,由认识到实践两次飞跃,乃至两次飞跃的反复和多次反复,才能够完成对于创新的实现,最后把人类尚未有或部分尚未有新质使用价值实际地发现、发明和创造出来。

　　在这个发现、发明和创造人类尚未有或部分尚未有新质使用价值的完整过程中,"两次飞跃"之间是互相区别、互相配合,各有分工、缺一不可的。第一次飞跃,即由物质到精神或由实践到认识

---

　　①　赵培兴:《创新劳动论》,中央文献出版社、黑龙江人民出版社2006年版,第245页。

的飞跃,解决的是对人类尚未有或部分尚未有新质使用价值及其相关事物的整体、本质和规律的认识,实现对其由未知或部分未知到知或部分知的具体过程。第二次飞跃,即由精神到物质、或由认识到实践的飞跃,解决的是对人类尚未有或部分尚未有新质使用价值的实践问题,完成对其由未有或部分未有到有或部分有的具体过程,把这种新质使用价值实际地发现、发明和创造出来。人类的创新劳动史已反复证明,无论是人类对于尚未有或部分尚未有新质使用价值及其相关事物的整体、本质和规律的认识,还是对于尚未有或部分尚未有新质使用价值的发现、发明和创造,都是难以一次完成的,都要经过由物质到精神即由实践到认识和由精神到物质即由认识到实践"两次飞跃"的反复,甚至多次反复,才能最终完成。

可见,实践作为人类发现、发明和创造尚未有或部分尚未有新质使用价值的决定性来源和途径,是贯穿于人类认识和创造这种新质使用价值的整个过程始终的,因而它也必然作为其决定性因素凝结于新质使用价值的内部结构中。如果说坚持人类尚未有或部分尚未有新质使用价值的客观来源及客观因素和主观来源及主观因素,是新质使用价值来源与结构问题上的唯物论和辩证法;那么,坚持其实践来源和实践因素,则是新质使用价值的来源与结构问题上的实践论。

总之,我们只有既坚持人类尚未有或部分尚未有新质使用价值的客观来源及客观因素和主观来源及主观因素,又坚持它的实践来源及实践因素,才能全面、深刻、完整地把握新质使用价值的来源和结构并切实将其发现、发明和创造出来。

当然,人类尚未有或部分尚未有新质使用价值的"三个来源"、"三种因素"之间的地位与作用并不是等同的,也不是对称的。其中,客观来源和客观因素是第一位的,是根本来源和根本因素,没有这种客观来源和客观因素,任何新质使用价值都将失去存在的前提;主观来源和主观因素虽是第二位的,但却是必要来源和必要因素,具有不可或缺性;至于实践来源和实践因素,则是决定性来源和决定性因素,在其客观来源和主观来源具备的条件下,能否把新质使用价值发现、发明和创造出来,就决定于创新劳动实践。因此,在新质使用价值的来源和结构问题上的"三源论"不是什么"三元论",更不是什么折中主义,而是唯物论、辩证法和实践论的辩证统一论。

在劳动创造性和创造性劳动创造的"价值"的超常性和超常性的"价值"中,使用价值的超常性和超常性的使用价值,即人类尚未有或部分尚未有新质使用价值是基础,具有决定性作用。人类尚未有或部分尚未有新质使用价值的不断发现、发明和创造,不仅不断地回答、解决和应对了人类生存发展进程中不断出现的新问题、新矛盾和新挑战,而且还不断地为人类社会带来了超常性的价值,即超常价值。

第二节 超常价值

人类劳动的创造性和创造性的劳动,即创新劳动所创造的价值形态及其超常性,在价值的意义上,表现为超常价值。

所谓超常价值,是相对于正常价值来说的。正常价值,就是劳动的模仿性和模仿性的劳动,即重复劳动所创造的价值,也就是重复劳动批量化、商品化生产的创新劳动成果标准化产品所具有的价值。而超常价值,则是人类劳动的创造性和创造性的劳动,即创新劳动所创造的价值,也就是创新劳动者在发现、发明和创造人类尚未有或部分尚未有新质使用价值的过程中所耗费的个别必要劳动时间。

可见,人类劳动的创造性和创造性的劳动不仅发现、发明和创造的使用价值具有超常性,而且它所形成的价值也具有超常性。这种超常性,在价值含量上表现为超大性;在价值状态上表现为潜在性。这是人类劳动的创造性和创造性的劳动所创造的价值之所以称之为"超常价值"的两大基本特征。

第一,价值含量的超大性。在商品经济或市场经济条件下,人类劳动的创造性和创造性的劳动,即创新劳动在发现、发明和创造人类尚未有或部分尚未有新质使用价值的同时,必然创造出超过并大大超过人类劳动的模仿性和模仿性的劳动,即重复劳动在同样时间,甚至更长时间内所能创造,甚至不能创造的价值。超常价值具有超大的价值含量,是其超常性的一个最基本的特征。

超常价值的价值含量的超大性,归根结底是由创新劳动者发现、发明和创造它所耗费的劳动时间的超长性决定的。根据马克思主义劳动价值论,形成价值实体的是人类的抽象劳动,而决定正常价值价值含量的是其生产的社会必要劳动时间。尽管由于创新成果或新质使用价值独一无二的稀缺性,难以找出其生产所耗费的社会必要劳动时间,但是决定其价值量的仍然是创新劳动者发现、发明和创造它所耗费的必要劳动时间,只不过这不是社会必要劳动时间,而是创新劳动者投入的个别必要劳动时间。可见,创新劳动者发现、发明和创造人类尚未有或部分尚未有新质使用价值过程中实际投入的个别必要劳动时间的超长性,是决定其价值含量超大性的当然原因。

虽然,决定创新劳动者发现、发明和创造人类尚未有或部分尚未有新质使用价值耗费的个别必要劳动时间超长性的因素是多层面的,但是其中一个重要因素是实现创新目标的高难度,甚至是超高难度,因而除创新主体自身因素和劳动条件外,创新劳动者要比重复劳动者付出包括体力、脑力,特别是脑力的高强度,甚至超高强度的耗费所物化的超长劳动时间。正如马克思所指出的,价值就是包括体力和脑力在内的"人类劳动力耗费的单纯凝结"①,而这些劳动力耗费的凝结也要转化并表现为"一定量的凝固的劳动时间"。② 可见,发现、发明和创造人类尚未有或部分尚未有新质使用价值的高难度,甚至超高难度及其决定的创新劳动力的高强度,甚至超高强度的耗费,从根本上规定了创新劳动者只有投入长时间,甚至超长时间的劳动,才能实现创新目标。因此,在创新劳动及其超常价值生产的过程中,个别必要劳动时间的超长性是在所难免的,也是超常价值的题内应有之意。

同时,超常价值的价值含量的超大性也是由从事创新劳动的劳动力的超高价值决定的。马克思在研究实际上的重复劳动及其正常价值生产时,曾明确指出,从事复杂劳动的劳动力比从事简单劳动的劳动力"具有较高的价值。既然这种劳动力的价值较高,它也就表现为较高级的劳动,也就在同样长的时间内对象化为较多的价值"③。如果从事复杂劳动的劳动力比从事简单劳动的劳动力的价值较高并能在同样长的时间内物化较多的价值;那么从事创新劳动的劳动力比从事重复劳动,包括重复劳动中复杂劳动的劳动力,就具有更高的价值,因而能够在相同时间,甚至更短时间内物化更多的价值。特别是在知识经济初露端倪并有所发展的条件下,从事创新劳动,特别是知识性创新劳动的劳动力,必将由

---

① 马克思:《资本论》第一卷,人民出版社 2004 年第 2 版,第 51 页。
② 马克思:《资本论》第一卷,人民出版社 2004 年第 2 版,第 53 页。
③ 马克思:《资本论》第一卷,人民出版社 2004 年第 2 版,第 230 页。

于具有更高并更高得多的知识含量而具有更大并更大得多的价值,因而也就能在同样长,甚至更短的时间内物化更大,甚至更大得多的价值,从而成为了超常价值超大价值量的巨大源泉。

这样,超高价值的劳动力,以超大的劳动强度,投入到发现、发明和创造人类尚未有或部分尚未有新质使用价值过程中所形成的个别必要劳动时间,不仅具有超长性,而且其劳动价值率,即单位个别必要劳动时间的价值含量,还具有超高性。因此,它生产的超常价值的价值量的超大性也就事在必然了。其实,在人类创新劳动史上,特别是近现代国内外创新劳动实践中,创新劳动发现、发明和创造的各种人类尚未有或部分尚未有新质使用价值的价值含量的超大性,早已成为不争的事实,被一代又一代地镌刻在商品经济产生以来的人类社会发展史上。

第二,价值状态的潜在性。人类劳动的创造性和创造性的劳动,即创新劳动所创造的超常价值,不仅在价值含量上具有超大性,而且在价值状态上具有潜在性。

任何超常价值在没有释放出来之前,无论其价值含量多么巨大,它都以正常价值标准和尺度无法直接衡量和测算的潜在状态存在于创新劳动者发现、发明和创造的人类尚未有或部分尚未有新质使用价值中,因而形成了创新劳动成果的潜在价值,或者说,使新质使用价值的价值状态具有了潜在性。只有经过重复劳动,使创新成果变成标准化、批量化商品,这种潜在性的超常价值才能够释放出来,转化为正常价值并可用正常价值的标准与尺度精确衡量和测算。

超常价值的这种潜在性,主要是由创新劳动者发现、发明和创造的新质使用价值独一无二的稀缺性决定的。这种特殊的稀缺性,使得新质使用价值根本不存在形成创新劳动者发现、发明和创造它的社会必要劳动时间的前提条件,因而使马克思这一衡量和测算正常价值的标准与尺度不能直接对其进行衡量和测算。因为对于正常价值的标准与尺度,马克思的规定是毫不含糊的:"价值。纯粹归结为劳动量;时间作为劳动的尺度。"①问题在于,这里"对象化为价值的劳动,是社会平均性质的劳动,也就是平均劳动力的表现。但是平均量始终只是作为同种的许多不同的个别量的平均数而存在的。"②十分明显,对于独具超常价值的新质使用价值来说,既不存在所谓"同种的"个别量,更不存在所谓"许多不同的"个别量,它存在的只是独一无二的个别量,因而也就不可能形成和存在它的所谓"平均数"。这又何谈"社会平均劳动时间"呢?!

同时,发现、发明和创造各种新质使用价值的个别必要劳动时间之间又缺乏可比性,因而在发现、发明和创造不同时代、不同时期和不同国家、不同领域等不同时空范围以及不同类型,乃至不同项目的新质使用价值的个别必要劳动时间之间,根本形不成社会必要劳动时间。

可见,马克思在当时的历史条件下提出的"社会平均劳动时间",即社会必要劳动时间这一概念,主要是用于衡量和测算重复劳动所创造的正常价值的,而没有来得及具体研究创新劳动所创造的超常价值的衡量和测算问题。因此,在这种新质使用价值尚未通过重复劳动形成标准化、批量化和商品化产品之前,难以找出"在现有的社会正常的生产条件下,在社会平均的劳动熟练程度

---

① 马克思:《马克思致恩格斯》(1858年4月2日),《马克思恩格斯文集》,人民出版社2009年版,第158页。

② 马克思:《资本论》第一卷,人民出版社2004年第2版,第375页。

和劳动强度下制造某种使用价值所需要的劳动时间"①,用以衡量和测算其超常价值。因此,无法直接衡量和测算出新质使用价值所具有的超常价值的价值含量。所以,在这种超常价值通过重复劳动转化为正常价值之前,我们不仅把它概括为超常价值,而且还根据这种超常价值的存在状态,将其概括为潜在价值。

尽管超常价值在释放前,一直以潜在状态存在于新质使用价值中,但是这种潜在的存量价值却始终处于"可激活状态"。只要有现实需要或市场需求的"激发",它就可以不断地通过重复劳动由其标准化、批量化商品释放出来,而且由于其价值量超大,因而这种潜在性存量价值的"释放期"又是相当长的。例如,手工农具,这种今天看似落后的使用价值作为创制时用于农业生产的一种新质使用价值,至今仍被相当部分农民沿用着。中间虽经不断改进,在局部上加入了一些新的使用价值,而且当商品经济产生后才表现为交换价值(此前在价值形式上则表现为生产价值,详见第六篇),但它在穿越人类时空隧道的漫长历程中,始终没有改变其"可激活状态",只要有现实需要或市场需求的激发,它都能以当时当地特有的形式"释放"其潜在价值。再如,手锤,作为发明时用于工业生产的一种新质使用价值,至今也仍在手工业生产和人们生活中不断地释放其潜在价值。特别是经过多次改造重量前置、着力点采取连续线形设计的手锤,由于锤子重心上移,能够用更少的力气产生更大的冲击力,因而使其不断地延续着市场对自己的需求,"释放"着自身的潜在价值。还如,人称"生态计算机"的中国算盘,作为产生时用于商业和人们生活中一种新质使用价值,在人类已发明和普及电子计算机的今天,由于它不用电、无辐

---

① 马克思:《资本论》第一卷,人民出版社 2004 年第 2 版,第 52 页。

射、没有病毒危害并便于携带,已成为电子计算机的辅助工具,潜在于它内部的超常价值不断地通过其商品释放出来。而且,展望未来其潜在价值的"释放期"仍非屈指可数。

尽管不同创新成果的潜在价值"释放期"各不相同,特别是其"释放期"如此之长的创新成果并非很多,但是一切创新成果,特别是原生性创新成果,在性能优于它并能完全代替它的新质使用价值产生和普遍应用之前,其潜在价值释放是不会终止的。可见,它们之间不仅是所谓"旧的不去,新的不来",而且是"新的不来,旧的不去"。

实际上,有时"新的来了,旧的仍不去"。这说明在某些功能和作用具有一定相同点或相似点,而又各具差别点,特别是质的差别点的新旧创新成果之间,有一个潜在价值释放的"并存期"。在这个"并存期"中间,新的创新成果潜在价值释放的同时,旧的创新成果的潜在价值仍然保留其一定的释放空间。它们互相并存、取长补短,直到新的创新成果潜在价值的释放空间能够完全取代旧的创新成果潜在价值释放空间,使其潜在价值释放殆尽时,这个"并存期"方可最终结束。

请看:纸张,在人类20世纪80年代发明的个人电脑、磁盘和调制解调器面前,仍然在办公、写作和因特网内容下载等方面施展自己的使用价值并继续释放其潜在价值;机械表,在精度可达千分之一秒,且有高度计、温度计、湿度计、秒表以及夜光等多种功能的先进电子表面前,仍然以其带有分针、秒针和美观大方等魅力取悦于大多数消费者,进而释放着潜在价值;针式打印机、喷墨打印机、激光打印机等,在能够提供更高印刷质量和更快打印速度的先进打印机面前,仍然以其廉价和可靠被广泛应用于银行、商店收银台以及办公室,从而不断地释放自己的超常价值;打字机,在人们日益普遍应用的电脑面前,仍然被一些作家和记者日复一日地使用着,特别在填表格、写留言、打文件以及写一些短小文章时,更以防止文件丢失和电脑病毒袭击等安全优势保持着自己的一席之地,借此其潜在价值也不断地释放出来;收音机,在声音与图像并茂的电视机面前,仍然保持了自己的重要媒体工具地位,许多人早晨起来的第一件事和开车时收听新闻或音乐的最佳选择还是打开收音机;BP 机,在广泛应用的移动电话面前,仍然以其信号良好、运作可靠,并且在紧急情况下也不会出现信号繁忙的优势,受到人们青睐;磁带,在人类新发明的录像带、CD、DVD 面前,以其能够捕捉到数字录制设备或电脑程序捕捉不到的声音而继续大行其道;传真,在能够从任何地方发送、接收,速度又快得惊人的电子邮件面前,也没有失去自己的尊严,而且以更加快捷、全面和可靠被世界各大公司用来发送大量文件,特别是法律文件和授权证书一类文件;大型计算机,在为每个人都能独立处理各种信息并通过一个服务器进行共享的个人电脑面前,也未曾示弱,特别是在银行等一些大型企业或部门、机构,仍以安全、可靠、快速保持着自己不可或缺的地位;FORTRAN 语言,在人们开始普遍使用的 COBL 或 PASCAL 等一系列新语言面前,仍然坚守了自己应有的空间,特别是在科研人员当中,它们仍被广泛应用,并且不断地被优化和完善,[1] 等等。可以说,任何创新成果的使用价值,只要不失去对于广大消费者的最后魅力,其潜在价值都将继续不断地释放出来。

这些人类新旧创新成果之间的并存互补现象充分证明,在人

---

[1]　哥伦比亚:《十项幸存的老技术》,《一周》周刊 2004 年 4 月 12 日。转引自《参考消息》2004 年 5 月 15 日,第 7 版。

类历史上,特别是其社会生产力超常发展时期,新旧创新成果潜在价值的释放"并存期"是一种普遍现象。在这种现象背后,存在着一条商品经济或市场经济条件下的客观规律,那就是:创新成果,即新质使用价值与其潜在价值之间对立统一的辩证关系。由于体现在商品中的劳动的二重性所致,二者密不可分地存在于同一创新成果之中。一方面,潜在价值离不开新质使用价值。新质使用价值是其潜在价值的"物质承担者"①或实际承担者,因而其潜在价值在"释放"时,必须得到新质使用价值的支持;否则,它就释放不出价值来,或者说,它的释放就没有价值。这是由于"商品在能够作为价值实现以前,必须证明自己是使用价值,因为耗费在商品上的人类劳动,只有耗费在对别人有用的形式上,才能算数。"②这说明新质使用价值是其潜在价值的基础,正是新质使用价值在使用价值意义上的超常性,决定了其潜在价值在价值意义上的超常性;也正是新质使用价值的长期"有用性"③,决定了其潜在价值释放的长期性。在一定意义上,这是新质使用价值与其潜在价值关系问题上的唯物论。

　　另一方面,新质使用价值也离不开其潜在价值。由于在商品经济或市场经济条件下,价值是使用价值的一种标志,因而潜在价值反映着新质使用价值。新质使用价值在实现之前,必须先把相应的潜在价值释放出来,因为"这种劳动对别人是否有用,它的产品是否能够满足别人的需要,只有在商品交换中才能得到证明。"④因而这种新质使用价值也只有把自己的潜在价值释放出

---

① 马克思:《资本论》第一卷,人民出版社 2004 年第 2 版,第 49 页。
② 马克思:《资本论》第一卷,人民出版社 2004 年第 2 版,第 105 页。
③ 马克思:《资本论》第一卷,人民出版社 2004 年第 2 版,第 48 页。
④ 马克思:《资本论》第一卷,人民出版社 2004 年第 2 版,第 105 页。

来,才能够形成交换,从而证明自己对消费者所具有的使用价值,并且是新质使用价值。否则,它就无从证明自己的有用性,更无从证明自己是一种人类尚未有或部分尚未有新质使用价值。这是因为"一切商品对它们的占有者是非使用价值,对它们的非占有者是使用价值。因此,商品必须全面转手。这种转手就形成商品交换,而商品交换使商品彼此作为价值发生关系并作为价值来实现。可见,商品在能够作为使用价值实现以前,必须先作为价值来实现"①。在一定意义上,这又是新质使用价值与其潜在价值关系问题上的辩证法。

可能有人会问,既然在非商品经济条件下,创新劳动在发现、发明和创造新质使用价值时,并没有实现交换价值的现实性,也未最后形成交换价值,但是随着商品经济或市场经济的出现,这些非商品经济条件下产生的创新劳动成果又是从哪里释放出价值,即交换价值来的呢? 首先,虽然"一个商品的价值性质通过该商品与另一个商品的关系而显露出来。"②因而在没有商品交换关系的社会条件下,未能形成现实的交换价值。但是,由于创新劳动者已经在这些创新成果中投入了"抽象人类劳动"③,使其凝结了价值实体并形成了生产价值,因而一旦使它们进入商品经济或市场经济社会中并"通过交换,转到把它当作使用价值使用的人的手里"④,这些产生于非商品经济条件下创新劳动成果中凝结的价值实体,即人类的抽象劳动也就获得了交换价值的现实性,因此它将不仅表现为生产价值,而且也形成为现实的交换价值。同时,由于

---

①　马克思:《资本论》第一卷,人民出版社 2004 年第 2 版,第 104 页。

②　马克思:《资本论》第一卷,人民出版社 2004 年第 2 版,第 65 页。

③　马克思:《资本论》第一卷,人民出版社 2004 年第 2 版,第 65 页。

④　马克思:《资本论》第一卷,人民出版社 2004 年第 2 版,第 54 页。

这些产生于非商品经济条件下的创新劳动成果进入商品经济或市场经济后,在原有价值实体的基础上,或由新的继发性创新劳动再追加新的超常价值,或由新的重复劳动创造出新的正常价值,或由新的生产资料在新的继发性创新劳动和重复劳动的过程中转移出新的正常价值,抑或三者皆而有之,形成了各种新的追加价值。这就是创新劳动者在非商品经济条件下发现、发明和创造的新质使用价值,在商品经济或市场经济条件下释放或产生的那些看似并无来源的交换价值的来源。

此外,有些非商品经济条件下产生的新质使用价值,则由于厚重的历史为其沉积了"文物"之类的新质使用价值。同时,商品经济或市场经济条件下的历史工作者、考古工作者、文物工作者、生物工作者等各层面新的创新劳动者和重复劳动者及其劳动工具,又一代一代地为其物化和转移了新的人类活劳动或死劳动。加之,它们在商品经济或市场经济条件下所处的稀缺地位,因而不仅使其具有使用价值,包括某些新质使用价值;而且具有了价值,包括超常价值;甚至,还有可能使其使用价值与日俱新,价值与日俱增。

不仅如此,即使在商品经济或市场经济条件下,创新劳动者发现、发明和创造的新质使用价值的潜在价值释放过程中,那些创新成果标准化、批量化、商品化产品含有的价值量,也并非完全是原创新劳动,包括原生性创新劳动和继发性创新劳动创造的潜在价值释放出来的,也内含有重复劳动在批量化生产这些创新成果标准化产品时物化和相关生产资料转移进去的追加价值。这就是说,在创新成果潜在价值释放过程中产生的重复劳动产品的价值量中,不仅含有原创新成果超常价值释放的价值,而且含有重复劳动在使其变为标准化、批量化、商品化产品过程中物化和相关生产资料转移的追加价值。

当然,无论是在非商品经济条件下创造的新质使用价值的超常生产价值释放过程中,还是在商品经济或市场经济条件下创造的新质使用价值的超常交换价值释放过程中,重复劳动能够生产和追加的都只能是原质使用价值和新的正常价值,而绝不会是新质使用价值及其超常价值。因为重复劳动只能够复制新质使用价值,使其变成标准化、批量化和商品化产品,而不能够生产或制造人类尚未有或部分尚未有新质使用价值及其超常价值,因而除了追加新的正常价值外,也就根本不可能追加什么新质使用价值及其超常价值了。否则,它就不是重复劳动了。

可见,如果劳动的创造性和创造性的劳动,即创新劳动所创造和形成的"价值"的超常性,在使用价值的意义上,集中体现为新质使用价值,而在价值的意义上,则集中体现为超常价值。

第三节　革命性综合价值

如果人类劳动的创造性和创造性的劳动,即创新劳动发现、发明和创造了新质使用价值及其超常价值,那么新质使用价值及其超常价值,特别是对生产力和整个人类社会及其各领域超常发展和革命性进步具有决定意义的新质使用价值及其超常价值的不断创造和实现,则必然形成革命性综合价值。

在这里,我们所说的价值的超常性仍为广义上的"价值"的超常性。它具有不同条件、不同层面的三种含义:一是在非商品经济条件下,主要是指人类尚未有或部分尚未有新质使用价值及其生产价值;二是在商品经济或市场经济条件下,既包括新质使用价值和超常生产价值,又包括超常交换价值;三是无论在非商品经济还是在商品经济或市场经济条件下,都具有一种综合价值,特别是在社会层面,那种由于物质性使用价值与精神性使用价值互相渗透、使用价值与价值不断创造和实现往往形成一种综合性的价值。其中,如果形成综合性价值的物质性使用价值和精神性使用价值都属于人类尚未有或部分尚未有新质使用价值,那么它们具有的价值必将都是超常价值,而物质性新质使用价值与精神性新质使用价值互相渗透、新质使用价值与超常价值不断创造和实现所形成的综合性价值,则必将具有革命性,形成革命性综合价值。具体说来,这种革命性综合价值,主要是由创新劳动发现、发明和创造的人类尚未有或部分尚未有新质使用价值及其超常价值,特别是推进生产力和人类社会超常发展与革命性进步的新质使用价值及其超常价值的创造和实现所形成的。它集中表现为对生产力和整个人类社会及其各领域的超常发展和革命性进步所具有的决定作用、影响、意义及其成果。

对于这种革命性综合价值及其历史地位与作用,人类创新劳动史已经做出了反复证明。请看:

"人类"之所以能够走出自己的童年,初步结束从动物到人的过渡状态,是由于在数千年的原始生存发展活动中,"发现"、"发明"和"创造"出能够在热带或亚热带森林中生存的条件,特别是"以果实、坚果、根茎作为食物;音节清晰的语言的产生"①,因而才得以进入蒙昧时代的。

人类之所以能够从蒙昧时代的低级阶段进入其中级阶段,是"从采用鱼类(我们把虾类、贝壳类及其他水栖动物都算在内)作

---

① 恩格斯:《家庭、私有制和国家的起源》,《马克思恩格斯选集》第4卷,人民出版社1995年版,第19页。

为食物和使用火开始"①,得以摆脱气候和地域的限制,能够沿着河流和海岸活动,从而开辟了广阔的生存发展空间。

人类之所以能够从蒙昧时代的中级阶段进入其高级阶段,是"从弓箭的发明开始。由于有了弓箭,猎物便成了通常的食物,而打猎也成了常规的劳动部门之一。弓、弦、箭已经是很复杂的工具,发明这些工具需要长期积累的经验和较发达的智力,因而也要同时熟悉其他许多发明。"②从而创造了能够使人类进入蒙昧时代高级阶段的一系列历史条件。

人类之所以能够由蒙昧时代的高级阶段进入野蛮时代的低级阶段,是"从学会制陶术开始","野蛮时代的特有的标志,是动物的驯养、繁殖和植物的种植"③。这些发现、发明和创造不仅为农业和畜牧业的发展打下了基础,而且为进入野蛮时代创造了必要条件。

人类之所以能够由野蛮时代的低级阶段向其中级阶段迈进,显然开始于农业和畜牧业,而且由于自然条件的差异而使"在东大陆,是从驯养家畜开始;在西大陆,是从靠灌溉之助栽培食用植物以及在建筑上使用土坯(即用阳光晒干的砖)和石头开始"④。

人类之所以能够由野蛮时代的中级阶段进入其高级阶段并推敲文明时代的大门,是"从铁矿石的冶炼开始",特别是由于"带有铁铧的用牲畜拉的犁;有犁以后,大规模耕种土地,即**田野农业**,从

① 恩格斯:《家庭、私有制和国家的起源》,《马克思恩格斯选集》第4卷,人民出版社1995年第2版,第19页。
② 恩格斯:《家庭、私有制和国家的起源》,《马克思恩格斯选集》第4卷,人民出版社1995年第2版,第19页。
③ 恩格斯:《家庭、私有制和国家的起源》,《马克思恩格斯选集》第4卷,人民出版社1995年第2版,第20页。
④ 恩格斯:《家庭、私有制和国家的起源》,《马克思恩格斯选集》第4卷,人民出版社1995年第2版,第21页。

而生活资料在当时条件下实际上无限制地增加,便都有可能了"①

在人类历史上,不同社会形态的交替和发展进程更加集中、更加深刻、更加广泛并以更具标志性的特征,揭示了劳动创造性和创造性劳动所创造的新质使用价值和超常价值及其不断实现所形成的革命性综合价值的客观性,以及其对生产力和整个人类社会及其各领域发展与进步,特别是超常发展和革命性进步的决定性。

对此,马克思曾提出了一个科学的论断:"各种经济时代的区别,不在于生产什么,而在于怎样生产,用什么劳动资料生产。劳动资料不仅是人类劳动力发展的测量器,而且是劳动借以进行的社会关系的指示器。"②同时,马克思还加了一个边注:"按照制造工具和武器的材料,把史前时期划分为石器时代、青铜时代和铁器时代的。"③不仅如此,人类社会发展进程中呈现出的虽前后交错、但大体鲜明的阶段性,特别是各种社会形态之间交替的必然性,对于劳动创造性和创造性劳动发现、发明和创造的新质使用价值,特别是重大生产资料的新质使用价值和超常价值及其实现所形成的革命性综合价值,即对生产力和整个人类社会超常发展和革命性进步的决定作用、影响和意义,作出了雄辩的论证:石器的发明创造和普遍应用,使人类开始了原始社会;青铜器的发明创造和普遍应用(当时亦伴有初制的铁器),使人类步入了奴隶制社会;铁器的发明创造和普遍应用,在加速奴隶制社会发展与灭亡的同时,把人类推进到封建社会;蒸汽机的发明创造和普遍应用,使人类跨入了资本主义社会。

---

① 恩格斯:《家庭、私有制和国家的起源》,《马克思恩格斯选集》第4卷,人民出版社1995年第2版,第22—23页。

② 马克思:《资本论》第一卷,人民出版社2004年第2版,第210页。

③ 马克思:《资本论》第一卷,人民出版社2004年第2版,第211页。

可见,从价值的广义层面来看,人类劳动的创造性和创造性的劳动所创造的"价值"的超常性,在使用价值的意义上,集中表现为人类尚未有或部分尚未有新质使用价值;在价值的意义上,集中表现为价值量超大并以潜在状态存在于新质使用价值中的超常价值;而在综合价值的意义上,则集中表现为对生产力和整个人类社会及其各领域超常发展和革命性进步所具有的决定作用、影响、意义及其成果的革命性综合价值。其中,尽管人类劳动的创造性和创造性的劳动,对于新质使用价值,只是一个来源,并非唯一来源;对于革命性综合价值,只是间接来源,并非直接来源。然而,它对于超常价值,却是其唯一的、直接的来源,或者说,超常价值的唯一的直接的来源,就是劳动的创造性和创造性的劳动,即人类的创新劳动。

总之,新质使用价值、超常价值和革命性综合价值,这就是人类劳动的创造性和创造性的劳动所创造和形成的基本价值形态,或者说人类劳动的创造性和创造性的劳动在价值形态上的基本表现。创新劳动价值论,主要就是研究价值量超大的超常价值包括超常剩余价值及其承担者人类尚未有或部分尚未有新质使用价值和它们的创造与实现所形成的革命性综合价值,以推进生产力和人类社会及其各领域的发展与进步,特别是超常发展和革命性进步。因此,在这个过程中,实践创新劳动价值论必将形成一条生产力和整个人类社会及其各领域实现超常发展和革命性进步的创新发展道路。纵观人类社会发展史,无论是生产力的超常发展、社会形态的革命更替,还是国家的崛起、民族的复兴以及产业的突起、企业的跃升,无一不是自觉不自觉地实践创新劳动价值论,走创新发展道路实现的。

创新劳动价值论是创新发展道路的理论支撑,创新发展道路是创新劳动价值论的实践轨迹。

第 二 篇

超常价值的生产

生产正常价值的是重复劳动的社会必要劳动时间，生产超常价值的则是创新劳动者耗费的个别必要劳动时间。

第三章　生产超常价值的劳动
时间的个别必要性

第一节　决定重复劳动产品价值量的
劳动时间的社会必要性

超常价值的生产过程,就是实现创新的劳动过程。超常价值就是创新劳动者在发现、发明和创造人类尚未有或部分尚未有新质使用价值过程中耗费的个别必要劳动时间。因此,研究超常价值的生产,必须研究这种个别必要劳动时间,特别是必须研究它的个别性和必要性。

然而,为了研究生产超常价值的劳动时间的个别必要性,我们必须首先研究生产正常价值的劳动时间的社会必要性。根据当时的历史条件和主要任务,马克思在其巨著《资本论》中,主要研究的是实际上的重复劳动,特别是重复劳动中的简单劳动。正如马克思所说:"为了简便起见,我们以后把各种劳动力直接当作简单劳动力。"①还说:"假定资本使用的工人是从事简单的社会的平均

---

① 　马克思:《资本论》第一卷,人民出版社 2004 年第 2 版,第 58 页。

劳动,我们就能省却多余的换算而使分析简化。"①可见,马克思主义的劳动理论,包括剩余劳动理论,基本上是在对实际上的重复劳动研究基础上形成的劳动理论;马克思主义的劳动价值理论,包括剩余劳动价值理论,基本上也是在对实际上的重复劳动及其创造的正常价值研究基础上形成的劳动价值理论。

当然,我们必须充分肯定,马克思主义的劳动理论和劳动价值理论,是关于人类劳动及其价值问题的理论,它反映和概括的是人类劳动及其价值的普遍规律,对于研究人类各种形态的劳动及其创造的价值都具有指导意义。因而它一脉相承并顺理成章地成为我们研究创新劳动理论和创新劳动价值理论的理论基础。特别是马克思在人类历史上第一次发现并论证了劳动的二重性及其决定的商品的二因素,科学地界定了价值实体与价值形式、必要劳动与剩余劳动或劳动力价值与剩余价值,创立了剩余劳动理论和剩余劳动价值理论,完成了伟大的剩余价值学说,奠定了马克思主义政治经济学的基石。这是研究创新劳动理论和创新劳动价值理论须臾不可离开的。然而,马克思主义劳动理论和劳动价值理论,即马克思主义劳动价值论在为创新劳动理论和创新劳动价值理论,即创新劳动价值论提供理论基础的同时,不但没有关闭真理发展的大门,而且为人类创新劳动及其超常价值的特殊性留有充分的存在空间,也为创新劳动价值论留有充分的发展空间。

其中,在研究和揭示生产和决定重复劳动产品价值量的劳动时间时,马克思准确地提出:"形成价值实体的劳动是相同的人类劳动,是同一的人类劳动力的耗费。体现在商品世界全部价值中的社会的全部劳动力,在这里是当作一个同一的人类劳动力,虽然

---

① 马克思:《资本论》第一卷,人民出版社 2004 年第 2 版,第 231 页。

它是由无数单个劳动力构成的。每一个这种单个劳动力,同别一个劳动力一样,都是同一的人类劳动力,只要它具有社会平均劳动力的性质,起着这种社会平均劳动力的作用,从而在商品的生产上只使用平均必要劳动时间或社会必要劳动时间。"①可见,由社会必要劳动时间生产和决定重复劳动商品的价值量,不仅是马克思在批判继承资产阶级古典政治经济学的基础上做出的一项科学论断,而且为我们研究创新劳动及其创造和生产的新质使用价值和超常价值,界定了一块急需开垦的处女地。

那么,究竟为什么必须由社会必要劳动时间生产和决定重复劳动产品正常价值的价值量呢? 实践证明,只有它才能够满足商品生产和商品交换以及整个商品经济正常运行的基本要求。

第一,实现公平性。社会必要劳动时间,在本质上反映了商品生产者之间的相对平等关系。这是因为生产和决定商品价值的是人类的抽象劳动,而人类抽象劳动是对于"人类劳动本身"或"一般人类劳动的耗费"的概括,它存在于社会平均劳动中,是一定社会中每个平常人所能完成的,"是人的脑、肌肉、神经、手等等的生产耗费"。② 在这里,问题的要害不在于这种人类抽象劳动的生理意义,而在于其作为无差别的等一的劳动支出的社会历史规定性,由此使社会平均劳动时间或社会必要劳动时间从其反映的社会关系的后台走到了前台,充当了重复劳动产品价值量的决定者。马克思之所以反复强调在商品生产上只使用平均必要劳动时间,原因就在于只有由这种无差别性劳动以平均必要时间的投入决定重复劳动产品的价值量,才能从根本上反映商品生产者相互交换劳

①　马克思:《资本论》第一卷,人民出版社2004年第2版,第52页。
②　马克思:《资本论》第一卷,人民出版社2004年第2版,第57页。

动及其产品的相对平等关系。

同时,在社会必要劳动时间面前,不仅同一商品的不同生产者之间是平等的,而且不同商品的不同生产者之间也是平等的;不仅从事简单劳动的商品生产者之间是平等的,而且从事复杂劳动的商品生产者之间也是平等的;乃至从事简单劳动的商品生产者同从事复杂劳动的商品生产者之间依然是平等的。这是由于"比较复杂的劳动只是**自乘的**或不如说是**多倍的**简单劳动。因此,少量的复杂劳动等于多量的简单劳动。"①所以,在社会必要劳动时间这把价值标尺面前,能够保证任何商品生产者都能够获得相对公平。

反之,如果生产和决定重复劳动产品的价值标尺不设在社会必要劳动时间上,而是设在个别必要劳动时间上,则会使任何商品的不同生产者和任何不同商品的生产者之间都失去公平的基础。尽管这种个别必要劳动时间里投入的仍然是人类的抽象劳动,在质上仍具无差别性,但在量上却不同,甚至同一商品也将出现不同的价值量。这是因为即使同一种商品也往往是由不同商品生产者生产的,而不同商品生产者在生产条件、劳动熟练程度,特别是在其包括科学、技术、文化在内的知识结构及其投入等层面各不相同,因而即使他们为生产同一种商品所投入的实际劳动时间也必将有所不同,进而造成在上述诸方面处于优势的商品生产者,由于可用较少的劳动时间生产质量较高的同一种商品,而其价值量反而少;而在上述诸方面处于劣势的商品生产者,由于需用较多的劳动时间生产质量较低的同一种商品,其价值量反而大。

至于在生产不同商品的各生产者之间,将由于不同商品的生

---

① 马克思:《资本论》第一卷,人民出版社 2004 年第 2 版,第 58 页。

产需要投入的劳动时间不同,因而在不同商品生产者生产条件本来就存在差别的基础上,造成更加不公平的发生。特别是在生产复杂劳动产品和生产简单劳动产品的各商品生产者之间,将会由于它们自身生产条件的更大差别和产品生产投入的更加不同而出现错综复杂的不公平局面。

在这种情况下,将不仅出现生产同一商品的不同商品生产者之间的各种不公平,也不仅出现生产不同简单劳动产品和生产不同复杂劳动产品的各商品生产者之间的各种不公平,甚至由于生产复杂劳动产品的商品生产者在生产条件,特别是包括科学、技术、文化的知识投入的不断提高和增加,使其劳动力的价值和生产资料的价值含量不断提高,向产品物化和转移的价值也不断增加,因而与生产简单劳动产品的商品生产者在其产品的价值量上拉开了更大的距离。如果没有社会必要劳动时间这把价值量的标尺并在此基础上使得复杂劳动能够化为简单劳动,简单劳动也能够自乘或相加为复杂劳动,那就必将在生产复杂劳动产品的商品生产者与生产简单劳动产品的商品生产者之间造成更加离谱的不公平。

第二,实现可比性。为了满足这一点,马克思对"社会必要劳动时间"进行了科学定位,把它界定于"在现有的社会正常的生产条件下,在社会平均的劳动熟练程度和劳动强度下制造某种使用价值所需要的劳动时间。"①同时,由于这种"社会必要劳动时间"并非一成不变,因此马克思还为它加上了一个调节器,即"商品的价值量与实现在商品中劳动的量成正比地变动,与这一劳动的生

---

① 马克思:《资本论》第一卷,人民出版社 2004 年第 2 版,第 52 页。

产力(同劳动生产率,下同——引者)成反比地变动。"①以与时俱进、因地制宜,适应"社会必要劳动时间"这一价值标尺随着劳动生产率的变化而变化的发展趋势,使其在动态中真实反映所在国家、所处发展阶段的社会必要劳动时间。

实践证明,只有经过这种科学定位和与时俱进的"社会必要劳动时间",才能使任何商品的不同生产者和不同商品的任何生产者在保证其公平性的基础上实现可比性并使这种"社会必要劳动时间"本身不仅成为一把量度商品价值的标尺,而且成为衡量同一商品的不同生产者和不同商品的各个生产者在生产商品的过程中所耗费的个别必要劳动时间与实际社会必要劳动时间之间关系的天平。虽然社会的商品生产者分门别类、数目繁多,但一放到这个天平上,大体三种状况便泾渭分明、清晰可见:一类是其生产一定商品的个别必要劳动时间低于"社会必要劳动时间"的;二类是其生产一定商品的个别必要劳动时间相当于"社会必要劳动时间"的;三类是生产一定商品的个别必要劳动时间高于"社会必要劳动时间"的。反之,如果不设这把标尺或天平,或标尺错位、天平失衡,其结果不仅会使商品的不同生产者或不同商品的生产者之间失去公平性,而且也会使它们之间由于客观标准缺失而失去可比性。

如果其定位高于实际的社会必要劳动时间,由于这种社会必要劳动时间是一个相对的常量,因而将会使生产一定商品的个别劳动时间本来属于高于这种社会必要劳动时间的商品生产者,误认为自己似乎属于相当于,甚至低于社会必要劳动时间的,其劳动耗费可以得到补偿,甚至尚有一定剩余;使生产一定商品的个别劳

---

① 马克思:《资本论》第一卷,人民出版社 2004 年第 2 版,第 53—54 页。

动时间本来属于相当于社会必要劳动时间的,误认为自己似乎属于低于社会必要劳动时间的,其劳动耗费是可以得到剩余的;而使那些生产一定商品的个别劳动时间本来属于低于社会必要劳动时间的,则误认为自己似乎属于大大低于社会必要劳动时间的,其劳动耗费不仅可以获得剩余,而且能够大大获得剩余。

如果其定位低于实际的社会必要劳动时间,则将会使生产一定商品的个别劳动时间本来属于高于社会必要劳动时间的,误认为自己属于不仅高于,而且大大高于社会必要劳动时间的,因而劳动耗费不仅亏损,而且将大大亏损;使生产一定商品的个别劳动时间本来属于相当于社会必要劳动时间的,误认为自己属于高于社会必要劳动时间的,其劳动耗费不仅得不到补偿,而且还要亏损;至于生产一定商品的个别劳动时间本来属于低于社会必要劳动时间的,则误认为自己属于相当于或高于社会必要劳动时间的,其劳动耗费仅能补偿,甚至还可能亏损。

可见,如果丢掉"社会必要劳动时间"这把价值标尺,或者对其定位不科学,使其发生或高或低的错位,都不仅必将在商品的不同生产者和不同商品的生产者之间失去公平性,而且也都必将失去其可比性,从而使社会的商品生产、商品交换,乃至整个商品经济或市场经济运行处于一种无公平性、无可比性的无政府状态。

第三,实现竞争性。在商品经济或市场经济条件下,实现商品的不同生产者和不同商品的生产者之间的公平性不是目的,实现其可比性也不是目的,商品经济或市场经济的重要社会动机在于实现其竞争性,达到优胜劣汰。

实际上,"社会必要劳动时间"这把价值量的标尺一经确立并加以科学定位后,就已经把商品的不同生产者和不同商品的生产者无情地交给了市场,让它们在公平、可比的残酷竞争中,不断地进行着优胜劣汰,并且以此推动和促进生产力和整个人类社会的发展与进步。

具体说来,在已经确立并经科学定位的"社会必要劳动时间"这把价值量的标尺面前,无论社会上有多少商品的不同生产者和不同商品的生产者,也无论它们的状况多么千差万别、瞬息万变,都将无一例外地归入优、中、劣三种状态:生产一定商品的个别必要劳动时间低于"社会必要劳动时间"的,将进入优者行列;生产一定商品的个别必要劳动时间相当于"社会必要劳动时间"的,将进入中者行列;生产一定商品的个别必要劳动时间高于"社会必要劳动时间"的,将进入劣者行列。

优者,由于其个别必要劳动时间低于"社会必要劳动时间",因而在商品生产和商品交换中,不但能够完全补偿自己的劳动耗费,还能够获得剩余,而且剩余额度同其个别必要劳动时间与"社会必要劳动时间"之间的差额成正比例关系,差额越大,剩余额度越大;反之,差额越小,剩余额度则越少。因而它们是市场竞争中的优胜者,将不断发展。

中者,由于其个别必要劳动时间相当于"社会必要劳动时间",因而在商品生产和商品交换中,只能够补偿或大体补偿自己的劳动耗费,而不能有剩余,但一时也不会亏损。它们往往站在十字路口上,面临两种前途:或者向前进步,减少自己的个别必要劳动时间并使之低于"社会必要劳动时间",不但能补偿其劳动耗费,还能获得一定剩余,进入优者行列,在竞争中取胜;或者向后退步,增加自己的个别必要劳动时间,抑或在其他商品生产者不断降低其个别必要劳动时间的情况下,使自己的个别劳动时间相对增加并大于"社会必要劳动时间",变为亏损,进入劣者行列,在商品经济或市场经济的竞争中被淘汰。

劣者,由于其个别必要劳动时间高于"社会必要劳动时间",因而在商品生产和商品交换中,不但没有剩余,而且不能补偿自己的劳动耗费,陷于亏损。而且,亏损额度同其个别必要劳动时间与"社会必要劳动时间"之间的差额成正比例关系,差额越大,亏损额度越大;反之,差额越小,亏损额度也越小。但是,只要他们不根本改变个别必要劳动时间与"社会必要劳动时间"之间的即成关系,必将在商品经济或市场经济的竞争中被淘汰。

可见,"社会必要劳动时间"这把价值量的标尺,是把双刃剑,它的公平、可比和竞争机制将使所有商品生产者,在商品生产和商品交换中,始终处于优者胜、劣者汰、中者分的动态发展格局中,以推动和促进生产力和整个人类社会的不断发展与进步。这是"社会必要劳动时间"生产和决定商品价值量这一原理的根本社会动机和历史使命,也是一切商品经济或市场经济所具生命力和进步性的根本机制所在。

须说明的是,决定商品价值量的"社会必要劳动时间"不仅包括劳动者生产该商品所投入的新劳动,而且还包括生产过程中生产资料中物化的旧劳动的转移部分,商品价值就是由这两部分劳动耗费共同形成的。然而,无论是劳动者生产该商品投入的新劳动还是生产资料转移的旧劳动,它们的总和都必须限定在这个"社会必要劳动时间"之内,才能被社会所承认;否则,超出了"社会必要劳动时间"的范围,无论是耗费的新劳动,还是转移的旧劳动,都不能被社会承认。

总之,实现公平性、可比性和竞争性,这是"社会必要劳动时间"这一决定重复劳动产品正常价值价值量标尺的根本机制,也是从商品生产到商品交换、从价值创造到价值实现,以及整个商品经济或市场经济运行的内在动力。

　　尽管,资产阶级古典政治经济学家亚当·斯密、大卫·李嘉图曾揭示过商品价值和价值量背后的劳动和劳动时间,提出了劳动决定交换价值,甚至提出了由社会必要劳动时间决定商品价值量这一命题。然而,由于他们始终没有发现和揭示出商品中包含的劳动的二重性原理,因而始终没有弄清劳动为什么表现为价值、怎样表现为价值,何以用劳动时间计算的劳动量表现为商品的价值量? 正如马克思所说:"政治经济学家曾经分析了价值和价值量(虽然不充分),揭示了这些形式所掩盖的内容。但它甚至从来也没有提出过这样的问题:为什么这一内容要采取这种形式呢? 为什么劳动表现为价值,用劳动时间计算的劳动量表现为劳动产品的价值量呢?"①就是因为"古典政治经济学在任何地方也没有明确地和十分有意识地把表现为价值的劳动同表现为产品使用价值的劳动区分开来。"②可见,马克思正是由于在人类历史上第一次揭示并论证了劳动二重性的科学原理,才批判地继承和发展了资产阶级古典政治经济学得出的由社会必要劳动时间决定商品价值量的命题,从而把它建立在这一科学原理的基础上并对其进行了准确定位,最后形成了马克思主义关于生产和决定重复劳动产品价值和价值量的"社会必要劳动时间"这一科学概念,进而全线打通了从商品到劳动、从劳动到价值、从价值到资本、从资本到剩余价值等整个资本主义生产过程,即"商品生产的资本主义形式"③。

　　可以说,如果商品中包含的劳动的二重性是理解政治经济学的枢纽,那么决定和衡量重复劳动产品价值量的社会必要劳动时间,则是调控商品生产和商品交换或价值创造和价值实现,乃至整

①　马克思:《资本论》第一卷,人民出版社2004年第2版,第98页。
②　马克思:《资本论》第一卷,人民出版社2004年第2版,第98页,注(31)。
③　马克思:《资本论》第一卷,人民出版社2004年第2版,第230页。

个商品经济或市场经济运行的阀门(valve)。

第二节 决定创新成果价值量的
劳动时间的个别必要性

如果生产和决定重复劳动产品正常价值及其价值量的劳动时间表现为社会必要性,那么生产和决定创新成果超常价值及其价值量的劳动时间,则表现为个别必要性。

那么,究竟为什么生产和决定超常价值及其价值量的劳动时间表现为个别必要性呢?

首先,我们来研究创新劳动发现、发明和创造人类尚未有或部分尚未有新质使用价值所耗费必要劳动时间的个别性。正是这种新质使用价值独一无二的特殊稀缺性,规定了生产和决定它的超常价值及其价值量的劳动时间的个别必要性,而不可能存在其社会必要性。

根据马克思主义劳动价值论,“价值。纯粹归结为劳动量;时间作为劳动的尺度”①。生产和决定重复劳动产品正常价值及其价值量的是“社会必要劳动时间”。这是十分明确、毫不含糊的。然而,由于创新劳动发现、发明和创造的人类尚未有或部分尚未有新质使用价值具有独一无二的特殊稀缺性,其劳动时间根本不存在形成“社会必要性”的任何前提条件。正如马克思所说:“对象化为价值的劳动,是社会平均性质的劳动,也就是平均劳动力的表现。但是平均量始终只是作为同种的许多不同的个别量的平均数

---

① 马克思:《马克思致恩格斯》(1858 年 4 月 2 日),《马克思恩格斯文集》,人民出版社2009 年版,第 158 页。

而存在的。"①十分明显,"社会必要劳动时间"作为价值和价值量的标尺,只适用于重复劳动产品的正常价值及其价值量;而对于对象化为人类尚未有或部分尚未有新质使用价值的超常价值的创新劳动,既不是所谓社会平均性质的劳动,又不是所谓平均劳动力的表现,而只能是个别性质的劳动或个别劳动力的表现,即创新劳动者的劳动或创新劳动力的表现。这是因为任何创新劳动者发现、发明和创造人类尚未有或部分尚未有新质使用价值的创新劳动,既不存在所谓"同种的"个别量,更不存在所谓"许多不同"的个别量,而只能存在单一的个别量;否则,就不是发现、发明和创造人类尚未有或部分尚未有新质使用价值的创新劳动了。因而它也就不可能形成所谓"平均数"并形成所谓"平均必要劳动时间",即"社会必要劳动时间",而只能形成一个一个独立存在的创新成果的个别必要劳动时间。

不仅如此,而且在不同创新成果的个别必要劳动时间之间,也缺乏必要的可比性。如前所述,这是由于发现、发明和创造任何人类尚未有或部分尚未有新质使用价值的个别必要劳动时间,无一不极具模糊性。其中,既包括能够计算或大体能够计算的集中劳动时间,又包括难以计算或难以精确计算的非集中劳动时间,而且在有些创新成果的个别必要劳动时间中,非集中劳动时间又往往长于并大大长于集中劳动时间,因而具有相当的复杂性;既包括成功劳动时间,又包括失败劳动时间,在有些创新成果的个别必要劳动时间中,失败劳动时间又往往长于并大大长于成功劳动时间,因而具有相当的曲折性。加之,不同创新主体、不同创新劳动者、不同创新团队,发现、发明和创造不同时代、不同国家、不同领域等不

---

①　马克思:《资本论》第一卷,人民出版社 2004 年第 2 版,第 375 页。

同时空范围和不同类型的新质使用价值之间,又不具可比性。

可见,在创新劳动发现、发明和创造的任何人类尚未有或部分尚未有新质使用价值的个别必要劳动时间之间,都难以找出"平均数",因而根本不可能形成平均劳动时间,即"社会必要劳动时间",而可能形成的只是其个别必要劳动时间。这也就是说,创新劳动发现、发明和创造人类尚未有或部分尚未有新质使用价值的劳动时间的必要性只能是个别性的,而不可能是社会性的。

同时,我们回答生产和决定创新成果价值量的劳动时间的个别必要性问题,不仅要研究这种个别性,而且还要研究这种个别劳动时间的必要性。

可能有人会担心:"既然商品的价值由生产商品所耗费的劳动量来决定,那么一个人越懒,越不熟练,他的商品就越有价值,因为他制造商品需要花费的时间越多。"①因此他们也疑虑,在创新劳动的个别必要劳动时间中,仍会留有出现非必要劳动时间的可能性。马克思曾用决定重复劳动产品价值量的劳动时间的"社会必要性"机制成功地堵塞了这一旁门左道,解决了这个可能为增加商品价值量而扩大非必要劳动时间的约束问题。那么,在离开"社会必要性"机制约束的创新劳动的个别必要劳动时间里,究竟会不会出现非必要劳动时间呢?人类的创新劳动史,特别是近现代国内外的创新劳动实践,已经反复做出了明确回答:不会。这是由创新劳动及其超常价值生产过程中的特殊规律和特殊机制决定的。

以最低时间成本发现、发明和创造人类尚未有或部分尚未有新质使用价值,即创新时间成本最低化定律,是存在于一切人类创

① 马克思:《资本论》第一卷,人民出版社 2004 年第 2 版,第 52 页。

新劳动及其超常价值生产过程中并贯穿于一切创新劳动过程始终的一条普遍定律,同时它还形成了一种有效机制。尽管时间成本对于一切劳动过程和价值生产过程都是有意义的,但是对于创新劳动及其超常价值的生产过程来说,时间成本最低化的意义是其他任何劳动形态,特别是重复劳动所不可比拟的。

对于创新劳动者及其创新成果来说,一个最具决定意义的因素是"新",也就是必须在人类尚未有或部分尚未有以前,而不是在其以后,甚至也不是在其同时,把某种新质使用价值发现、发明和创造出来;否则,就难以成其为创新劳动和创新劳动者,其成果也不能成其为人类尚未有或部分尚未有新质使用价值。可见,对于创新劳动者及其创新成果来说,即不是末位淘汰,更不是末几位淘汰,而是非第一位者淘汰。因此,在人类生存发展的过程中,一旦新矛盾、新问题、新挑战及其解决的基本条件出现时,解决、回答和应对它们的创新课题就摆到了人类创新劳动者面前。虽然,在各有关创新劳动者之间并非没有差别,但是作为历史给出解决这些新矛盾、新问题、新挑战的基本"物质条件"或实现可能性,大体上是公平或比较公平地摆在这种历史"擂台"上的。然而,究竟谁能把解决、回答和应对这种新矛盾、新问题和新挑战的人类尚未有或部分尚未有新质使用价值最先发现、发明和创造出来,还得由实践来裁判。所以,任何创新劳动者一旦选择了某种创新课题和目标并进入了创新劳动程序,就等于把自己放在了不进则退、不快则后,而且不最快则后的跑道上,无论是"短跑"、"中跑"、"长跑"还是"马拉松",也无论是"个人赛"还是"接力赛",都必将处于一种状态高度紧张、力量高度集中、氛围高度激烈的竞赛中。可以说,创新就是人类一种特殊的竞赛性劳动。

在这种情况下,任何创新劳动者、任何创新劳动课题、任何创新劳动过程,都毫无例外地摆脱不了时间成本最低化定律与机制的激励与约束,最大限度地把"非必要劳动时间"从生产和决定创新成果价值量的"个别劳动时间"中,毫不手软地挤干榨净并千方百计地增加其必要性。在最大限度地降低创新过程时间成本的意义上,实现创新,即发现、发明和创造人类尚未有或部分尚未有新质使用价值的劳动过程及其超常价值的生产过程,就是一个不断排除"非必要劳动时间"并不断增强生产和决定创新成果超常价值"个别劳动时间"的必要性的过程。

只要打开人类创新劳动史就清晰可见,尽管所有选择解决人类生存发展进程中新问题为创新课题的人,并非都必然取得成功;但是所有成功解决人类生存发展进程中新问题的人,即使在其"偶然"选择这一课题的背后也存在着必然性。正是以这种必然性为基础,才使创新劳动者能以最低时间成本,即"个别必要劳动时间"把人类尚未有或部分尚未有新质使用价值发现、发明和创造出来。

对于成功的创新劳动者来说,支撑这种必然性能以最低时间成本实现的主要有三种因素。

一是创新劳动者的最佳动机状态。作为一个成功的创新劳动者,一经选择解决人类生存发展进程中新问题为创新目标,就会以革命者的价值观、创业者的责任心和挑战者的执着态度,形成最佳动机状态,聚精会神、千方百计地用尽可能低的时间成本,即最必要的个别劳动时间去实现它。在这里,按照现代心理学原理,对于最佳动机状态应该特别强调的是,必须做到动机强度适中,才能够使其动机激励程度始终处于倒U形曲线的最高值,既积极主动,又不急于求成,避免创新过程由于失败,甚至多次失败而引起动机状态忽高忽低、动机强度忽强忽弱情形的发生,艰苦卓绝、坚韧不拔地向既定创新目标奋进,最终把这种人类尚未有或部分尚未有新质使用价值及其超常价值发现、发明和创造出来。可以说,凡做出创新成果,特别是重大创新成果的创新劳动者几乎无不如此。在他(她)们的价值观念里,没有比尽快实现自己的创新目标,获得梦寐以求的真理,献身社会和人类更具重要性、更具压倒性、更具成就感、更具幸福感的了。创立狭义相对论和广义相对论的伟大物理学家爱因斯坦,用自己毕业的创新劳动实践证明了这一点。他曾多次向寻求自己创新成功秘密的人坦诚地回答:人只有献身社会,才能找出那实际上是短暂而又有风险的生命的意义。

这种献身精神支撑着人类一代又一代成功的创新劳动者,始终保持最佳动机状态,用尽可能低的时间成本实现着自己的创新目标。世界著名物理学家杨振宁博士,不仅曾和世界著名物理学家李政道博士共同提出和创立在弱相互作用下宇称不守恒定律并共获1957年诺贝尔物理学奖,而且他还创立了著名的米耳斯"规范场论"。该理论被许多权威物理学家推崇为继量子论、相对论之后,物理学理论的又一重大突破性成就,即20世纪最著名的物理结构之一。尽管他自己并未因此而再获诺贝尔奖,但当他看到有些科学家由于根据自己创立的这一理论而不断取得创新成果并荣获诺贝尔奖时,他却无比欣慰、备受鼓舞,仍然保持着自己的最佳动机状态,一如既往地在创新劳动中不懈攀登。支撑他这样做的也正是其献身真理、献身祖国、献身人类高于一切的价值取向。曾目睹了祖国贫弱、落后、挨打命运的杨振宁早已在心底埋下了为中国人民争气的宏图大志。当有人问他一生中的最大贡献是什么时,杨振宁成竹在胸地说:"我一生中最大的贡献,就是帮助中国人克服了认为自己不如别人的心理。"在有人挑战性地问他:"中国人什么时候能得到诺贝尔奖?"时,杨振宁理直气壮地回答道:

"中国人已经得到了诺贝尔奖,因为1957年李政道和我获得诺贝尔奖的时候,都是中国籍。"①难道不正是这种献身真理、献身祖国、献身人类的价值取向,使他在创新的道路上始终保持着最佳动机状态吗?!

二是创新成果的产权机制。在商品经济或市场经济,包括社会主义市场经济条件下,利益机制是对劳动者包括创新劳动者的创造性和创造力的一种基本激励和保护,也是维护和扩大劳动力包括创新劳动力生产再生产的需要和保障。

社会主义"按劳分配"是落实这一利益机制的一种有效分配形式,但是"按劳分配"的真谛在于把对劳动者实行分配的客观依据锁定在其劳动贡献上,即按劳动贡献分配。对于创新劳动者实行分配的客观依据,则应当锁定在创新劳动的贡献上,切实做到按其创新劳动贡献(不是贡献多少分配多少,而是按其科学比例)分配。其极端重要性,不仅在于激励和保护创新劳动者的创造性,而且还在于维持和扩大创新劳动力的生产再生产。这是因为培养从事重复劳动中复杂劳动的较高级劳动力"需要较高的教育费用,它的生产要花费较多的劳动时间"②,而创新劳动比较一般的复杂劳动和较高级劳动更复杂、更高级,因而创新劳动力的培养、造就费用则更高,它的生产再生产需要花费更多的劳动时间。在劳动力包括创新劳动力生产再生产费用基本或相当部分由个人及其家庭负担的情况下,这一分配依据不仅是正确的,而且是必要的。这种利益机制不仅是保证创新劳动力生产再生产的需要,而且也是实现创新劳动者创造和生产人类尚未有或部分尚未有新质使用价

---

① 王恒、季幼文主编:《诺贝尔科学奖百年百人》(物理学奖),中国城市出版社2000年版,第122页。

② 马克思:《资本论》第一卷,人民出版社2004年第2版,第230页。

值及其超常价值个别劳动时间的必要性的一种需要。

在创新劳动及其超常价值生产的利益机制中,最具决定意义的就是创新成果的产权机制。对于创新劳动者来说,产权机制是激励、制约和保证创新劳动者创造和生产人类尚未有或部分尚未有新质使用价值及其超常价值个别劳动时间的必要性的一种基本动力。对此,林肯曾说过一句不仅至今意义不减,而且越来越被人类普遍接受的至理名言:专利制度给智慧之火加上了利益之油。这不仅集中生动地总结了创新成果产权机制对于人类创新劳动巨大而持久的激励作用,而且也深刻地揭示了在创新劳动和超常价值生产的个别劳动时间里,之所以难以存在非必要劳动时间的奥秘。

对于创新成果产权机制,特别是国家成文法保护下的产权机制,对人类创新劳动及其超常价值生产发展的根本性保护、激励和推进作用,自 1623 年人类第一部专利权法问世,即英国制定和颁发《垄断法规》(*The Statute of Monopolies*)以来,各种专利权保护法规在先进国家如雨后春笋纷纷出现的本身,以及在其推进下人类各领域创新的空前发展,早已做出了有力的证明。在英国的带动下,美国于 1790 年、法国于 1791 年、荷兰于 1817 年、德国于 1877 年分别制定了本国的专利权法。在此前后,美国还在 1710 年制定了《保护已印刷成册之图书法》,接着德国制定了《作者权法》和《表演权法》,法国则于 1809 年制定了《备案商标保护法令》(后于 1875 年修订为全面的商标法),随后英国于 1862 年、美国于 1870 年、德国于 1874 年也分别制定了商标权法。此外,美国又于 1890 年制定了《谢尔曼法》、德国于 1896 年制定了《不正当竞争防止法》(后于 1957 年修改制定为《反对限制竞争法》)等。在这历史的瞬间,关于创新成果产权保护的专利权法、著作权法、商标权法等争先恐后地进入了人类的法律法规系列,对创新成果的财产权形成了空前巨大的法律保护和激励力量,加之各种专利的商品化、市场化和产业化,使广大创新劳动者不仅能够得到各种创新成果财产权的法律保护,而且还可以得到各种专利权带来的丰厚回报。由此形成的社会后果,就是人类创新劳动及其超常价值生产的空前发展,进而推动和促进了生产力和整个人类社会及其各领域的发展与进步,特别是超常发展和革命性进步。试想:在关于什么是人类历史上第一次工业革命和资本主义社会形态产生与发展的生产力标志的问题上,难道历史的答案不恰恰集中在专利权法保护和激励下蒸汽机等一系列新质使用价值的发明、创造和应用上吗?! 正是由于以产权机制为核心的专利权法,对于人类创新劳动和超常价值生产以及整个生产力和人类社会及其各领域发展与进步,特别是超常发展和革命性进步的巨大推动和促进作用,使得人类第一部国家成文专利权法诞生的 1623 年,被誉为世界近代史上的"重要之年"。

　　如果创新成果产权机制及其法律保障,促进了人类创新劳动和超常价值生产以及生产力和整个人类社会的发展与进步,特别是超常发展和革命性进步;那么,人类创新劳动和超常价值生产以及生产力和整个人类社会的发展与进步,特别是超常发展和革命性进步,则要求并推动了人类创新成果产权机制及其法律化的加强和升级。特别是 1967 年在斯德哥尔摩签订的《建立世界知识产权组织公约》和后来世界贸易组织(WTO)的《与贸易有关的知识产权协议》(TRIPS),它们覆盖了工业产权和版权或著作权等广泛的创新成果知识产权范围。一个世纪来,在工业产权领域相继产生了 15 个国际性公约,在版权或著作权领域相继出现了 10 个国际性公约,而且其保护范围越来越广泛,保护标准越来越具体,争端处理机制越来越有效。

如果说从 1623 年,第一部专利权法诞生以来的近代专利权法对于人类创新劳动和超常价值生产的保护和激励,促进了以蒸汽机为代表、以热能转化为机械能技术为基础、以模拟和放大及代替人类(部分)体力为特征的人类历史上第一次工业革命的兴起;那么,创新成果知识产权法律保护与激励的国际化和现代化进程,则促进了以电脑为代表、以电子和微电子技术为基础、以模拟和放大及代替人类(部分)脑力为特征的人类历史上第二次工业革命的兴起。这将是一次更加伟大的工业革命,对于生产力和整个人类社会及其各领域,以及人类思维方式和生活方式的发展与进步,特别是超常发展和革命性进步已经、正在并将继续产生更加巨大的推动作用和更加广泛的积极影响。

我国在改革开放的 30 年里,不仅制定和形成了一套比较完整的创新成果知识产权保护与激励的法律体系,而且也建立起一个比较完备的司法与行政并行运作的创新成果知识产权执法体系和一个行政审批、中介服务、学术研究等在内的工作体系。可以说在创新成果知识产权法律保护与激励的征途上,我国仅用 20 多年走了英国 300 多年、美国 200 多年、日本 100 多年跋涉的路程。目前我国知识产权的申批量已经跃居世界第五位,据美国汤姆森科技信息集团 2008 年 12 月 10 日公布的一份报告预测,中国到 2012 年专利申请量将向世界第一冲刺。① 这不仅是我国经济社会又好又快发展的一种核心动力,而且也是有关国际组织和世界很多国家越来越认定中国将第一个冲破世界金融危机,实现经济社会更

---

① 见[路透社华盛顿 2008 年 12 月 10 日电],转引自《参考消息》2008 年 12 月 11 日,第 7 版。

好更快发展,并视中国为世界未来最具创造力国家的一个根据。

实际上,创新成果产权机制,特别是其法律化对人类创新劳动及其超常价值生产的根本性激励和保障作用,以及它们对于生产力和整个人类社会包括各领域的发展与进步,特别是超常发展与革命性进步的决定性意义,就包含着对创新劳动者在创新成果产权机制的激励和约束下,发现、发明和创造人类尚未有或部分尚未有新质使用价值及其超常价值个别劳动时间的必要性的一种社会承认和实际肯定。

三是创新劳动主体的创新能力。能够保证创新劳动者发现、发明和创造人类尚未有或部分尚未有新质使用价值及其超常价值的个别劳动时间必要性的,除创新劳动者的最佳动机状态、创新成果的产权机制外,重要的还在于创新劳动主体的创新能力。而构成创新能力的,主要是其综合知识、创造性思维和实践本事。

在这里,综合知识包括围绕创新课题的基础知识、专业知识和相关的边缘知识、前瞻知识以及大量信息。不具备这些综合知识或对其掌握得不全面、理解得不深入、应用得不准确,就不能为自己的创新劳动搭起一个坚实的平台,也就取得不了从事创新的参与权。如果说实现创新需要架起一座从未知或部分未知到知或部分知、从未有或部分未有到有或部分有的桥梁,那么这些综合知识就如同桥梁的一尊尊桥墩,没有桥墩,就架设不起从此岸到彼岸的桥梁,也就实现不了从未知或部分未知到知或部分知、从未有或部分未有到有或部分有的跨越。

其实,这早已被广大创新劳动者,特别是成功的创新劳动者正反两个方面的历史经验所证明。正如1975年诺贝尔奖获得者、英国化学家约翰·沃卡普·康福思(J. W. Comforth, 1917—　)所说:"我相信,许多人成为科学家的道路与我是大致相同的,从好奇开始,提出疑问,阅读别人写的书,然后寻找能回答自己疑问的方法。你绝不能停止学习。任何事情,如果你对它懂得越多,它就变得越发美丽,愈发有趣……"[①]人类的创新实践已经把这条真理锤炼得越来越简单明了:不通晓已知,就不能认识未知;不把握已有,就不能创造未有。否则,即使踏上创新征途,也难以保证发现、发明和创造人类尚未有或部分尚未有新质使用价值及其超常价值的个别劳动时间的必要性,甚至耗费再多时间也难以成功。

然而,掌握综合知识为人类提供的只是实现创新的可能性,要把这种可能性变成现实性,必须通过创造性思维。创造性思维是人类由未知或部分未知到知或部分知、由未有或部分未有到有或部分有的必由之路。不仅如此,在人类从通晓已知、掌握已有到认识未知、创造未有的整个进程中,创造性思维不仅是最重要的创新能力,而且是其中最具决定意义的路段。它不仅决定着创新劳动者能否实现从未知或部分未知到知或部分知、从未有或部分未有到有或部分有的跨越,而且还决定着创新劳动者能否在这种个别必要劳动时间里实现这种跨越。这就是说,人类创造性思维不仅在质的意义上,规定了创新劳动者在发现、发明和创造人类尚未有或部分尚未有新质使用价值及其超常价值个别劳动时间中的成败;而且在量的意义上,规定了创新劳动者在发现、发明和创造这种新质使用价值及其超常价值的必要劳动时间中的效率,或者说,规定了这种必要劳动时间对于发现、发明和创造新质使用价值及其超常价值的必要程度。这是因为创造性思维这一路段,不仅在实现创新的整个进程中具有极其重要的地位和作用,而且对于某

---

① 中国科学技术协会:《〈世纪辉煌〉——诺贝尔科学奖百年回顾》,科学普及出版社2001年版,第144页。

些创新劳动来说,也是创新全程中耗时最长的路段。正如前述,在人类创造性思维的进程中,无论是"抓住主题,锁定目标",也无论是"捕捉灵感,实现顿悟"、"独立想像,合理推测"、"科学抽象,严密概括",还是"自觉检试,实践验证",无一不将大块大块地耗费创新劳动者的个别劳动时间。有时当创新劳动者已经前进到"自觉检试,实践验证"程序时,这最后一道程序所耗费的劳动时间有可能比前四道程序耗费的总和还要长。在人类的创新劳动史上,这是常见的事。甚至在某些创新过程中,当创新劳动者的生命结束时,仍看不到自己为之献身的创新成果得到实践验证的情形,也并非罕见。

可见,对于创新劳动者发现、发明和创造新质使用价值及其超常价值的个别劳动时间的必要性来说,不仅整个创造性思维路段是举足轻重的,而且其中的每一个机制和每一道程序也都是具有决定意义的。

当然,对于创新能力来说,重要的还包括创新主体应有的实践本事。这是由于创新不仅是一个认识未知世界的过程,更重要的还是一个创造未有世界的过程。创新是对规律的认识和实践。在创新的过程中,不仅要实现从物质到精神、从实践到认识的飞跃,而且要实现从精神到物质、从认识到实践的飞跃。这就是说,人类不仅要实现由未知或部分未知到知或部分知,而且要实现从未有或部分未有到有或部分有,切实把人类尚未有或部分尚未有新质使用价值发现、发明和创造出来。因此,对于创新劳动者,不仅必须具有综合知识并善于进行创造性思维,而且还必须具备实践本事,其中包括科学实验能力。特别是在人类近现代创新劳动史和当代国内外创新实践中,科学实验在创新劳动过程中占据着越来越大的空间。在一定意义上,可以说诺贝尔奖的百多年历史,就是一部成功的科学实验史,对于自然科学领域的创新尤其如此。

例如,早在 1939 年,英国内分泌学家哈里斯就根据实验提出了下丘脑神经激素控制脑下垂体前叶的假说。可是,这个假说的成立,却是由法裔美国医学家、内分泌学家、1977 年诺贝尔生理学及医学奖获得者吉尔曼(Roger Guillemin,1924—)与其生物化学助手们花费 10 多年时间的大量科学实验才完成的。为此,他们一个一个地研究和处理了按吨计的动物脑组织,直到 1968 年,他们才从 30 万个羊下丘脑提取到的一毫克促甲状腺素释放因素中,分析出只含有三种分子数目相等的氨基酸,进而掌握了促甲状腺激素释放因素的化学结构。最后,他们经过大量实验完成的促甲状腺激素释放因素的提纯和结构鉴定,才圆满地向全世界证明了哈里斯学说的成立,人类也才认识并找出了下丘脑调控脑下垂体的激素,从而为内分泌学的新分支——神经内分泌学奠定了坚实的基础。在人类创新史上,此类案例,不计其数。

至于创新劳动者的实践本事,在政治、经济、军事、外交等领域的改革,甚至革命,以及在社会科学和文化艺术的创造或创作中,对于成败,特别是在其必要时间中的成败的决定意义,虽具有不同于科学技术创新的特殊复杂性和曲折性,但也早已被人类的社会发展史和近现代改革或革命实践反复证明。

可见,包括科学实验在内的各种实践本事,对于创新主体,包括创新劳动者个人和创新团队极其重要。它不仅关系到创新劳动,包括各种社会改革或革命事业的成败,而且关系到创新劳动主体发现、发明和创造新质使用价值及其超常价值的个别劳动时间的必要性,以及其他各领域的改革或革命等创新事业能否在其最佳历史时段完成。

总之,创新劳动者发现、发明和创造人类尚未有或部分尚未有新质使用价值及其超常价值所耗费的劳动时间,就是生产和决定超常价值的价值量的个别劳动时间,而创新劳动者的最佳动机状态和创新成果的产权机制以及创新主体的创新能力,则决定了这种个别劳动时间的必要性并排除了其中的非必要劳动时间。

那么,这是不是意味着生产和决定新质使用价值及其超常价值的个别必要劳动时间,完全是由创新劳动者主观因素决定了的呢?并非如此。虽然,从主观层面上来看,创造和生产某种创新成果及其超常价值的个别劳动时间的必要性,确实是由选择和完成该课题的创新劳动者在创新成果产权机制的激励下,由其具备的最佳动机状态和富有的创新能力直接决定的。但是,从客观的层面来看,在创新劳动者选择和创造这一创新课题与成果之前,社会和时代已经选择和创造了其创新劳动者。这也就是我们在上面所说的,所有成功解决人类生存发展进程中新问题的创新劳动者,即使在其"偶然"选择这一课题的背后也存在着必然性。这是由于任何人类尚未有或部分尚未有新质使用价值,只有在人类生存发展进程中出现需要它解决、回答和应对的新矛盾、新问题、新挑战并在其解决的物质条件已经生成或正在生成的条件下,才能够被发现、发明和创造出来。在社会已经生成或正在生成解决、回答和应对这些新矛盾、新问题、新挑战的新质使用价值产生和存在的条件中,就包括着具备最佳动机动态、善于创造性思维、富有创新能力并能够选择和完成这一创新课题与成果的创造劳动者。

说到底,在创新和生产新质使用价值及其超常价值的主观层面的因素和客观层面的因素之间,是客观层面的因素决定主观层面的因素,而不是主观层面的因素决定客观层面的因素。因此,任何创造和生产人类尚未有或部分尚未有新质使用价值及其超常价值的个别必要劳动时间,无一不有其深厚的客观社会来源。因此,创新劳动者发现、发明和创造人类尚未有或部分尚未有新质使用价值及其超常价值的个别必要劳动时间,虽然难以精确计算,但也绝非有始无终,或者有终无始。根据爱因斯坦相对论的时空统一观,按照模糊数学的理念,我们可以在大体上为这种"个别必要劳动时间"界定出一个有效的必要范围。这就是在人类生存发展进程中,从某种新矛盾、新问题、新挑战及其解决它的物质条件已经或正在生成、创新劳动者并把它选择为创新课题开始,到人类的生存发展尚未受到其决定性危害之前的这段时间里,只要创新劳动者切实把能够解决、回答和应对这种新矛盾、新问题、新挑战的新质使用价值及其超常价值创造和生产出来,应当说这种个别劳动时间就是在必要范围内。只要不突破这个范围,这种个别劳动时间就应当是必要的。这是由于任何必然性只有通过其偶然性才能实现,因而在这个过程中出现某些不确定性是常有的事。同样,在创新劳动者发现、发明和创造新质使用价值及其超常价值的劳动中,或在主观层面,或在客观层面出现某些偶然因素,使其个别必要劳动时间发生某些或长或短的未略变化,但是只要不离开这个大体的时间范围,创新劳动者耗费的个别劳动时间就不会失去其必要性。

特别是在一些非物质性创新成果及其革命性综合价值的创造和形成过程中,其个别必要劳动时间的必要性往往会出现一些更加复杂、曲折的情形。特别是对于人类创新劳动史上那些伟大的思想、理论、学说和艺术形象的创造和生产时间的个别必要性,都必须以珍视的态度和科学的方法加以考察和认定。

请看:牛顿从 1665 年开始研究引力问题,到 1684 年发表《论运动》和《论物体在均匀介质中的运动》,完整地确立万有引力定律,大体上经过了 20 年的个别必要劳动时间;达尔文在已有理论准备的基础上,从 1831 年随"贝格尔"号考察研究开始,到 1859 年出版《物种起源》,他对进化论的研究、考察并创立的个别必要劳动时间至少是 30 年;马克思从 1842 至 1843 年开始提出和研究政治经济问题,到 1883 年坐在安乐椅上,在继续研究和发展马克思主义政治经济学和整个无产阶级革命理论的伟大创新劳动中与世长辞,大体上经过 40 年的个别必要劳动时间,创立和论证了以剩余价值学说为核心的马克思主义政治经济学和整个无产阶级革命的理论体系,并且著述了《资本论》等光辉巨著。面对以上这些人类的伟大创新劳动者,特别是全世界无产阶级革命导师马克思,为整个世界创造和生产了人类尚未有的巨大非物质性新质使用价值及其超常的革命性综合价值,在他们进行创新劳动的那 20 年、30 年、40 年的个别必要劳动时间里,难道还能找出非必要劳动时间吗?!

在非物质性创新成果及其超常价值的创造和生产中,文学艺术创作的个别劳动时间的必要性也带有相当的典型性。古今中外,出现过许多值得我们考察的经典范例。只要我们集中研究一下德国著名诗人、剧作家和思想家歌德创作了 60 年的大型诗剧《浮士德》,问题就不言而喻了。这一世界名著竟是早在作者 16 岁念莱比锡大学到附近"奥尔巴赫酒馆"喝啤酒时,由酒馆装饰与壁画反映的关于浮士德借用魔力遨游世界的神奇故事引发灵感而开始立题创作的。在历经 60 年集中和非集中时间的创作历程中,歌德通过对长达 12110 行诗句的磨砺,天才地塑造了浮士德及其恋人玛格丽特和利用魔法控制浮士德灵魂的魔鬼靡菲斯特三大艺术形象,一举登上艺术巅峰,其超常的艺术价值如同莱比锡城的奥尔巴赫地下酒馆的陈年老酿一样,仍在人类的艺术史上陈而不淡、久而不衰。在这灿烂的艺术宝藏的巨大价值面前,难道人们还能够怀疑其创作过程中个别劳动时间的必要性?!

还须指出的是,不仅创造和生产原生性创新成果及其超常价值的劳动时间具有个别必要性,而且创造和生产继发性创新成果及其超常价值的劳动时间也具有个别必要性。这是因为不仅原生性创新成果具有独一无二的特殊稀缺性,而且继发性创新成果也具有独一无二特殊稀缺性;不仅原生性创新劳动者具有最佳的动机状态和足够的创新能力,其创新成果享有产权机制,而且继发性创新劳动者也具有最佳的动机状态和足够的创新能力,其创新成果也享有产权机制。因此,不仅创造和生产原生性创新成果及其超常价值的是其个别必要劳动时间,而且创造和生产继发性创新成果及其超常价值的,也是个别必要劳动时间。

总而言之,如果公平性、可比性和竞争性,决定并支撑了生产和决定重复劳动产品及其正常价值的社会必要劳动时间的科学性和可行性;那么创新成果的特殊稀缺性与产权机制和创新劳动者的最佳动机状态与创新能力,则决定并支撑了创造和生产这种新质使用价值及其超常价值的劳动时间的个别性和必要性,即个别必要性。

第四章　生产资料的知识性和
知识性的生产资料

第一节　生产资料的知识性

在创新劳动发现、发明和创造人类尚未有或部分尚未有新质使用价值及其超常价值的过程中，不仅有直接创新劳动者耗费的新劳动，而且有生产资料转移的旧劳动。因此，研究超常价值的生产，还必须研究创新劳动的生产资料，特别是生产资料的知识性和知识性的生产资料。

知识性，即包括科学技术文化在内的知识含量及其层次，是人类一切生产资料，特别是劳动工具所具有的一个共同特征。在人类劳动史上，没有任何知识（包括非文字知识）性的劳动资料是不存在的。因此，人类创新劳动的生产资料和重复劳动的生产资料之间的区别，不在于有无知识性，而在于其知识的含量及其层次和先进程度不同。这将决定它们究竟能够用以创造或生产何种使用价值并能向其转移多少价值。

首先，在创造使用价值的意义上，由于创新劳动发现、发明和创造的是人类尚未有或部分尚未有新质使用价值，因而从根本上规定了创新劳动的生产资料比较重复劳动的生产资料，不仅知识的含量要大、层次要高,而且要先进、前瞻并在其自身存在着所要创造的新质使用价值的元素或"基因"。这样,只有这样,它们才能够在发现、发明和创造人类尚未有或部分尚未有新质使用价值的劳动过程中发挥应有作用。这是因为无论是在创新劳动还是在重复劳动的过程中,生产资料,特别是物质性生产资料都只有通过丧失或部分丧失自身原来的使用价值形态,才能够在劳动产品,包括创新成果上获得或部分获得所要创造和生产的使用价值形态,包括新质使用价值形态,并且在劳动者,包括创新劳动者耗费人类活劳动的基础上,共同把产品包括创新成果及其价值,包括超常价值创造和生产出来。正如马克思所说:"生产资料在丧失自己的使用价值的同时并不丧失价值,因为它们通过劳动过程丧失自己原来的使用价值形态,实际上只是为了在产品上获得另一种使用价值形态。"①因此,无论是创新劳动的物质性生产资料还是重复劳动的物质性生产资料,都必须通过丧失或部分丧失自己原来的使用价值形态才能够在其劳动成果,包括创新成果中获得新(质或量——以下皆同)的使用价值形态并转移由丧失的使用价值形态带来的价值。这说明,在劳动包括创新劳动的过程中,物质性生产资料丧失的使用价值形态与其在劳动成果包括创新成果中获得的新使用价值形态,包括新质使用价值形态之间具有内在的同一性,或者说,具有某种相同或能够相互渗透的因素,因而能够在劳动过程中实现由前者向后者的转变。

尽管,生产资料中的使用价值与其劳动成果,包括创新成果中的使用价值之间这种内在的同一性及其因素的可转移性,具有相当的复杂性和曲折性,但是对于创新劳动来说,有一点是可以肯定

---

① 马克思:《资本论》第一卷,人民出版社 2004 年第 2 版,第 335—336 页。

的：只有知识含量大、层次高和先进、前瞻并含有所要创造的新质使用价值因素的生产资料，才能够与其具有内在的同一性和可转移性；也只有这种生产资料使用价值形态的丧失，才能够在其创新成果中获得新质使用价值形态，进而在创新劳动的过程中，最终把人类尚未有或部分尚未有新质使用价值及其超常价值发现、发明和创造出来。

可见，创新劳动的生产资料不仅要比重复劳动的生产资料具有更高层次、更大含量和更先进、前瞻的知识性，而且它们具有的知识与所要发现、发明和创造的新质使用价值的知识之间，还须同其在物质结构上一样，具有内在的同一性和可转移性。否则，没有或不用这样的生产资料，再富有创造力的创新劳动者也难以把其人类尚未有或部分尚未有新质使用价值及其超常价值发现、发明和创造出来。如果我们把人们常说的"人巧不如家什（工具）妙"这句民间谚语用在创新劳动者与其生产资料的关系上，就可以说"人新尚需家什新"。如果没有不仅在物质结构上具有同一性，而且在知识结构上也具有同一性的生产资料，任何新质使用价值及其超常价值也创造不出来。因此，在人类的创新劳动史上，为了发现、发明和创造某种人类尚未有或部分尚未有新质使用价值，往往不得不先把必须的生产资料，特别是其新的劳动工具研制出来。

其实，对于所含知识层次高、含量大和先进、前瞻的生产资料对人类发现、发明和创造尚未有或部分尚未有新质使用价值及其超常价值的极端重要性，人类创新劳动史和近现代国内外创新劳动实践已经做出了反复的证明：显微镜，对于深化人类对微观物质世界的认识、掌握和应用；望远镜，对于扩大人类对宏观物质世界的认识、掌握和应用；纳米机器人，对于人体器官内部的观察、研究和修复；宇宙飞船或航天飞机，对于人类太空行走、实现登月，甚至对更大宇宙空间的考察和利用；基因技术，对于转基因生物的培育、繁殖和整个基因工程的发展；由人体皮肤细胞转化成的"万能细胞"对于人类器官的人工复制；等等，这些工具无一不是有之则万能成，无之则必然败。

对于发现、发明和创造人类尚未有或部分尚未有新质使用价值及其超常价值来说，不仅生产资料中知识层次高、含量大和先进、前瞻的劳动工具极其必要，而且其中知识层次高、含量大的劳动对象，也是不可或缺的。对此，人类创新劳动史上，特别是在对物质性新质使用价值及其超常价值的发现、发明和创造过程中，经典例证比比皆是。例如，古今中外皆知的波兰女物理学家、化学家、两次诺贝尔奖得主玛丽·居里夫人（Marie Sklodowska Curie，1867—1934 年），从 1896 年开始对放射性质物质进行深入研究，曾预言"存在一种比铀放射性强得多"的未知元素。她在与丈夫、法国物理学家居里（Pierre Curie，1859—1906 年）的共同努力下，1898 年首先发现了放射性元素钋，同年又发现了放射性元素镭。居里夫人曾预想存在一种比铀放射性强得多的未知元素并选定镭作为这一创新目标的劳动对象。为证明这一论断，他们进一步选择铀矿残渣为提炼镭的劳动对象并利用长达八年的时间、从多达 8 吨铀矿残渣中成功地提取了 0.1 克镭盐，从而得以测度它的原子量，确定其物理和化学性能及其定位。她并在 1910 年首次分离出 1 克纯镭金属，还科学地认定了镭发射的 β 射线是带负电的电子，其放射性确实比铀强得多。镭的发现及其研究成果开创了人类的原子时代，导致了一系列原子能应用成果的诞生。这其中，关于把镭作为论证存在比铀放射性强得多的元素的劳动对象，并且把铀矿渣作为提炼镭的劳动对象的成功选择，都有力地证明了具有知识性高和知识含量大的劳动对象在创新劳动过程中的重要性。

再如，当代世界为根本解决人类能源危机而正在开发的"人造小太阳"工程，作为人类创新劳动史上一次重大创新劳动，其基本原理就是通过核聚变反应释放巨大而清洁的能量。目前，人类要完成这一创新工程，一个极其重要的任务，正是研制具有相应物质材料支持、知识性高、高新技术含量大并包括劳动对象在内的生产资料系统。即使在实验阶段，也不仅需要研制足以承受 1 亿摄氏度高温和超过地球大气压数十亿倍高压并发生剧烈爆炸的核聚变反应室或其他反应装置，而且还需要选择能够提供如此巨大能量的劳动对象。现在，中国、美国等国家都根据太阳产生超大能量的核聚变反应原理，选择氢的同位素氘（重氢）原子和氚（超重氢）原子作为劳动对象，使它们在高温高压下不停地撞击而进行核聚变反应，从中产生出巨大而清洁的能量。此外，人们之所以选择它们作为这一重大创新工程的劳动对象，还由于氘能够从海水中提取，1 升海水提取的氘，在聚变反应中释放的能量相当于燃烧 300 升汽油释放的热能。据测算，现在地球上的海水提取的氘，在核聚变反应中释放的清洁能量，可供人类使用上百亿年（据天文学家现在提供的假说，这已超过了地球在太阳系的可能寿命），从而根本解决人类对巨大而清洁能源的需求。

可见，在创新劳动过程中，没有相应物质结构支持下的知识层次高、知识含量大的劳动对象，同没有相应的劳动工具一样，任何人类尚未有或部分尚未有新质使用价值，特别是物质性新质使用价值及其超常价值也发现、发明和创造不出来。

需明确的是，尽管由于生产资料，包括知识层次高、含量大并先进、前瞻的生产资料在被制造出来以后，含有的只是正常价值，因而它们只能向创新产品转移正常价值而不能转移超常价值，但是在创新产品的价值总量中,它们转移的正常价值,却是其价值总量的有机组成部分。因此,在创新劳动过程中,生产资料,特别是知识的层次高、含量大并先进、前瞻的生产资料,不仅对于发现、发明和创造人类尚未有或部分尚未有新质使用价值,具有举足轻重的意义,而且对于创新产品的价值总量也具有不可缺失的意义。并且,生产资料的知识层次越高、知识含量越大,越先进、前瞻,其意义也就越大。这是因为生产资料的知识层次越高、知识含量越大,并越先进、前瞻,其自身的价值含量就越大,因而向创新产品转移的价值也就越大。

对于知识层次高、知识含量大,特别是科技层次高、含量大的生产资料,其价值含量也大,并在同样长的时间内向产品转移价值也多的特点,马克思在研究科技进步和大工业发展条件下生产发展的新情况时已经发现,并且天才地指出:"现实财富倒不如说是表现在——这一点也由大工业所揭明——已耗费的劳动时间和劳动产品之间惊人的不成比例上"①。这就是说,在劳动者已耗费的劳动时间与劳动产品价值之间出现了一个相当大的价值差额,而且达到了惊人的不成比例的程度。这一现象的成因究竟在哪里?如果在形成重复劳动产品正常价值的两方面因素中,排除了劳动者耗费劳动时间的变化,那只有生产资料转移价值的增加了。对此,马克思给出了一个科学的答案:这"取决于一般的科学水平和技术进步,或者说取决于科学在生产上的应用。"②实际上,即使在重复劳动及其正常价值的生产过程中,由于知识层次和知识含量

---

① 马克思:《政治经济学批判》,《马克思恩格斯全集》第46卷(下),人民出版社1980年版,第218页。

② 马克思:《政治经济学批判》,《马克思恩格斯全集》第46卷(下),人民出版社1980年版,第217页。

的差别,复杂劳动的生产资料本身也比简单劳动的生产资料含有更多的价值量并能向劳动产品转移更多的价值。甚至,也可能造成重复劳动的复杂劳动过程中"直接劳动在量的方面降到微不足道的比例……变成了一种从属的因素。"①

总之,知识性是人类劳动中一切生产资料,特别是劳动工具的一个共同特征。因此,在商品经济或市场经济条件下,任何生产资料在劳动过程中向劳动产品转移的价值都含有知识性的价值;具有较高知识性,是重复劳动中复杂劳动不同于简单劳动生产资料的一个共同特征,因而在任何复杂劳动过程中生产资料向劳动产品转移的价值,都含有较高知识性本身带来的较大价值;而具有比重复劳动中复杂劳动生产资料更高的知识性,则是创新劳动生产资料的一个共同特征,因而在任何创新劳动的生产资料向创新成果转移的价值中,都含有比重复劳动形态中复杂劳动生产资料更高知识性带来的更大价值。

第二节　知识性的生产资料

在生产资料的知识性问题中,还有一种情形必须特别提出来加以研究,这就是知识性的生产资料,即以知识为主体的生产资料。

生产资料的知识性问题,研究的是创新劳动及其超常价值生产的生产资料与重复劳动及其正常价值生产的生产资料在知识性问题上的区别,以及由此引起的它们在创造或生产新(质或量——以下皆同)使用价值和转移正常价值中的不同。而知识性

---

① 马克思:《政治经济学批判》,《马克思恩格斯全集》第46卷(下),人民出版社1980年版,第212页。

的生产资料问题,研究的则是知识性生产资料与物质性生产资料,即以物质为主体的生产资料之间的区别和由此引起的创新劳动与重复劳动、知识性创新劳动与物质性创新劳动之间在生产资料问题上的不同,以及它们在创造或生产新使用价值和转移正常价值中的特点。

所谓知识性的生产资料,是我们在研究创新劳动价值论中提出的又一新概念。尽管知识生产作为人类一种非物质性生产始终存在于人类劳动史上,知识创新劳动作为人类一种非物质性创新劳动也始终存在于人类创新劳动史上,但是由于人类的物质生产是决定包括知识生产在内的其他一切生产的生产,并且决定或影响着人类社会的生产关系及其上层建筑和意识形态的生产。正如毛泽东所说:"马克思主义者认为人类的生产(物质生产——引者)活动是最基本的实践活动,是决定其他一切活动的东西。"①因此,人类的知识生产始终是伴随着物质生产的产生而产生、发展而发展的。但是,它的产生和发展又对物质生产的发展发挥着巨大的反作用。特别是随着人类社会由农业经济时代进入工业经济时代后知识经济的出现和发展,包括科学技术文化在内的知识因素进一步作为生产要素登上人类社会生产的舞台,越来越彰显出在社会生产和整个社会发展中的核心地位与巨大作用,进而使知识生产已被公认为一种社会生产。

作为一种社会生产,除了要有劳动主体作为生产的主观因素外,当然不可避免地也要有生产的客观因素,这就是包括劳动资料和劳动对象在内的进行知识生产的生产资料。自有人类社会生产以来,人们始终把生产资料只看做是在物质生产过程中所使用的

①　毛泽东:《实践论》,《毛泽东选集》第一卷,人民出版社1991年版,第282页。

劳动资料和劳动对象。但是,随着人类社会生产的知识化和知识生产的社会化,不仅知识生产走上了人类社会生产的舞台,而且知识性生产资料也必然要在人类生产资料王国占有一席之地。例如,在包括科学技术文化的各种知识生产中,那些具有经典地位并发挥指导作用的思想、观念、理论和学说等,实际上已经在执行知识产品生产中劳动资料的职能;那些具有基础地位并起规范作用的原理、公式、程序和方法等,实际上也已在执行知识产品生产中劳动资料的职能;此外,在自然科学、社会科学和文化艺术以及各种具体专业技术领域的各类知识性工具,包括工具书、工具软件、工具性资料等,同样在执行知识生产中劳动资料的职能;等等,不一而足。至于各种信息、资料、数据、调查材料和自然、社会、思维现象等,则是调查研究、抽象概括和发现、发明、创造知识产品生产中实际上的劳动对象。

其实,在物质生产中,这些非物质性的资料,再加上各种科学原理、定律、公式和生产的路径、方案、设计、工艺、程序等,虽然尚未作为劳动资料和劳动对象的名分出现,但是这并没有影响它们对包括物质生产在内的各种社会生产发挥实际上的指导、基础、工具,甚至核心作用。因此,今天将其纳入一直以来都由物质性生产资料独占的人类社会生产的生产资料家族,应视为早已该给予它们的一种名分,这或是人类社会生产发展的一种必然趋势。

关于物质性生产资料,特别是其中的劳动资料,马克思曾提出一个科学的定义,即"劳动资料是劳动者置于自己和劳动对象之间、用来把自己的活动传导到劳动对象上去的物或物的综合体。"①尽管,这是对物质性劳动资料的概括,但它绝不仅仅是对物

---

① 马克思:《资本论》第一卷,人民出版社 2004 年第 2 版,第 209 页。

质性劳动资料的概括,同时也是对劳动资料的概括,概括的是劳动资料的普遍意义。这种普遍意义揭示的就是劳动资料的核心功能,即把劳动者的活动传导到劳动对象上去。可以说在"传导"的意义上,物质性劳动资料和知识性劳动资料的核心功能是基本相同的,二者的区别在于:前者是劳动者用物质性的资料把其活动传导到劳动对象上;后者则是劳动者用知识性的资料把其活动传导到劳动对象上。如果说它们还有什么不同的话,那就是在劳动者的"活动"和生产资料"传导"上的不同。前者传导的虽然主要是物质性的活动,但也包含或渗透着思维性、知识性等非物质性活动;后者虽然主要是思维性、知识性等非物质性活动,但也包括或通过一些物质性活动。

所以,知识性生产资料这个概念不仅能够站得住脚,而且是适应当代人类创新劳动和以知识创新为核心的知识经济发展需要的。

那么,知识性生产资料与物质性生产资料之间究竟有什么区别呢?

第一,在使用价值的意义上,知识性生产资料不仅自身具有并可"提供的使用价值量"[①]比物质性生产资料要多,并且多得多,而且在创造或生产新使用价值的过程中,除知识发展、修正、更新外,一般不损耗原有的使用价值;反之,物质性生产资料则不仅自身具有并可提供的使用价值量要少于并大大少于知识性生产资料,而且在创造或生产新使用价值的过程中,要损耗或部分损耗原有的使用价值。这是知识性生产资料与物质性生产资料之间的一个最根本的区别,它们之间的其他区别都是在这一区别的基础上发

---

① 马克思:《资本论》第一卷,人民出版社 2004 年第 2 版,第 60 页。

生的。

　　对于物质性生产资料在劳动过程中的特点,马克思在研究实际上的重复劳动及其正常价值生产时已经阐述得十分清楚:"它们通过劳动过程丧失自己原来的使用价值形态,实际上只是为了在产品上获得另一种使用价值形态。"[1]可见,物质性生产资料之所以能够参与创造或生产新使用价值及其超常价值或正常价值,是以丧失或部分丧失自身原有使用价值形态为代价的;或者说,物质性生产资料在劳动过程中丧失的使用价值形态,在劳动产品中是以新的使用价值形态再现出来,任何物质性生产资料都不可能逃脱这个以物质可变不可灭法则为基础的客观规律。对于物质性生产资料来说,区别不在于是不是在劳动过程中丧失原有的使用价值形态的问题,而在于怎样丧失和丧失多少原有的使用价值形态的问题。其中,对于生产资料中那些原材料和辅助材料,诸如燃料、润滑油、充填剂等,一旦进入劳动过程,它们虽然也将成为产品实体的组成部分,"但是改变了自己的形式"[2],有的竟然"消失得无影无踪"[3],从而"丧失了它们作为使用价值进入劳动过程时所具有的独立形态"[4]。然而,生产资料中的劳动资料却并不是这样,诸如生产工具、机器设备、劳动厂房(所、地)和各种搬运工具、运输系统等等,它们在进入劳动过程后仍须"保持原来的形态,并且第二天以同前一天一样的形式进入劳动过程,才能在劳动过程中发挥作用。"[5]可以说,任何物质性劳动资料都将这样不断地继

---

①　马克思:《资本论》第一卷,人民出版社2004年第2版,第236页。
②　马克思:《资本论》第一卷,人民出版社2004年第2版,第236页。
③　马克思:《资本论》第一卷,人民出版社2004年第2版,第236页。
④　马克思:《资本论》第一卷,人民出版社2004年第2版,第236页。
⑤　马克思:《资本论》第一卷,人民出版社2004年第2版,第236页。

续下去,直到自己的使用价值丧失殆尽为止。

然而,知识性生产资料却不是这样。由于它以知识性为主,因而不仅在同样的时间内提供的使用价值量大,而且在创造或生产新使用价值的过程中,具有一般不丧失自身原有使用价值的特点。这是由知识性生产资料作为一种知识产品所体现的非物质性使用价值的特殊性决定的。

虽然,知识性生产资料也离不开必要的物质条件,并且必须在一定的实践基础上才能够产生。诸如社会科学必须以一定的社会实践为基础,革命理论必须以一定的革命实践为基础,自然科学离不开相应的科学实验,文艺创作必须以社会生活为来源等等。但是,知识性生产资料一经产生,除物质载体外,就不再是物质本身,而属于非物质性使用价值。这种非物质性使用价值作为人类创新劳动,特别是知识性创新劳动的一种生产资料,在创造或生产新的使用价值的过程中,主要靠的是其知识性使用价值,而不是物质性使用价值,而且除了以支持它们的知识性使用价值为使用价值的物质载体外,知识性生产资料已几乎没有其他物质性使用价值了。当然,也几乎没有为了在产品上获得另一种使用价值而可供损耗的物质性使用价值了。因此在一般情况下,知识性生产资料在创造或生产新的使用价值的过程中,不存在或基本上不存在物质性生产资料那种以损耗或部分损耗原有使用价值为代价才能获得新使用价值的问题。

这种知识性生产资料所具有的非物质性使用价值,在创造或生产新使用价值的过程中,一般不仅不存在像物质性生产资料那样,只有损耗自己原有使用价值形态才能在其劳动产品,包括创新劳动产品中获得新使用价值形态的问题,当然也就不存在或基本不存在如同物质性生产资料那种普遍性生产磨损问题。

在这个意义上,如果物质性生产资料在创造或生产新使用价值过程中是损耗性的,那么知识性生产资料在创造或生产新使用价值的过程中,一般则是非损耗性的。

不仅如此,正因为物质性生产资料在创造或生产新使用价值的过程中是损耗性的,因而又造成了物质性生产资料自身"生存期"①的有限性。对此,马克思曾作过科学而生动的描述。"在这方面,劳动资料同人的情况一样。每人每天都死掉生命的 24 小时。但无论从谁身上都不能确切地看出,他已经死掉了生命的多少天。然而,这并不妨碍人寿保险公司从人的平均寿命中得出非常准确、非常有利(这重要得多)的结论。劳动资料也是这样。根据经验可以知道,一种劳动资料,例如某种机器,平均能用多少时间。假定这种劳动资料的使用价值在劳动过程中只能持续 6 天,那么它平均每个工作日丧失它的使用价值的 $\frac{1}{6}$,因而把它的价值的 $\frac{1}{6}$ 转给每天的产品。一切劳动资料的损耗,例如它们的使用价值每天的损失,以及它们的价值每天往产品上相应的转移,都是用这种方法来计算的。"②可见,任何物质性生产资料不仅都有其有限的生存期;而且即使在其生存期内,它所含有并能提供的使用价值量也是不断下降的,表现出随着其创造或生产新使用价值的增多而不断减少的趋势。可以说,物质性生产资料的使用价值量与其参与创造或生产新使用价值的次数成反比,参与创造或生产新使用价值的次数越多,其使用价值量越少;反之,亦然。

相反,由于知识性生产资料在创造或生产新使用价值过程中

---

①　马克思:《资本论》第一卷,人民出版社 2004 年第 2 版,第 236 页。

②　马克思:《资本论》第一卷,人民出版社 2004 年第 2 版,第 236—237 页。

所能提供的使用价值量大,并且具有无损耗或基本无损耗性,因而其含有并能提供的使用价值一般不仅不随着参与创造或生产新使用价值次数的增多而下降,而且还将随着参与创造或生产新使用价值过程的次数的增多而不断得到广泛而深入的传播,因而还会在深度和广度上不断扩展其使用价值适用的普遍性。

知识性生产资料这种适用的普遍性,在时间的坐标上,表现为长期的持续性;在空间的坐标上,则表现为广泛的延展性并包括立体的深邃性。例如,某些思想、观念、理论、学说和科学、技术、工艺、程序以及文化艺术上的创作和表演原则、方法、技巧等等,特别是其原创的核心内容,往往在与时俱进的基础上,能够被人们数年、数十年、数百年,甚至更长久地应用和消费;在因地制宜的基础上,又能够被各个国家、民族、地区、领域共同应用和消费。在人类创新劳动,特别是知识性创新劳动的发展史上,这类经典案例及其辉煌成果层出不穷,不胜枚举。

第二,在价值的意义上,由于知识性生产资料比较物质性生产资料具有的知识层次高、含量大,提供的使用价值量也大,在创造或生产新使用价值过程中原有使用价值一般无损耗或基本无损耗,并且形成了其适用范围的三维普遍性,因此它不仅价值含量高,在同样时间内向劳动产品,包括创新成果转移的价值多,而且由于它在转移过程中一般不减少或基本不减少原有价值量,因而向劳动产品,包括创新成果转移价值的时空范围具有普遍性,进而在转移价值的总量上,也要大于并远远大于物质性生产资料。

关于物质性生产资料在创造或生产新使用价值过程中向其劳动产品,包括创新成果转移价值的情形,马克思在研究实际上的重复劳动和正常价值生产过程时阐述得十分清楚:"在劳动过程中,只有生产资料丧失它的独立的使用价值同时也丧失它的交换价值,价值才从生产资料转移到产品上。生产资料转给产品的价值只是它作为生产资料而丧失的价值。"①同时,物质性生产资料能够"转给产品的价值决不会大于它在劳动过程中因本身的使用价值的消灭而丧失的价值。"②此外,由于物质性生产资料,特别是其中的劳动对象并非全部都是人类劳动产品,即使是劳动产品也有失去价值的时候,因而如果"没有价值可以丧失,就是说,如果它本身不是人类劳动的产品,那么,它就不会把任何价值转给产品。它只是充当使用价值的形成要素,而不充当交换价值的形成要素。"③由于任何生产资料的价值都"不是由它作为生产资料进入的劳动过程决定的,而是由它作为产品被生产出来的劳动过程决定的。"④因而"生产资料加到产品上的价值决不可能大于同它们所参加的劳动过程无关而具有的价值。"⑤

因此,在一般情况下,无论是自身的价值含量,无论是同样时间内的价值转移量,还是最终能够转移的价值总量,知识性生产资料比物质性资料都要大,而且大得多。

由于知识性生产资料的上述基本特征及其同物质性生产资料之间的根本区别,因而它们的应用有利于降低,甚至大大降低人类劳动及其价值生产过程,包括创新劳动及其超常价值生产过程中的物质资源投入和能源消耗及其带来的综合(经济社会生态)成本,进而提高并大大提高其劳动产出的经济效益、社会效益和生态效益。

---

① 马克思:《资本论》第一卷,人民出版社 2004 年第 2 版,第 236 页。
② 马克思:《资本论》第一卷,人民出版社 2004 年第 2 版,第 237 页。
③ 马克思:《资本论》第一卷,人民出版社 2004 年第 2 版,第 237 页。
④ 马克思:《资本论》第一卷,人民出版社 2004 年第 2 版,第 239 页。
⑤ 马克思:《资本论》第一卷,人民出版社 2004 年第 2 版,第 239 页。

可见,知识性生产资料在人类创造或生产新使用价值及其价值,包括超常价值的过程中,凭借自己在上述使用价值和价值两个层面的优势及其带来的经济、社会和生态效益,实际上已经为自己赢得了作为一种生产资料的科学定位并彰显了其物质生产资料所不具备和替代不了的地位与作用。

其实,对于我们在研究创新劳动价值论中提出的知识性生产资料及其地位和作用,人类创新劳动史,特别是近现代中外创新劳动及其超常价值的生产实践,已经做出了有力的证明。

例如,马克思主义这一迄今人类最伟大的非物质性创新劳动成果,马克思和恩格斯之所以能够将其创造出来,除了作为天才创新主体的因素和其他历史条件以外,德国古典哲学、英国古典政治经济学、法国空想社会主义和自然界、人类社会、思维发展的规律性现象以及无产阶级革命的历史经验等,是绝对不可或缺的。如果把它们放到人类知识性创新劳动及其超常价值生产的层面上,也可以说它们实际上起到了知识性创新劳动及其超常价值生产过程中包括劳动对象在内的某种生产资料的作用。马克思正是应用他自己创立起来的无产阶级革命的科学的立场、观点和方法这一最核心的知识性生产资料,批判与继承了这三大来源,创立了马克思主义哲学,即辩证唯物主义和历史唯物主义、马克思主义政治经济学和科学社会主义这三个有机组成部分,进而形成了马克思主义的科学体系。

再如,如果我们把爱因斯坦创立的广义相对论放到人类知识性创新劳动及其超常价值生产的层面,那么1912年由爱因斯坦的大学同学、苏黎世工业大学留校任教的数学教授格罗斯曼(M·Grossman,1878—1936年)协助他完成的数学工具,即运用黎曼几何和张量分析(一种用于曲面微分分析的微分几何学)成功进行的对于弯曲空间的数学描述,则是爱因斯坦最后创立广义相对论的一种不可或缺的知识性劳动资料。因为在 1912 年之前,爱因斯坦就已经提出了广义相对论的基本原理。根据他提出的这一基本原理,物质分布不均必将引起空间弯曲,而引力不过是时空弯曲的"效应"。在牛顿引力理论看来,地球绕太阳公转是由于地球受到太阳引力作用的结果;而在广义相对论看来,地球绕太阳公转是由于太阳的巨大质量使太阳周围的空间弯曲,而地球只是在这弯曲空间作惯性运动罢了。这无疑是爱因斯坦原生性创新劳动的又一重大成果。但是,对于这类知识创新产品来说,没有完善的表达,特别是数学表达,并不算最后完成。正如马克思所说,一种科学只有当它成功地利用了数学的时候,才能达到完善的地步。广义相对论关于弯曲空间理论也不能停留在一般叙述上,而必须有新的数学工具在多维空间中加以数量化、准确化描述,才能够最后完成。因此,运用黎曼几何和张量分析对于弯曲空间进行的数学描述也就不能不成为爱因斯坦最后创立广义相对论的一种知识性劳动资料。

至于牛顿发现万有引力定律的创新劳动过程,放到人类知识产品创造和生产的层面上,同样不乏论证知识性劳动资料和劳动对象在知识产品创造和生产中价值定位的经典意义。难道开普勒发现的行星运动定律①不恰是牛顿进行人类这一重大知识产品创造和生产的一种知识性劳动资料,而熟苹果落地这一颇含万有引力定律的现象,不恰是牛顿进行人类这一重大知识产品创造和生产的劳动对象吗?!

———————

① 开普勒行星运动定律 Kepler's law of planetory motion,该定律表明:第一节行星运动轨道是太阳在一个焦点上的椭圆;第二节行星与太阳之联线在相等时间内扫过相等的面积;第三节行星运行的周期的平方值与行星离太阳的平均距离立方之比为一常数。

　　实际上,只要我们把自己的眼光从传统的物质生产移到知识生产上、从物质性创新劳动及其超常价值生产与时俱进到知识性创新劳动及其超常价值生产上,关于生产资料的概念也就会理所当然地从单一物质性生产资料的圈圈中解放出来并进而把知识性生产资料包容进去,形成既包括物质性生产资料又包括知识性生产资料、适应知识经济不断发展条件下的社会生产中完整生产资料的新概念。

　　当然,我们提出和研究知识性生产资料,并不意味着物质性生产资料在人类劳动及其价值生产,包括创新劳动及其超常价值生产中,特别是在知识性创新劳动及其超常价值生产中就不再重要,甚至不再需要了。恰恰相反,无论是人类重复劳动及其正常价值生产,也无论是人类创新劳动及其超常价值生产,都须臾离不开物质性生产资料。即使是在知识经济端倪渐显并有所发展条件下的知识产品生产,包括知识创新劳动及其超常价值生产中,物质性生产资料也仍然是不可缺少的。甚至,在某些知识创新劳动中,物质性生产资料仍然是其中的一个主角,特别是在那些探寻物质世界宏观运行规律或微观结构等知识性创新劳动及其超常价值的生产中,包括高倍超高倍的望远镜、显微镜、电子计算机和各种科学实验的机器、设备、装置等在内的物质性生产资料,不仅都是不可或缺的,而且仍然是其主要生产资料之一。

　　实际上,物质性生产资料和知识性生产资料之间是对立统一、缺一不可,互相依存、互相促进,甚至是互相渗透,你中有我、我中有你的。无论是在物质生产还是知识生产中,无论是在创新劳动还是在重复劳动中,也无论是在物质性创新还是在知识性创新中,物质性生产资料和知识性生产资料之间,都不是一个有我无你或有你无我的问题,只不过是一个何主何从或何多何少的问题。

　　可见,在人类认识世界和创造世界的创新劳动及其超常价值生产的历史长河中,只有按照完整的生产资料理念,把物质性生产资料和知识性生产资料辩证统一、有机结合起来,才能不断地实现从未知或部分未知到知或部分知,由未有或部分未有到有或部分有的飞跃,不断地发现、发明和创造人类尚未有或部分尚未有新质使用价值及其超常价值,不断地由必然王国向自由王国发展。

第五章　创新产品的价值构成

我们在进入超常价值的具体生产过程之前,还须研究创新产品的价值构成。

构成创新产品价值的有三个层面:一是创新劳动创造的超常价值,即创新劳动者发现、发明或创造人类尚未有或部分尚未有新质使用价值所耗费的个别必要劳动时间,包括创新劳动者应(所)得价值和超常剩余价值(创新劳动价值论提出的两个新概念,在第五篇中将集中研究);二是重复劳动追加的正常价值,即在既有创新劳动又有重复劳动的复合型创新劳动过程中,重复劳动者参与发现、发明和创造新质使用价值过程及其标准化产品批量化、商品化生产所耗费的社会必要劳动时间①,包括重复劳动力价值和其创造的剩余价值;三是在整个劳动过程中所有生产资料转移的价值,即物质性生产资料被消耗部分使用价值中凝结的社会必要劳动时间和知识性生产资料相关使用价值在基本非消耗情况下转移的社会必要劳动时间,包括创新劳动中生产资料转移的价值和

----

① 在非复合型创新劳动,即单一的创新劳动过程中,由于没有重复劳动者参与,因而其创新产品的价值构成不包括重复劳动者参与发现、发明和创造新质使用价值过程耗费的社会必要劳动时间,只包括重复劳动者在创新成果标准化产品批量化、商品化生产中所耗费的社会必要劳动时间。

重复劳动中生产资料转移的价值。

马克思在研究重复劳动产品的正常价值时,曾明确指出:"商品的价值不仅取决于使商品取得最终形式的那种劳动的量,而且还取决于该商品的生产资料所包含的劳动量。"[①]其实,前者就是马克思在研究重复劳动及其正常价值生产过程中提出的"价值产品"[②];后者则是产品价值中去掉价值产品的余下部分。研究复合型创新劳动过程的产品价值构成,则须研究的主要对象就是创新劳动创造的超常价值,含创新劳动者应得价值和超常剩余价值以及重复劳动创造的正常价值,含重复劳动力价值和剩余价值,而在生产资料的转移价值中,除重复劳动过程的生产资料转移价值外,则增加了创新劳动在发现、发明和创造新质使用价值过程中生产资料转移的价值。这就是创新产品的价值构成。

概括起来,如果我们设创新劳动创造的超常价值中创新劳动者应得价值和其超常剩余价值分别为 V 和 M,设重复劳动创造的正常价值中劳动力价值和剩余价值分别为 v 和 m,设创新劳动和重复劳动过程中生产资料的转移价值分别为 C 和 c。这样,创新产品的价值构成则可表示为: $(V + M) + (v + m) + (C + c)$,或 $V + M + v + m + C + c$,抑或 $(V + v) + (M + m) + (C + c)$。

我们研究创新产品的价值构成,不仅要进行静态分析,而且特别是要进行动态分析,也就是要从价值形成和价值增殖的层面上研究创新产品的价值构成。而从这一层面上,我们可以把构成创新产品的价值区分为"新创价值",即创新劳动创造的超常价值和重复劳动追加的正常价值与"旧移价值",即创新劳动和重复劳

①　马克思:《资本论》第一卷,人民出版社 2004 年第 2 版,第 367 页。
②　马克思:《资本论》第一卷,人民出版社 2004 年第 2 版,第 246 页。

动过程中生产资料转移的旧价值。也可以表示为:(V + M + v + m) + (C + c)。

创新产品价值的这两大架构具有根本不同的特征。

第一,新创价值与旧移价值代表的劳动不同。无论是创新劳动创造的超常价值,还是重复劳动追加的正常价值,都是创新劳动者和重复劳动者在其劳动过程中投入的人类"新劳动"[1],即人的脑力和体力消耗,因而是劳动者创造的"新价值"[2],"是发挥作用的劳动力即活劳动的自然恩惠"[3]。这是新价值的唯一来源,也是价值增殖的唯一来源。舍此,就不可能产生任何新价值,也就不可能发生任何价值增殖。对于劳动力这种独特的功能,马克思曾进行过精辟的分析:劳动者"把一定量的劳动——撇开他的劳动所具有的特定的内容、目的和技术性质不说——加到劳动对象上,也就把新价值加到劳动对象上。"[4]"可见,他通过自己的劳动加进价值,并不是由于他的劳动是纺织劳动或木匠劳动,而是由于他的劳动是一般的抽象的社会劳动;他加进一定的价值量,并不是因为他的劳动具有特殊的有用的内容,而是因为他的劳动持续了一定的时间。"[5]因此,"劳动过程的主观因素,即发挥作用的劳动力⋯⋯它的运动的每时每刻都形成追加的价值,形成新价值。"[6]这些分析及其得出的结论,对于我们研究创新产品的价值构成,特别是研究其可增殖部分,具有现实的指导意义。它使我们清晰的认识到:在任何创新产品的价值构成中,一切新价值无一不是包括创新劳

　①　马克思:《资本论》第一卷,人民出版社 2004 年第 2 版,第 240 页。
　②　马克思:《资本论》第一卷,人民出版社 2004 年第 2 版,第 240 页。
　③　马克思:《资本论》第一卷,人民出版社 2004 年第 2 版,第 240 页。
　④　马克思:《资本论》第一卷,人民出版社 2004 年第 2 版,第 232 页。
　⑤　马克思:《资本论》第一卷,人民出版社 2004 年第 2 版,第 233 页。
　⑥　马克思:《资本论》第一卷,人民出版社 2004 年第 2 版,第 242 页。

动者和重复劳动者在内的直接劳动者在劳动过程中耗费的人类新劳动,只有这些新劳动才是创造产品价值结构中新创价值的唯一来源。舍此,就没有任何产品中的新创价值,也就没有任何创新产品中的新创价值。这是一个不争的事实。

反之,无论是在创新劳动还是在重复劳动过程中,生产资料转移的价值都只能代表凝结在生产资料里过去已经完成的旧劳动。因此,虽然它也是创新产品价值中的有机组成部分,但却是其生产资料转移到创新产品中的旧价值。对于这种旧价值,马克思也曾进行过精辟的分析:"我们在考察价值形成过程时已经看到,只要使用价值是有目的地用来生产新的使用价值,制造被用掉的使用价值所必要的劳动时间,就成为制造新的使用价值所必要的劳动时间的一部分,也就是说,这部分劳动时间从被用掉的生产资料转移到新产品上去。可见,工人保存被用掉的生产资料的价值,或者说,把它们作为价值组成部分转移到产品上去,并不是由于他们加进一般劳动,而是由于这种追加劳动的特殊的有用性质,由于它的特殊的生产形式。"①马克思对于生产过程中生产资料向产品转移旧价值,进而形成新产品中价值构成部分的精辟分析及其得出的结论,对于我们研究生产资料向创新产品转移旧价值,进而形成创新产品价值结构中部分价值的现象,也同样具有现实的指导意义。因此,在创新产品中,由于生产资料同样只能代表凝结于自身已经完成的旧劳动,因而它也只能向新质使用价值转移旧价值。这也是一个不争的事实。

总之,在创新产品的价值结构中,创新劳动创造的超常价值和重复劳动追加的正常价值都来源于直接劳动者耗费的人类新劳

---

① 马克思:《资本论》第一卷,人民出版社 2004 年第 2 版,第 233 页。

动,是其创造的新价值;而无论是在创新劳动还是在重复劳动过程中,生产资料转移的价值则无一不来源于凝结在生产资料使用价值里的旧劳动,是其转移的旧价值。这是创新产品价值中,新创价值与旧移价值之间的一个根本区别,它们之间的其他任何区别,都是在这个基础上产生的。

第二,新创价值与旧移价值在创新产品价值中的占比不同。我们研究创新产品价值的有机构成,不仅要在质上研究新创价值与旧移价值代表的不同劳动,而且还要在量上研究它们在创新产品价值中占有的不同比重。研究发现,在创新产品价值中,新创价值及其占有的比重远大于旧移价值及其比重,完全居主体地位;而旧移价值及其占有的比重则远小于新创价值,只居非主体地位。也可用模拟数学公式表示为:$(V+M+v+m)\gg(C+c)$。

对此,马克思同样曾以重复劳动及其正常价值的生产过程为基础,进行过明确的界定:对于劳动者来说,是加进新劳动,创造新价值,形成新创价值,也就是"通过自己的劳动加进价值",而且是"持续了一定的时间"[①]的劳动。因此,只要是劳动者能够不断地保存和再生产自己的劳动力并持续一定时间地进行劳动,就能源源不断地创造新价值。而对于创新劳动者来说,只要是他们能够不断地保存和再生产自己的创新劳动力并持续一定时间地进行创新劳动,也就能源源不断地把新的超常价值加到新质使用价值中,不断地形成超常的新创价值。正因为创新劳动者创造的是价值量超大的超常价值,因而不仅能不断地增加新创价值,而且能够大幅度地增加新创价值,使新创价值在创新产品价值中的比重能够持续而迅速地增加、主体地位能够持续而迅速地扩大。

---

① 马克思:《资本论》第一卷,人民出版社 2004 年第 2 版,第 233 页。

　　反之,对于生产资料,特别是物质性生产资料来说,在劳动过程,包括创新劳动过程中,它则是由于丧失其部分原有使用价值,才能转移旧价值,形成旧移价值。而且"生产资料转给产品的价值只是它作为生产资料而丧失的价值"[1],因而生产资料能够转给产品的价值是有限的,"决不会大于它在劳动过程中因本身的使用价值的消灭而丧失的价值"[2]。特别是在总体上,"它们在劳动过程中所能丧失的最大限度的价值量,显然是以它们进入劳动过程时原有的价值量为限,或者说,是以生产它们自身所需要的劳动时间为限。因此,生产资料加到产品上的价值决不可能大于同它们所参加的劳动过程无关而具有的价值。"[3]请注意:这里一个"只是",一个"不可能大于",就把生产资料能够转移给产品,包括创新产品的价值,从微观层面上,界定为自己作为生产资料在具体劳动过程中失掉的价值;从宏观层面上,界定为生产它们自身所必要的劳动时间。这就是生产资料在其具体劳动,包括创新劳动过程中能够转移给产品,包括创新产品的价值的极限度和在其生存期或生命周期内能够转移出来的总价值的封顶线。

　　可见,正因为新创价值来源于创新劳动者和重复劳动者耗费的人类新劳动,因而不仅其价值量超大,而且能够源源不断;也正因为旧移价值来源于创新劳动和重复劳动过程中物化于生产资料里的旧劳动,因而不仅其价值量小,而且无论是在一定创新劳动和重复劳动过程中可转移的具体价值量还是在其整个生命周期可转移的价值总量,都是有限的。

　　第三,新创价值与旧移价值体现着不同的职能。我们研究超

---

①　马克思:《资本论》第一卷,人民出版社 2004 年第 2 版,第 236 页。

②　马克思:《资本论》第一卷,人民出版社 2004 年第 2 版,第 237 页。

③　马克思:《资本论》第一卷,人民出版社 2004 年第 2 版,第 239 页。

常价值的有机构成,不仅要在质上研究其新创价值与旧移价值所代表的不同劳动,也不仅要在量上研究它们在创新产品价值构成中的不同占比,而且要特别研究它们体现的不同职能。

研究结果表明,正因为新创价值来源于创新劳动者和重复劳动者耗费的人类新劳动,因而它不仅体现劳动力创造价值的职能,而且也体现其增殖价值的职能。而旧移价值,则来源于凝结在生产资料使用价值中的旧劳动,因而它不仅不体现劳动力创造价值的职能,而且也不体现劳动力增殖价值的职能。

对此,马克思在提出和分析可变资本,即变为劳动力的资本的职能时,做过精辟的阐述:"劳动过程在只是再生产出劳动力价值的等价物并把它加到劳动对象上以后,还越过这一点继续下去。为再生产出这一等价物,6小时就够了,但是劳动过程不是持续6小时,而是比如说持续12小时。这样,劳动力发挥作用的结果,不仅再生产出劳动力自身的价值,而且生产出一个超额价值。这个剩余价值就是产品价值超过消耗掉的产品形成要素即生产资料和劳动力的价值而形成的余额。"并且强调指出:"转变为劳动力的那部分资本,在生产过程中改变自己的价值。它再生产自身的等价物和一个超过这个等价物而形成的余额,剩余价值。"①对于重复劳动是这样,对于创新劳动更是这样。在结构上,创新劳动生产的新创价值与重复劳动追加的新创价值一样,也是由两部分构成:一部分是创新劳动者应得价值;另一部分则是其创造的超常剩余价值。

在这个问题上,创新劳动及其创造的超常新创价值与重复劳动及其追加的正常新创价值之间的区别,并不是包括不包括剩余

---

① 马克思:《资本论》第一卷,人民出版社2004年第2版,第242—243页。

价值的问题,或体现不体现价值增殖职能的问题,而是包括的剩余价值多少或体现的价值增殖职能大小的问题。具体来说,由于创新劳动力的自身价值远大于重复劳动力的自身价值,因而在同样长或更短的时间内,不仅创造的创新劳动者应得价值远大于重复劳动者创造的劳动力价值,而且创造的剩余价值更远大于重复劳动力所创造的剩余价值,即超常剩余价值。可表示为:$M \gg m$、$V \gg v$。

　　反之,正因为旧移价值代表的是凝结于创新劳动过程中生产资料里的旧劳动,因而它则不包含增值价值,也不体现劳动力的增殖职能。对此,马克思在分析不变资本,即购买生产资料的资本时也做过精辟的阐述:"我们叙述了劳动过程的不同因素在产品价值的形成中所起的不同作用,事实上也就说明了资本的不同组成部分在资本本身的价值增殖过程中所执行的不同职能。"[①]"就生产资料来说,被消耗的是它们的使用价值,由于这种使用价值的消费,劳动制成产品。生产资料的价值实际上没有被消费,因而也不可能再生产出来。"[②]可见,生产资料之所以只能够转移物化于自身的旧价值,而不能够创造新价值,是因为在劳动过程,包括创新劳动过程中,它们只是消耗其使用价值,而不消费其价值,因此它们也就只能够创造或制成新的使用价值,而不能够再创造新的价值。当然也就不具备价值增殖职能,不可能增殖价值。

　　总之,由于新创价值代表创新劳动者和重复劳动者在创新劳动和重复劳动过程中耗费的人类新劳动,因而它不仅在创新产品

---

① 马克思:《资本论》第一卷,人民出版社2004年第2版,第242页。

② 马克思:《资本论》第一卷,人民出版社2004年第2版,第241页。

价值中居主体地位,而且包含着增殖性价值,体现着劳动力的价值增殖职能。所以,新创价值不仅是整个创新产品价值的主要来源,而且是其剩余价值和超常剩余价值的唯一来源。

第六章　生产绝对超常价值的 个别必要劳动时间

我们在研究创新产品的价值构成时,发现其价值量之所以超大,主要不在于它有新创价值和旧移价值两个有机部分,而在于它有两种不同的生产或形成超常价值的路径,因而出现了两种不同形态的超常价值,即绝对超常价值和相对超常价值。

所谓绝对超常价值,就是创新劳动者在发现、发明和创造人类尚未有或部分尚未有新质使用价值整个过程中耗费的绝对个别必要劳动时间。通过这种绝对个别必要劳动时间进行的超常价值生产,可称之为绝对超常价值的生产,或者说,超常价值的绝对生产。由于价值"只是一定量的凝固的劳动时间"①,因而我们研究绝对超常价值的生产,主要就是研究创新劳动者发现、发明和创造人类尚未有或部分尚未有新质使用价值所耗费的绝对个别必要劳动时间或其生产绝对超常价值的个别必要劳动时间。

创新劳动者生产绝对超常价值的个别必要劳动时间,具有不同于重复劳动者生产正常价值的社会必要劳动时间的特殊性。

第一,具有复杂性。在爱因斯坦相对论时空统一的层面上,这

---

① 马克思:《资本论》第一卷,人民出版社 2004 年第 2 版,第 53 页。

种复杂性具体表现为,创新劳动生产绝对超常价值的个别必要劳动时间,既包括能够精确计算或大体计算的集中劳动时间,又包括不能精确计算,甚至难以计算的非集中劳动时间。

当然,作为选定创新课题后,集中目标、集中时间、集中精力、集中包括生产资料在内的一切必要创新手段并能够在一个相对稳定的综合环境中,进入创新思维和整个创新劳动过程,或进行研究,或进行考察,或进行实验,或进行创作,连续不断地向创新目标探索前进的时间,都应当作为集中劳动时间无一遗漏地计算到生产绝对超常价值的个别必要劳动时间之中,成为决定绝对超常价值价值量的有机组成部分。而且,它在相当一部分创新劳动创造的绝对超常价值中,成为主体部分。

同时,在整个创新劳动过程中,那些在集中劳动时间之前、之后,或集中劳动时间出现中断期间,创新劳动者在不同条件下、以不同方式进行的创新考察、创新实验、创新思维、创新写作、创新设计等分散性劳动时间,也应作为其有机组成部分,进入生产绝对超常价值的个别必要劳动时间。

此外,对于创新劳动者,特别是那些原生性创新劳动者,即使在被人们认为的健身、旅游、休息,甚至睡前、醒后,乃至闭目养神、半醒半睡状态之下,其创新思维仍可能以某种形式进行着。因此,这其中仍有一部分时间属于非集中劳动的绝对个别必要劳动时间。

须明确指出的是,这些非集中劳动时间不仅仍属创新劳动过程中的绝对个别必要劳动时间,而且有些创新劳动过程中的非集中劳动时间在量上,还要超过,甚至大大超过其集中劳动时间;在质上,它不仅对于创新劳动者发现、发明和创造人类尚未有或部分尚未有新质使用价值是有意义的,而且某些非集中劳动时间还往往成为创新劳动者发现、发明和创造新质使用价值过程中的突破性时段,不少关于新质使用价值的灵感和顿悟以及想像和推测等是在这段时间里实现的。一些在创新探索中,由"疑无路"到"又一村"的豁然开朗,也往往是在此种情景下闪现的。

人类创新劳动史和当代国内外创新劳动实践反复证明,在人类创新劳动过程中,集中劳动时间与非集中劳动时间之间是对立统一的,没有集中劳动时间,就没有非集中劳动时间;反之,亦然。它们互相区别、相互渗透,你中有我,我中有你,共同构成了创造新质使用价值和生产绝对超常价值的全部个别必要劳动时间。在这里,如果我们设创造和生产新质使用价值的绝对个别必要劳动时间为 M,集中劳动时间为 m^1,非集中劳动时间为 m^2,那么我们可得出以下公式: $M = m^1 + m^2$,$m^1 = M - m^2$,$m^2 = M - m^1$。并且,在某些创新劳动过程中,$m^2 \approx m^1$ 或 $m^2 > m^1$,甚至 $m^2 \gg m^1$。当然,在许多创新劳动过程中,还是 $m^1 > m^2$。此外,$m^1 = m^2$ 的情况,在理论上也不排除。但是,无论如何,$M = m^1 + m^2$,是毫无疑问的。

人类创新劳动中这种极其复杂的绝对个别必要劳动时间,包括非集中劳动时间,或大块大块、或潜移默化地消耗了包括科学技术文化在内的各领域创新劳动者,特别是那些原生性创新劳动者发现、发明和创造新质使用价值的大量个别必要时间,或持续不断、或形式变换地凝结了创新劳动者投入的大量新劳动并与时俱增地形成了创新劳动全过程的绝对个别必要劳动时间,进而创造和生产了人类尚未有或部分尚未有的新质使用价值及其绝对超常价值。

第二,具有曲折性。在爱因斯坦相对论时空统一的层面上,这种曲折性具体表现为一切创新劳动过程,都既包括成功又包括失败,甚至多次失败和反复失败。如果人类创新劳动是一个过程,失败同成功一样,是其中一个必经的发展阶段;如果人类创新劳动是一个整体,失败同成功一样,都是其中一个不可缺少的有机组成部分。当我们提出创新劳动这个概念时,它就已经包括了创新劳动过程中的失败。失败同成功一样,是人类实现创新的题内应有之义①。因此,在创造和生产新质使用价值及其超常价值的绝对个别必要劳动时间里,也就既含有成功的劳动时间,又含有失败,甚至多次失败和反复失败的劳动时间。而且,这些失败的劳动时间在整个创新劳动过程中,无论对于创造新质使用价值还是对于生产绝对超常价值,都是有意义的。这就不可避免地造成了创造新质使用价值及其绝对超常价值的个别必要劳动时间的曲折性。

　　一般说来,人类创新劳动过程中的失败属于那类不可避免的、必要的,因而是有"价值"的失败。首先,在使用价值的意义上,由于人类创新劳动的过程就是一个认识世界和创造世界的过程。在这个过程中,人类既要解决对创新劳动目标,特别是其本质与规律由不知或部分不知到知或部分知的问题,又要在认识和掌握其本质与规律的基础上,解决对创新劳动目标由未有或部分未有到有或部分有的问题。无论是解决对其由不知或部分不知到知或部分知的问题,还是解决对其由未有或部分未有到有或部分有的问题,都离不开失败,甚至多次失败和反复失败。只有经过成功与失败的比较,甚至多次和反复的比较,人类才能认识和掌握创新劳动目标的本质和规律并把它们发现、发明和创造出来。正如毛泽东所说:"人们经过失败之后,也就从失败取得教训,改正自己的思想使之适合于外界的规律性,人们就能变失败为胜利。"②可见,失败

---

① 参见赵培兴:《创新劳动论》,中央文献出版社、黑龙江人民出版社 2006 年版,第 268 页。

② 毛泽东:《实践论》,《毛泽东选集》第一卷,人民出版社 1991 年版,第 284 页。

在创新劳动者完成对人类尚未有或部分尚未有新质使用价值的发现、发明和创造过程中,具有独特的使用价值,这种使用价值对于成功是绝对不可缺少的。可以说,失败的使用价值与成功的使用价值和相关生产资料参与或丧失的使用价值共同结晶为创新劳动所发现、发明和创造的人类尚未有或部分尚未有新质使用价值。

正是因为失败的劳动时间在发现、发明和创造人类尚未有或部分尚未有新质使用价值上是有意义的,因而它在生产绝对超常价值上也必然是有意义的。正如马克思所说:"就使用价值说,有意义的只是商品中包含的劳动的质,就价值量说,有意义的只是商品中包含的劳动的量,不过这种劳动已经化为没有进一步的质的人类劳动。在前一种情况下,是怎样劳动,什么劳动的问题;在后一种情况下,是劳动多少,劳动时间多长的问题。"①虽然,马克思当时没有集中研究创新劳动创造的超常价值,更没有集中研究创新劳动过程中失败的价值,但是马克思却在其劳动价值论中,始终明确地把价值和价值量的概念确定为"劳动多少"或"劳动时间多长"。而且,马克思既没有把创新劳动的价值和价值量从这一概念中排除,也没有把创新劳动过程中失败的劳动时间从形成商品价值量的劳动时间中抠出。因此,在创新劳动中失败的劳动时间是创造和生产新质使用价值及其绝对超常价值的个别必要劳动时间中一个不可缺少的有机组成部分,不仅对于发现、发明和创造新质使用价值是有意义的,而且对于生产绝对超常价值也是有意义

---

① 马克思:《资本论》第一卷,人民出版社2004年第2版,第59页。请读者注意,第2版《资本论》译为"这种劳动已经化为没有进一步的质的人类劳动",而1975年第1版《资本论》第一卷在同页的译文则为"这种劳动已经化为没有质的区别的人类劳动"。此种劳动显然是指人类抽象劳动,因而译为"没有质的区别的人类劳动"比较译为"没有进一步的质的人类劳动",其译意更妥切——引者。

的。这就是说,创新劳动过程中成功的劳动时间是生产绝对超常价值的个别必要劳动时间,失败的劳动时间也是生产绝对超常价值的个别必要劳动时间,成功的劳动时间和失败的劳动时间一起构成了生产创新成果绝对超常价值的完整的个别必要劳动时间并共同生产了创新成果的绝对超常价值。

在这里,尽管我们难以也无须精确测算在决定创新成果绝对超常价值的个别必要劳动时间中,失败的劳动时间占有多大比例,但是我们可以肯定而明确地说,在任何决定创新成果绝对超常价值的个别必要劳动时间里,几乎无一没有其失败的劳动时间。因此,在创新劳动过程中,只要有失败的劳动,这种失败劳动的时间都应无一例外地作为一个有机组成部分,进入决定其创新成果绝对超常价值的个别必要劳动时间中。如果我们设创造和生产新质使用价值及其绝对超常价值的个别必要劳动时间为 N,其中成功的劳动时间为 n^1,失败的劳动时间为 n^2,那么就可以得出以下公式:$N = n^1 + n^2$,$n^1 = N - n^2$,$n^2 = N - n^1$。

不仅如此,对于某些创新劳动过程来说,失败劳动时间不只是创造和生产新质使用价值及其绝对超常价值的个别必要劳动时间的有机组成部分,而且是其相当,甚至主要组成部分。这就是说,在这种个别必要劳动时间中,失败劳动时间要相当于或长于,甚至大大长于成功劳动时间,因而在这种个别必要劳动时间所生产的绝对超常价值中,由创新劳动过程中失败劳动生产的价值要相当或大于,甚至远大于由成功劳动所生产的价值。这就出现了关于创造和生产新质使用价值及其绝对超常价值的个别必要劳动时间中,失败劳动时间与成功劳动时间之间关系的结构性变化,因而在上述公式中,出现了 $n^2 \approx n^1$、$n^2 > n^1$,甚至 $n^2 \gg n^1$ 的曲折情形。

对此,人类创新劳动史,特别是近现代国内外创新劳动实践,早已作出了肯定而明确的回答。例如,治疗一般性破伤的"二百二"药水,曾经家喻户用,但它却是经过了219次的失败,才在第220次实验中获得成功的。在此经典案例中,如果把"次"作为时间单位来计算,那么成功劳动时间 n^1 与失败劳动时间 n^2 之间的比例为1比219。等等,不一而足。

尽管,它们其中的很多创新成果已经被新的创新成果所代替,但是在相当一些创新劳动创造和生产新质使用价值及其绝对超常价值的个别必要劳动时间中,失败劳动时间要长于,甚至大大长于成功劳动时间这一历史性的科学结论,却永远留在了人类创新劳动史上。

其实,在任何创新劳动过程及其绝对个别必要劳动时间中,成功与失败、成功劳动时间与失败劳动时间,即 n^1 与 n^2 之间,不仅是对立的,而且也是统一的。它们互相联结、互相渗透,你中有我、我中有你。在成功中有失败,在失败中又有成功;在成功劳动时间里有失败劳动时间,在失败劳动时间里也有成功劳动时间。虽然,我们难以也无须精确测算出一般的创新劳动过程中,成功劳动时间与失败劳动时间之间的比例,更难以测算出哪些创新劳动过程中失败劳动时间长和长多少、哪些创新劳动过程中失败劳动时间短和短多少? 但是,有两点是可以肯定的:一是在任何创新劳动过程的绝对个别必要劳动时间,即 N 中,都既有成功劳动时间 n^1,又有失败劳动时间 n^2;二是在相当一些创新劳动过程的绝对个别必要劳动时里,即 N 中,失败劳动时间 n^2 要长于,甚至大大长于成功劳动时间 n^1,也就是出现 $n^2 > n^1$,甚至 $n^2 \gg n^1$ 的情形,这是不足为怪的。

第三,具有超长性。从根本上说来,创新劳动创造和生产新质使用价值及其绝对超常价值的个别必要劳动时间的超长性,是一种由人类实现对新质使用价值从不知或部分不知到知或部分知、从未有或部分未有到有或部分有的劳动难度造成的必然现象。如前所述,对于生产绝对超常价值的个别必要劳动时间的超长性,我们必须从人类创新劳动的特殊难度入手进行研究。

尽管各种人类劳动无不具有其特定的难度,即使在重复劳动中,复杂劳动与简单劳动、复杂劳动与复杂劳动、简单劳动与简单劳动之间的难度,也都各自不同。但是,由于创新劳动与重复劳动所创造或生产的使用价值具有质的不同,因而必将为创新劳动带来根本性的难度并大大增加整个创新劳动过程中的绝对个别必要劳动时间。实质上,是发现、发明和创造人类尚未有或部分尚未有新质使用价值在质上的特殊艰巨性,转化为生产绝对超常价值的个别必要劳动时间在量上的超长性。或者说,人类创新劳动过程的绝对个别必要劳动时间的超长性,主要是由发现、发明和创造人类尚未有或部分尚未有新质使用价值的劳动难度的超常性所决定的。

但是,就生产绝对超常价值的个别必要劳动时间本身来说,其在相对论时空统一层面上的复杂性和曲折性不仅具体体现了生产绝对超常价值的个别必要劳动时间的超常性,而且进一步放大了这种超常性。

生产绝对超常价值的个别必要劳动时间的这种复杂性说明,发现、发明和创造人类尚未有或部分尚未有新质使用价值的个别必要劳动时间不仅包括创新劳动者的集中劳动时间,而且包括创新劳动者的非集中劳动时间,特别是在某些创新劳动过程中,非集中劳动时间还要相当,或长于,甚至大大长于集中劳动时间,因而明显地放大了生产绝对超常价值的个别劳动时间。在研究它的复杂性时,我们曾将这种个别必要劳动时间设为 M,并且将其中的集中劳动时间和非集中劳动时间分别设为 m^1、m^2。这样一来,生产绝对超常价值的个别必要劳动时间的 M,就不仅包括集中劳动时间 m^1 了,而且又加入了非集中劳动时间 m^2,因而就把生产绝对超常价值的个别必要劳动时间 M 变成或放大为 $m^1 + m^2$,即 $M = m^1 + m^2$。如果再考虑到某些创新劳动过程中非集中劳动时间相当,或长于并大大长于集中劳动时间的情况,即 $m^2 \approx m^1$,或 $m^2 > m^1$,并 $m^2 \gg m^1$,那么这种"复杂性"对于生产绝对超常价值的个别必要劳动时间超长性的放大效应,就更加明显了。

生产绝对超常价值的个别必要劳动时间的曲折性则说明,发现、发明和创造人类尚未有或部分尚未有新质使用价值的个别必要劳动时间不仅包括成功劳动时间,而且包括失败劳动时间,特别是在某些创新劳动过程中,失败劳动时间还要相当,或长于,甚至大大长于成功劳动时间。我们在研究这种"曲折性"时,还曾将这种个别必要劳动时间设为 N,并且将其中的成功劳动时间和失败劳动时间分别设为 n^1 和 n^2。由此,生产绝对超常价值的个别必要劳动 N,就不仅包括 n^1 了,而且又增加了 n^2,于是生产绝对超常价值的个别必要劳动时间 N 就变成或放大为 $n^1 + n^2$,即 $N = n^1 + n^2$。再加之在某些创新劳动过程中,失败劳动时间 n^2 还要相当,或长于,甚至大大长于成功劳动时间 n^1,即 $n^2 \approx n^1$,或 $n^2 > n^1$,甚至 $n^2 \gg n^1$,那么这种"曲折性"对于生产绝对超常价值个别必要劳动时间的放大效应,也就更加突出了。

在生产绝对超常价值个别必要劳动时间的复杂性和曲折性的放大效应的作用下,这种绝对超常价值的超长性将不断地得到全面放大。在这里,无论是由于其"复杂性"的放大效应,使生产绝对超常价值的个别必要劳动时间 M 在集中劳动时间 m^1 的基础上,增加了分散劳动时间 m^2,而且在有些创新过程中 $m^2 \approx m^1$ 或

$m^2 > m^1$，甚至 $m^2 \gg m^1$；还是由于其"曲折性"的放大效应，使生产绝对超常价值的个别必要劳动时间 N 在成功劳动时间 n^1 的基础上，增加了失败劳动时间 n^2，而且在某些创新中 $n^2 \approx n^1$ 或 $n^2 > n^1$，甚至 $n^2 \gg n^1$。这些由其"复杂性"加进的分散劳动时间 m^2 和由其"曲折性"加进的失败劳动时间 n^2，都使生产绝对超常价值的个别必要劳动时间的超常性不断地全面放大。其结果，必将使整个生产绝对超常价值的个别必要劳动时间成倍并成数倍、十数倍、数十倍，甚至更加巨大地放大，从而不断地进行和扩大着绝对超常价值的生产和再生产。这不仅形成了绝对超常价值价值量的超大性，而且形成了创新劳动者单位个别必要劳动时间创造的超常价值远大于重复劳动者单位社会必要劳动时间创造的正常价值。在这个意义上，如果借用数学"远大于"符号，并且模拟数学公式，可以概括地表达为：超常价值 $\gg$ 正常价值。

总之，作为重复劳动过程和价值生产过程的统一，生产过程是正常价值的生产过程；作为创新劳动过程和价值生产过程的统一，生产过程是超常价值的生产过程。在商品经济或市场经济条件下，发现、发明和创造人类尚未有或部分尚未有新质使用价值的劳动过程，同时就是绝对超常价值的生产过程。在这个过程中，不仅实现了创造新质使用价值和生产超常价值的结合，而且还实现了生产创新劳动者应（所）得价值和增殖超常剩余价值的结合。

第七章　相对超常价值的形成

第一节　相对超常价值的概念

我们研究了绝对超常价值的生产,特别是弄清了生产绝对超常价值的个别必要劳动时间以后,惊疑地发现生产绝对超常价值的个别必要劳动时间与整个超常价值之间尚有一个巨大的价值差额。这一巨大差额犹如一个价值黑洞,如果以社会必要劳动时间为价值尺度,就是把生产绝对超常价值的全部可计入的个别必要劳动时间都算进去,也就是用单位社会必要劳动时间的价值含量乘以生产绝对超常价值的个别必要劳动时间,也远远不能把它填满,形象地说把这些绝对个别必要劳动时间拧成"软梯",也难以探到洞底。

那么,这一巨大价值差额究竟是什么,充满这个价值黑洞的到底为何物? 我考察和研究的结论就是:相对超常价值。

如果发现、发明和创造人类尚未有或部分尚未有新质使用价值的劳动过程就是绝对超常价值的生产过程,那么我们也可以说这种创新劳动的过程同时也就是相对超常价值的生产过程;如果创新劳动者发现、发明和创造人类尚未有或部分尚未有新质使用价值所耗费的绝对个别必要劳动时间形成的就是绝对超常价值形态,那么我们则可以说,把这种绝对个别必要劳动时间转换成为重复劳动的社会必要劳动时间,形成的则是相对超常价值形态。可见,绝对超常价值和相对超常价值是一种价值,两种形态。当它以绝对超常价值形态出现时,其"内在的价值尺度即劳动时间(以下皆简称价值尺度——引者)"①是创新劳动的个别必要劳动时间,因而绝对超常价值也就是以创新劳动的个别必要劳动时间为价值尺度的超常价值;而当它以相对超常价值形态出现时,其价值尺度则是重复劳动的社会必要劳动时间,因而相对超常价值也就是以重复劳动的社会必要劳动时间为价值尺度的"超常价值"。

在绝对超常价值向相对超常价值释放和转换的过程中,最具决定意义的是,在同样长或单位必要劳动时间内,绝对超常价值的个别必要劳动时间的价值含量远大于相对超常价值的社会必要劳动时间的价值含量。在这个意义上,同一创新劳动成果的绝对超常价值的单位个别必要劳动时间要长于并大大长于其相对超常价值的单位社会必要劳动时间。例如,波兰裔法国物理学家、化学家玛丽·居里(Marie Curie,1867—1934 年)妇夫(法国物理学家比埃尔·居里)两人,在人类历史上第一次提炼那开创原子时代的0.1 克纯镭竟用了 1400 个日日夜夜。设定他(她)们夫妇二人每个日夜共耗费 10 个小时的劳动时间,那么提炼这 0.1 克纯镭的个别必要劳动时间就是 14000 小时,其绝对超常价值也就是 14000小时个别必要劳动时间的价值量。再设定他(她)们夫妇提炼这0.1 克纯镭的创新劳动的单位个别必要劳动时间的价值含量是当时重复劳动的单位社会必要劳动时间的价值含量的 10000 倍,那么他(她)们夫妇提炼这 0.1 克纯镭的相对超常价值的社会必要

---

① 马克思:《资本论》第一卷,人民出版社 2004 年第 2 版,第 114 页。

劳动时间就是 1.4 亿小时,因此其相对超常价值也就是 1.4 亿小时社会必要劳动时间的价值量。

在这里,全部问题的核心就在于,绝对超常价值的单位个别必要劳动时间的价值含量远大于相对超常价值的单位社会必要劳动时间的价值含量。

有人可能会问,我们提出的绝对超常价值和相对超常价值同马克思在《资本论》中提出和阐述的绝对剩余价值和相对剩余价值之间是什么关系,有什么区别?

人类越来越认识到,剩余价值学说是马克思主义政治经济学的基石。它彻底戳穿了资本主义剥削的秘密,揭示了剩余价值生产的规律,是无产阶级革命的强大理论武器。同时,对于商品经济或市场经济,包括社会主义市场经济,它也是一条最具指导意义的马克思主义政治经济学基本原理。关于马克思在《资本论》中所阐述的马克思主义劳动价值论以及绝对相对的辩证法,对于我提出的创新劳动价值论,特别是这里研究的绝对超常价值和相对超常价值的辩证关系,则是极其有力的理论支撑。

当然,我们提出和研究的绝对超常价值和相对超常价值与马克思提出的绝对剩余价值和相对剩余价值之间,也有区别。

一是研究的价值范围不同。绝对剩余价值和相对剩余价值研究的是人类重复劳动过程中形成的正常价值范围内的问题,而且集中研究的是关于剩余价值的生产、实现和分配问题;而绝对超常价值和相对超常价值研究的,则是创新劳动过程中形成的包括创新劳动者创造的超常剩余价值在内的整个超常价值问题。

二是对绝对相对辩证法的应用形式不同。绝对剩余价值和相对剩余价值理论主要是在外延的意义上,提出和阐述绝对相对的辩证法的。具体来说,绝对剩余价值理论揭示了资本家通过延长工作日,用绝对地增加剩余劳动时间的途径榨取剩余价值;相对剩余价值理论则揭示了资本家通过提高劳动生产率,用缩短必要劳动时间,相对地增加剩余劳动时间的途径榨取剩余价值。这其中无论是延长工作日,绝对地增加剩余价值,还是缩短必要劳动时间,相对增加剩余价值,都是以外延的形式应用和阐述绝对相对这一马克思主义辩证法精髓的。

然而,绝对超常价值和相对超常价值理论则主要是在内涵的意义上,应用绝对相对的证法精髓的。具体说来,在绝对超常价值向相对超常价值的释放和转换过程中,绝对超常价值即直接创新劳动者发现、发明和创造新质使用价值耗费的活劳动,在外延的意义上并不发生变化,而只是在内涵的意义上发生了变化。由于绝对超常价值是以创新劳动的个别必要劳动时间为其价值尺度,相对超常价值则是以重复劳动的社会必要劳动时间为其价值尺度的。而这两种价值尺度之间的价值含量是极其不同的,创新劳动的单位个别必要劳动时间的价值含量远大于重复劳动的单位社会必要劳动时间的价值含量。这就是说,同样长的创新劳动的个别必要劳动时间所代表的实际价值量远大于重复劳动的社会必要劳动时间所代表的实际价值量,因而造成了绝对超常价值和相对超常价值之间单位必要劳动时间的价值含量的巨大差别。可见,以创新劳动的个别必要劳动时间为价值尺度的绝对超常价值释放和转换成为以重复劳动的社会必要劳动时间为价值尺度、数量巨大的相对超常价值,是通过内涵的形式而不是外延的形式实现的。

以创新劳动个别必要劳动时间为价值尺度的绝对超常价值和以重复劳动的社会必要劳动时间为价值尺度的相对超常价值之间,在单位必要劳动时间的价值含量上的巨大差别,造成了同一创新成果绝对超常价值的单位个别必要劳动时间的价值含量相当于数倍、数十倍、数百倍、数千倍、数万倍,甚至更长的单位社会必要劳动时间的价值含量。如果假定某一创新成果一小时个别必要劳动时间所创造的价值量相当于 10000 小时重复劳动的社会必要劳动时间所创造的价值量,那么一个 3600 小时创新劳动的个别必要劳动时间所创造的价值量就相当于 3600 万小时重复劳动的社会必要劳动时间所创造的价值量。这就是说,这一超常价值在以绝对超常价值的个别必要劳动时间出现时,是 3600 小时;而在它以相对超常价值的社会必要劳动时间出现时,则是 3600 万小时。可见,在这一绝对超常价值的 3600 小时个别必要劳动时间转换成为相对超常价值的 3600 万小时的社会必要劳动时间的过程中,绝对超常价值的 3600 小时在外延上并没有变化,它只是靠 1 小时创新劳动个别必要劳动时间创造的价值量相当于 10000 小时重复劳动社会必要劳动时间所创造的价值量这一内涵的扩大实现的。因此,任何创新成果的超常价值在由绝对超常价值形态向相对超常价值形态聚变或释放时,无一不是通过其单位个别必要劳动时间的价值含量远大于其单位社会必要劳动时间的价值含量这一创新劳动价值论核心思想的精髓实现的。

实际上,对于任何创新成果的超常价值来说,绝对的就是相对的,相对的又是绝对的。绝对超常价值就是以创新劳动者耗费的个别必要劳动时间为价值尺度的超常价值,或者说,尚未转换成为正常价值的超常价值;而相对超常价值则是以重复劳动的社会必要劳动时间为价值尺度的超常价值,或者说,是已经转换成为正常价值的"超常价值"。可见,绝对超常价值与相对超常价值之间的对立统一是创新劳动价值论,即超常价值论的精髓,不懂得它,就搞不明白超常价值究竟是怎么一回事。

三是理论宗旨不同。绝对剩余价值和相对剩余价值理论,作为马克思主义剩余价值学说理论架构中两大基本构件,不仅具体地揭示了资本主义生产方式榨取无产阶级和广大劳动者剩余价值的两种基本途径和方法,使整个剩余价值学说建立在坚深的基础上,而且生动地刻画出广大劳动者从形式上隶属于资本发展到实际上隶属于资本发展的历史过程,从逻辑和历史的结合上彻底揭穿了资本主义生产实质上就是剩余价值的生产,从而使整个资本主义作为人类社会发展史上一种生产方式再无秘密可言。同时,绝对剩余价值和相对剩余价值原理对于剩余价值生产的全方位剖析,又使剩余价值实现和剩余价值分配的研究建立在科学的基础上。可以说,它像两条巨大的健腿一样,让整个剩余价值学说的脚板踏在资本主义庞大的商品堆积上并深扎到资本主义生产方式的心脏中。

我们提出绝对超常价值和相对超常价值问题,是为了研究超常价值不同于正常价值生产的特殊过程,剖析超常价值生产或形成的两种基本途径,特别是揭示相对超常价值的形成和超常价值价值量超大的奥秘,为深入研究整个超常价值的生产、实现、量度、分配并最终揭示超常价值在人类社会发展进程中的历史使命打下坚实的基础。

如果由绝对剩余价值的生产到相对剩余价值的生产,进一步揭穿了资本主义生产方式剥削无产阶级和广大劳动者的秘密,那么从绝对超常价值的生产到相对超常价值的形成,则进一步揭示了创新劳动者发现、发明和创造人类尚未有或部分尚未有新质使用价值过程中生产的超常价值价值量超大的奥秘,明确回答了充填生产绝对超常价值的个别必要劳动时间与整个超常价值之间巨大价值差额或价值黑洞的不是别的,竟是相对超常价值!并且支撑了超常价值及其承担者新质使用价值在生产力和整个人类社会及其各领域超常发展和革命性进步中的决定作用,从而为创新发展道路凿就了价值基石。如果剩余价值理论是马克思主义政治经济学的基石,在这个意义上,我们也可以进而说超常价值理论,则是创新劳动价值论的基石。

不仅如此,绝对超常价值只有释放和聚变为相对超常价值,才能够把超常价值的生产和超常价值的实现联结起来。这是由于超常价值处于绝对超常价值形态时,是以创新劳动的个别必要劳动时间为价值尺度,当它处于相对超常价值形态时,才以重复劳动的社会必要劳动时间为价值尺度,而只有当超常价值以社会必要劳动时间为价值尺度时,它才能进入市场并通过交换得到实现。可见,超常价值由绝对超常价值形态释放和聚变为相对超常价值形态,不仅充填了生产绝对超常价值的个别必要劳动时间与整个超常价值之间的巨大价值差额或价值黑洞,而且为超常价值的实现创造了前提条件。

第二节　劳动价值率

在创新劳动的过程中,既然生产绝对超常价值的个别必要劳动时间与整个超常价值之间的巨大价值差额或价值黑洞,是由相对超常价值充填的,那么究竟为什么绝对超常价值一经转换成为相对超常价值就能够释放出如此巨大的价值量呢?其奥妙就在于:绝对超常价值的劳动价值率高于并大大高于相对超常价值的劳动价值率。

所谓劳动价值率,就是单位必要劳动时间的价值含量,也就是某种劳动形态及其具体劳动形式在其单位必要劳动时间内所能创造或形成的价值量。在这里,如果我们设一定劳动及其价值生产过程的劳动价值率为 A，所创造和形成的价值量为 B，所用的个别必要劳动时间为 C，那么其劳动价值率 A = B/C。如果设一定创新劳动及其超常价值生产过程①中的 B 为 1000 万元人民币，C 为 10小时，那么其劳动价值率 A = B/C = 1000 万元/10 小时 = 100 万元/1 小时。既然我们把每小时或其他单位必要劳动时间创造的价值量，称为劳动价值率。那么在该创新劳动及其超常价值生产过程中，其劳动价值率亦可简称之为"百万元小时"。

如果在一定创新劳动过程中，生产绝对超常价值的劳动价值率，即单位个别必要劳动时间的价值含量相当于其形成相对超常价值的劳动价值率，即单位社会必要劳动时间的价值含量的10000 倍，那么生产绝对超常价值一小时的个别必要劳动时间所创造的价值，就相当于该创新劳动过程中相对超常价值的社会必要劳动时间 10000 个小时所创造的价值，或者说生产绝对超常价值一个小时的个别必要劳动时间，就等于其相对超常价值 10000个小时的社会必要劳动时间。

虽然，劳动价值率是我在研究创新劳动价值理论过程中提出的一个新概念，但是其有关思想，早在马克思研究实际上的重复劳动及其正常价值问题时就已经提出来了。马克思曾明确指出：在劳动过程中，劳动者把一定量的劳动"加到劳动对象上，也就把新价值加到劳动对象上"②，并且天才地提出："劳动力的价值较高，它也就表现为较高级的劳动，也就在同样长的时间内对象化为较

---

① 如果在单一的创新劳动及其超常价值生产过程中，其中的 B，即过程所创造和生产的价值为创新劳动者创造的超常价值与其生产资料转移的正常价值；那么在既包括创新劳动又包括重复劳动的复合型创新劳动过程中，其中的 B 则为创新劳动者创造的超常价值和重复劳动者创造的正常价值以及整个劳动过程的生产资料，包括创新劳动过程中的生产资料和重复劳动过程中的生产资料转移的正常价值。

② 马克思：《资本论》第一卷，人民出版社 2004 年第 2 版，第 232 页。

多的价值。"①这一精辟分析不仅科学界定了劳动价值率的基本要素,勾勒了它的基本架构,而且明确肯定了劳动力价值较高的较高级劳动能够在同样长的时间内对象化为较多的价值,深刻揭示了劳动价值率在商品经济或市场经济条件下的客观普遍性。

可见,尽管马克思这些思想是在研究实际上的人类重复劳动,包括重复劳动中的复杂劳动及其正常价值生产过程中提出来的,但是它对于我们今天研究人类的创新劳动及其超常价值的生产仍然具有不可磨灭的指导意义。可以说,对于商品经济或市场经济条件下各种形态的人类劳动,包括创新劳动和重复劳动及其它们内部的不同劳动形式之间,都不是存不存在劳动价值率,也不是劳动价值率适用不适用的问题,而只是其劳动价值率的差别和差别大小问题。

然而,在人类各种劳动形态的劳动价值率的差别中,最突出、最悬殊、最集中的还是表现在创新劳动的个别必要劳动时间和重复劳动的社会必要劳动时间之间。那么,创新劳动与重复劳动的劳动价值率之间这种差别究竟是由什么因素决定的呢? 概括起来,主要是由劳动创新率决定的。

所谓劳动创新率,就是创新劳动发现、发明和创造的人类尚未有和部分尚未有新质使用价值同大到国家、中到企业、小到既包括创新劳动、又包括重复劳动的复合型创新劳动过程所创造的使用价值或社会财富的比率。劳动创新率越高,劳动价值率就越高;反之,劳动创新率越低,劳动价值率也就越低。它不仅揭示了决定创新劳动高劳动价值率及其形成价值量超大的相对超常价值的关键所在,而且从更深层面破解了创新劳动生产绝对超常价值的个别

---

① 马克思:《资本论》第一卷,人民出版社 2004 年第 2 版,第 230 页。

必要劳动时间与整个超常价值形成的巨大价值差额或价值黑洞的奥秘。

马克思在研究实际上的重复劳动及其正常价值生产时还天才地提出："比社会的平均劳动较高级、较复杂的劳动，是这样一种劳动力的表现，这种劳动力比普通劳动力需要较高的教育费用，它的生产要花费较多的劳动时间，因此它具有较高的价值。既然这种劳动力的价值较高，它也就表现为较高级的劳动，也就在同样长的时间内对象化为较多的价值。"①尽管，马克思在这里分析的是人类重复劳动中的复杂劳动，但却深刻地揭示了从事复杂劳动的劳动力之所以具有较高的价值并能在同样长的时间内对象化较多的价值，是由于对它投入了较高的教育费用，在生产中花费了较多的劳动时间，使其学习、掌握并能应用的科学技术文化知识与技能较多，同时其体力、智力等综合素质较高，使这种劳动力具有了较高的价值，因而能在同样长的时间内对象化较多的价值，从而形成了较高的劳动价值率。其中，这些从事复杂劳动的劳动力所学习、掌握并应用的科学技术文化知识与技能，正是人类已有创新成果及其具体应用和体现。可见，包括科学技术文化知识与技能在内的人类创新成果，在相当的意义上，就是提高劳动力价值的一种决定性因素。

既然复杂劳动力的较高价值决定于科学技术文化知识与技能，因而随着其科学技术文化知识与技能的不断提高，这种劳动力的价值也必将不断提高；而随着劳动力价值的不断提高，它在同样长的时间内对象化到产品中的价值也必将不断增加。可见，在重复劳动，特别是其复杂劳动及其正常价值的生产中，创新成果的应

---

① 马克思：《资本论》第一卷，人民出版社 2004 年第 2 版，第 230 页。

用也有利于其劳动价值率的提高,并且创新成果应用得越多,其劳动价值率就越高;反之,创新成果应用得越少,其劳动价值率也就越低。

如果在重复劳动中,从事复杂劳动的劳动力比从事简单劳动的劳动力需要较高的教育费用,其生产要花费较多的劳动时间,因而具有较高的价值,能够在同样长的时间内对象化较多的价值,并且形成较高的劳动价值率,早已是一个不争的事实;那么,从事创新劳动的劳动力比从事重复劳动,包括重复劳动中复杂劳动的劳动力,就需要更高的教育费用,其生产也要花费更多的劳动时间,因而它就必然具有更高的价值,能够在同样长,甚至更短的时间内对象化更多的价值,并且能形成更高的劳动价值率。人类的创新劳动史已反复证明,这同样是一个不争的事实。

如果在重复劳动中,从事复杂劳动的劳动力具有的较高价值并能在同样长的时间内对象化为较多价值,在很大意义上取决于这种劳动力对于科学技术文化知识与技能等人类创新成果的学习、掌握和应用,而且其学习、掌握和应用的科学技术文化知识与技能等人类创新成果越多,这种劳动力的价值就越高,它在同样长的时间内对象化的价值就越多,形成的劳动价值率也就越高;那么,在创新劳动及其超常价值的生产过程中,从事创新劳动的劳动力所具有的更高价值及其在同样长,甚至更短的时间内所对象化的更多价值,则在更大意义上取决于创新劳动力学习、掌握和应用更多、更高、更新并更具前瞻性的科学技术文化知识与技能等人类的创新成果,而且其学习、掌握和应用的科学技术文化知识与技能等人类创新成果越多、越高、越新并越具前瞻性,这种从事创新劳动的劳动力所具有的价值就越高,其在同样长,甚至更短时间内所对象化或生产的价值就越多,因而所形成的劳动价值率也就越高。

人类的创新劳动史已反复证明,这同样是一个不争的事实。

　　特别是在知识经济渐显端倪并不断发展的条件下,由于在创新劳动及其超常价值的生产过程中,知识资源与物质资源之间的比重将逐步发生变化,知识资源将由非主要资源转变为主要资源,而物质资源则将由主要资源转变为非主要资源,甚至在某些创新产品的结构中,物质部分只是其知识部分的物质载体。在总体上,这种创新产品已经变成为新的知识产品或实际上的新知识产品。整个创新劳动及其超常价值的生产与交换过程,既是对知识及其价值的创造,又是对知识及其价值的交换;既是对知识及其价值的生产,又是对知识及其价值的消费。知识,特别是新知识,即人类尚未有或部分尚未有的知识性新质使用价值及其超常价值,已经成为创新产品及其超常价值的主体,甚至完全成为了生产、交换和消费的对象。这与其说是在生产、交换和消费物质产品,不如说是在生产、交换和消费以物质部分为载体的知识产品,特别是新知识产品。

　　在这种创新劳动,特别是知识创新劳动及其超常价值生产的过程中,要求创新劳动力,特别是知识创新劳动力学习、掌握和应用的科学技术文化知识与技能,不仅不能停留在从事重复劳动中复杂劳动的劳动力水平上,而且也不能停留在从事创新劳动中物质性创新劳动的劳动力水平上。作为从事知识性创新劳动的劳动力,学习、掌握和应用的科学技术文化知识与技能,不仅必须高于从事重复劳动中复杂劳动的劳动力,而且还必须高于从事创新劳动中物质性创新劳动的劳动力。只有学习、掌握和应用的科学技术文化知识与技能更多、更高、更新并更具前瞻性,从事知识性创新劳动的劳动力才可能发现、发明和创造出知识性的新质使用价值,即人类尚未有或部分尚未有的新知识,包括新思想、新概念、新理论、新学说,或新路线、新方针、新政策、新措施,或新技术、新方案、新设计、新工艺等。这样一来,从事知识性创新劳动的劳动力所具有的价值不仅高于并大大高于从事重复劳动中复杂劳动力所具有的价值,而且高于从事创新劳动中物质性创新劳动的劳动力所具有的价值。因此,它在同样长,甚至更短的时间内,对象化或生产的价值不仅要比从事重复劳动中复杂劳动的劳动力对象化或生产的价值多并多得多,而且也要比从事创新劳动中物质性创新劳动的劳动力对象化或生产的价值多,甚至多得多。可见,知识性创新劳动所形成的劳动价值率不仅要高于并大大高于重复劳动中复杂劳动的劳动价值率,而且要高于,甚至大大高于创新劳动中物质性创新劳动的劳动价值率。这也就是说,知识性创新劳动的单位个别必要劳动时间的价值含量,不仅要大于并远远大于重复劳动中复杂劳动的单位社会必要劳动时间的价值含量,而且还要大于,甚至远远大于创新劳动中物质性创新劳动的单位个别必要劳动时间的价值含量。

同时,由于知识性创新成果的知识含量和价值含量比物质性创新成果的知识含量和价值含量更大,甚至大得多,因此在知识性创新劳动及其超常价值的生产过程中,劳动创新率与劳动价值率之间的正比例关系不仅更加突出,而且比其在重复劳动中复杂劳动及其正常价值的生产过程和创新劳动中物质性创新劳动及其超常价值的生产过程中,由劳动创新率的提高而引起的劳动价值率提高的幅度,也要更大,甚至大得多。

由此,在人类创新劳动及其超常价值的生产过程中,一个新的结论和公式产生了:劳动创新率与劳动价值率成正比,劳动创新率越高,劳动价值率就越高;反之,劳动创新率越低,劳动价值率也就越低。

在这里，须特别加以说明的是，马克思曾明确提出："劳动生产力越高，生产一种物品所需要的劳动时间就越少，凝结在该物品中的劳动量就越小，该物品的价值就越小。相反地，劳动生产力越低，生产一种物品的必要劳动时间就越多，该物品的价值就越大。可见，商品的价值量与实现在商品中的劳动的量成正比地变动，与这一劳动的生产力成反比地变动。"①疑惑可能由此产生。

尽管在这里提出的是劳动创新率与劳动价值率成正比，而没有直接提出劳动生产率与劳动价值率成正比，并且所谓劳动创新率，主要说的是创新劳动及其超常价值的生产过程，因为重复劳动及其正常价值的生产过程，在总体上不存在创新劳动及其超常价值的生产，因而原则上也不存在劳动创新率的问题。但是，在重复劳动，特别是重复劳动中的复杂劳动及其正常价值的生产过程中，却有一个创新成果的应用问题。而任何一种创新成果，即人类尚未有或部分尚未有新质使用价值在人类劳动，包括重复劳动及其正常价值生产中的应用，无一不反映人类对一定未知或部分未知规律的认识和掌握，其科学技术文化知识与技能也无一不在过去的基础上有所增加与提高或大大增加与提高。因此，这些创新成果无论是被重复劳动，特别是从事重复劳动中复杂劳动的劳动力学习、掌握并转化为其较高的综合素质和劳动技能，还是被应用和体现在重复劳动及其正常价值生产的生产资料中，或者直接转化为其新的生产资料，其结果：一是提高劳动力的价值和生产资料的价值含量，使其能够在同样长的时间内向产品物化和转移较多的价值量；二是提高重复劳动及其正常价值生产过程中的劳动生产能力，增加产品数量及其价值产出，进而提高劳动生产率。可见，

---

① 马克思：《资本论》第一卷，人民出版社 2004 年第 2 版，第 53—54 页。

创新成果的应用既导致了产品价值量的增加,又导致了劳动生产率的提高,使重复劳动及其正常价值生产过程中的商品价值量与劳动生产率成反比地变动的论断受到相应的挑战。

实际上,我们提出的劳动创新率与劳动价值率成正比同马克思指出的商品的价值量与劳动生产率成反比,这是两条适应不同对象、不同范围并在相应条件下才能成立的定理。世界上任何真理都是绝对与相对的对立统一,因而都有其相对的一面。任何定理,包括政治经济学定理,也无一不具有一定的适应对象、范围及条件。在其适应的对象、范围及条件下,它们是成立的;反之,离开了其适应的对象、范围及条件,它们则是不成立的。

关于商品的价值量与其劳动生产率成反比的论断,原本是马克思在研究实际上的重复劳动及其正常价值生产的基础上概括出来的,而且它只有在特定的前提条件下才能够成立。对此,马克思曾清晰地分析道:"不管生产力发生了什么变化,同一劳动在同样的时间内提供的价值量总是相同的。但它在同样的时间内提供的使用价值量会是不同的:生产力提高时就多些,生产力降低时就少些。因此,那种能提高劳动成效从而增加劳动所提供的使用价值量的生产力变化,如果会缩减生产这个使用价值量所必需的劳动时间的总和,就会减少这个增大了的总量的价值量。反之,亦然。"[①]这其中,有两点是非常明确的:一是马克思研究的对象是人类的重复劳动及其正常价值的生产,而我们所研究的则是人类的创新劳动及其超常价值的生产;二是马克思设定了一个前提条件,即"不管生产力发生了什么变化,同一劳动在同样的时间内提供的价值量总是相同的。"而且,这个前提条件所界定的范围对于这

---

① 马克思:《资本论》第一卷,人民出版社 2004 年第 2 版,第 60 页。

一定理的成立是不可缺少的。因为既然研究对象确定为人类的重复劳动及其正常价值,那么决定其劳动产品价值量的只能是同一劳动在同样时间内提供的价值量总是相同的社会必要劳动时间,而不可能是同一劳动在同样时间内提供的价值量不总是相同,甚至总是不相同的个别必要劳动时间。可见,对于人类的重复劳动及其正常价值生产,而且又必须是在同一劳动在同样时间内提供的价值量总是相同的前提条件下,关于商品价值量同劳动生产率成反比的定理无疑是正确的,具有相对的真理性。但是,离开了人类的重复劳动及其正常价值生产这一研究对象,又离开了同一劳动在同样时间内提供的价值量总是相同的这一前提条件,而进入人类的创新劳动及其超常价值生产这一新的研究对象及其相关范围内和条件下,特别是失去同一劳动在同样时间内提供的价值量总是相同的这一前提条件,关于商品价值量同劳动生产率成反比的定理则失去了其真理性。在这里,上述的两个条件又是互相关联的,因为一经进入了创新劳动及其超常价值的生产过程,同一劳动在同样的时间内提供的价值量不仅不总是相同的,而且总是不同的。因此,二者的反比关系也就必然失去成立的条件。可见,无论如何也不能让马克思在当时的历史条件下并在研究人类重复劳动及其正常价值生产的基础上提出的定理,对当今历史条件下人类创新劳动,特别是知识性创新劳动及其超常价值生产的新情况及其新关系负责。

尽管牛顿发现的万有引力定律和爱因斯坦创立的相对论之间的关系同马克思提出的商品价值量同劳动生产率成反比定理与我们研究创新劳动价值理论所提出的劳动创新率同劳动价值率成正比定理之间,是自然科学中的物理学与社会科学中的政治经济学两种不同领域的科学之间的关系,但是在理解真理相对性的意义上,也并非毫无可比性。

发现万有引力定律是牛顿对人类的一项重大科学贡献,直到今天,人造地球卫星、宇宙飞船、宇宙火箭等运行轨道的计算,仍离不开这一科学定律。然而,像一切科学定律一样,万有引力定律也具有其特定的适用范围和成立条件,离开了这种范围和条件,它也就失去了真理性。爱因斯坦相对论的创立,科学地揭示出牛顿万有引力定律只适用于而且近似地适用于宏观低速的运动过程,它所反映的只是特定范围的自然运动规律,而相对论原理反映的则是普遍范围的自然运动过程及其规律。然而,爱因斯坦始终发展地对待牛顿力学原理和相对论力学原理之间的联系,特别是对科学原理的相对性,爱因斯坦曾将其生动地比喻为登山:"我们可以说建立一种新理论不是像毁掉一个旧的仓库,在那里建起一个摩天大楼。它倒像是在爬山一样,愈是往上爬愈能得到新的更宽广的视野,并且愈能显示出我们的出发点与其周围广大地域之间的出乎意外的联系。但是我们出发的地点还是在那里,还是可以看得见,不过显现得更小了,只成为我们克服种种阻碍后爬上山巅所得到的广大视野中的一个极小的部分而已。"[①]可见,在真理发展的相对性意义上,如果说牛顿力学原理反映的只是爱因斯坦相对论在物体的运动速度 V 远小于光速 C 时的规律,因而它只是这种极限时空内的"相对论",那么上述"反比定理",反映的则只是商品价值量与劳动生产率在重复劳动及其正常价值生产过程中,并且是在同一劳动在同样时间内提供的价值量总是相同的前提条件下的一种特殊关系;反之,如果离开了物质运动速度 V 远小于光速 C 这一极限时空范围,牛顿力学原理就不再反映自然运动规律

---

① 　侯书雄主编:《伟人百传》第十四卷,远方出版社 2002 年版,第 128 页。

的话,那么离开了同一劳动在同样时间内提供的价值量总是相同的这一前提条件,即使是在重复劳动及其正常价值生产的过程中,商品价值量与劳动生产率之间的反比关系也将被突破。

实践证明,任何客观规律及其科学理论都是绝对与相对、普遍与特殊的对立统一,都有相对性、特殊性的一面,都是发展的①。万有引力定律是这样,相对论也是这样。目前世界最大强子对撞机实验,正是在寻找爱因斯坦提出并正在被验证的暗能量,以在相对论和量子力学的基础上,进一步揭示宇宙的秘密,创造物理学的新纪元。政治经济学领域揭示商品价值量与劳动生产率之间关系的理论,岂能不发展?!

实际上,马克思在跟踪研究大工业发展和科技进步条件下的人类重复劳动及其正常价值生产的过程中,对此已有天才预见。他曾明确指出:"活劳动同物化劳动的交换,即社会劳动确立为资本和雇佣劳动对立的形式,是**价值关系**和以价值为基础的生产的最后发展。这种发展的前提现在是而且始终是:直接劳动时间的量,已耗费的劳动量是财富生产的决定因素。但是,随着大工业的发展,现实财富的创造较少地取决于劳动时间和已耗费的劳动量,较多地取决于在劳动时间内所运用的动因(生产资料——引者)的力量,而这种动因自身——它们的巨大效率——又和生产它们所花费的直接劳动时间不成比例,相反地却取决于一般的科学水平和技术进步,或者说取决于科学在生产上的应用。"② 他并强调指出:"现实财富倒不如说是表现在——这一点也由大工业所揭明——已耗费的劳动时间和劳动产品之间惊

---

① 赵培兴:《论规律》,人民出版社 1981 年版,第 86—90 页。

② 马克思:《政治经济学批判》,《马克思恩格斯全集》第 46 卷(下),人民出版社 1979 年版,第 217 页。

人的不成比例上。"①在这里,马克思敏锐地发现了已耗费的劳动时间和劳动产品,包括其价值量之间惊人的"不成比例"这一大工业和科技发展带来的新现象。这一现象,在一定程度上改变了在重复劳动及其正常价值生产过程中,同一劳动在同样时间内提供的价值量总是相同的这一前提条件,进而挑战了商品价值量与劳动生产率在重复劳动及其正常价值生产过程中总是成反比的关系。

而且,对于这种新现象的形成,马克思还给出了一个科学的答案,即取决于科学水平和技术进步,或者说取决于科学技术在生产上的应用。从劳动力的层面上来看,尽管资本主义生产方式总是要把劳动力生产再生产的必要劳动时间压缩到最低限度,但出于使劳动力更多地创造剩余价值的目的,它也不得不在一定程度上提高劳动力的科学技术水平,以提高它自身的价值并使其能够在同样长的时间内物化或对象化较多的价值;从生产资料的层面上来看,资本主义生产方式也需要科学发展和技术进步并不断扩大在生产上的应用,以通过提高生产资料的科技含量和价值含量,使其能够在同样长的劳动时间内向产品转移较多的价值,进而使整个劳动过程生产更大的价值量。可是,劳动力和生产资料的科技含量和价值含量的提高又必将同时促进劳动生产率的提高。于是,形成了一个新的规律性现象:在大工业发展的进程中,由于科学的发展和技术的进步,特别是科技创新成果在生产上的应用,不断地提高了劳动生产率;而与劳动生产率不断提高相伴生的,正是由于劳动力和生产资料科技含量和价值含量的不断提高而使其向

---

① 马克思:《政治经济学批判》,《马克思恩格斯全集》第46卷(下),人民出版社1979年版,第218页。

劳动产品物化或对象化和转移的价值量的不断增多,进而使产品价值不断增大。于是,在大工业和科技不断发展条件下的重复劳动及其正常价值生产过程中,便出现了产品价值量同劳动生产率之间的关系"不成比例"的现象,即由反比例向正比例突破的端倪。

在这个现象中,出现了一种新的发展趋势:价值与财富的创造和生产一样,也"较少地取决于劳动时间和已耗费的劳动量,较多地取决于在劳动时间内所运用的动因的力量"。原来马克思提出产品价值量与劳动生产率成反比的正常逻辑是,由于劳动生产率的提高,减少了产品生产的劳动时间,因而降低了产品的价值量;而在大工业发展进程中产生的超常逻辑则是,由于科学的发展、技术的进步,特别是科技创新成果在生产上的应用,在提高劳动生产率的过程中,同时也提高了劳动力和生产资料的科技含量和价值含量,使其在同样时间内向产品物化和转移了较多价值,因而增加了产品的价值量并进而突破了重复劳动及其正常价值生产过程中劳动生产率与产品价值量成反比的态势。在这种情况下出现的价值生产较少地取决于劳动时间、较多地取决于科技创新成果在生产上的应用的发展趋势,无疑加剧了商品价值量与劳动生产率之间由反比例关系向正比例关系的转变。

在这里,重要的问题已不只在于劳动生产率的提高能使商品的价值量减少多少,而且还在于科技发展进步,特别是科技创新成果应用能使劳动力的价值和生产资料的价值含量提高和增加多少;也已不只在于决定商品价值量的因素中,劳动力耗费的劳动时间减少了多少,而且更加在于科技创新成果应用使劳动力提高的价值和生产资料增加的价值含量向商品对象化和转移的价值增加了多少。决定性的问题在于,这"两个减少"和"两个增加"的最终结果,不仅突破了人类重复劳动及其正常价值生产过程中商品价值量与劳动生产率成反比的态势,证明了这种反比例关系的条件性和相对性,而且说明即使在人类重复劳动及其正常价值的生产过程中,劳动价值率也是有意义的,它依然是区分其中不同劳动形式的一条根本界限。

可见,我们提出的劳动价值率这一概念,即单位必要劳动时间的价值含量,反映的是整个人类劳动中的一种普遍现象。如果在使用价值的意义上,能否发现、发明和创造人类尚未有或部分尚未有新质使用价值是区分人类创新劳动形态和重复劳动形态的根本界限,那么在价值的意义上,区分它们的根本界限则是劳动价值率。不仅如此,劳动价值率还是区分创新劳动形态中原生性创新劳动与继发性创新劳动、重复劳动形态中简单劳动与复杂劳动之间的一条根本界限。

就价值范畴而言,在人类的不同劳动形态中,创新劳动之所以是创新劳动,重复劳动之所以是重复劳动,就在于创新劳动的劳动价值率高于并大大高于重复劳动的劳动价值率;在人类的创新劳动形态中,原生性创新劳动之所以是原生性创新劳动,继发性创新劳动之所以是继发性创新劳动,就在于原生性创新劳动的劳动价值率高于继发性创新劳动的劳动价值率;在人类的重复劳动形态中,复杂劳动之所以是复杂劳动,简单劳动之所以是简单劳动,就在于复杂劳动的劳动价值率高于简单劳动的劳动价值率。

如果我们的研究再深入一个层面,就会进一步发现,在不同的原生性创新劳动、不同的继发性创新劳动和不同的复杂劳动、不同的简单劳动之间,仍然能够隐约可见一条不可撼动的价值分水岭,那仍然是劳动价值率。

总之,劳动价值率是整个人类劳动中的各种劳动形态和各种劳动形态中的各种劳动形式,以及各种劳动形式中的不同具体劳动之间一座价值天平,它们无一不能在这座天平上找到自己的位置。可见,如果"作为交换价值,商品只能有量的差别"①,那么作为价值生产,劳动只有劳动价值率的不同。

当我们研究了绝对超常价值的生产,又研究了相对超常价值的形成以后,绝对超常价值和相对超常价值在"价值由劳动时间决定的规律"②基础上的辩证关系已经跃然纸上。它们相辅相成、互相渗透,甚至你中有我、我中有你。具体说来,绝对超常价值是相对超常价值的内核与浓缩,相对超常价值则是绝对超常价值的聚变③与释放。如果我们把绝对超常价值的生产和相对超常价值的形成放回到实际经济生活中进行动态分析,就可发现在创新劳动及其超常价值的具体生产过程中,绝对超常价值和相对超常价值之间的所谓"区别似乎完全是幻想的"④。实际上,绝对超常价值是高度浓缩的相对超常价值,相对超常价值则是充分释放的绝对超常价值。这是因为在实际经济生活中,它们是融为一体的,而不是分为双体的。其实,绝对超常价值不过是通过其高劳动价值率把相对超常价值浓缩为创新劳动者发现、发明和创造人类尚未有或部分尚未有新质使用价值所耗费的个别必要劳动时间,而相对超常价值则是通过其低劳动价值率把生产绝对超常价值的个别必要劳动时间释放为社会必要劳动时间。

可见,正是通过劳动价值率这一关键环节,生产绝对超常价值

---

① 马克思:《资本论》第一卷,人民出版社 2004 年第 2 版,第 50 页。
② 马克思:《资本论》第一卷,人民出版社 2004 年第 2 版,第 370 页。
③ 原为轻原子核聚合为重原子核并放出巨大能量的过程,如太阳的热能、光能就是使氘、氚等聚变反应所释放出来的。氢弹爆炸也是使氘、氚等聚合为氦核的聚变反应。在这里比喻绝对超常价值释放为价值量超大的相对超常价值。
④ 马克思:《资本论》第一卷,人民出版社 2004 年版,第 584 页。

的个别必要劳动时间才实现了向形成相对超常价值的社会必要劳动时间的转变,直接创新劳动者在发现、发明和创造人类尚未有或部分尚未有新质使用价值过程中所创造的绝对超常价值才完成了向相对超常价值的释放,并且结束了整个超常价值的生产过程。这时,只有这时,人类尚未有或部分尚未有新质使用价值所具有的价值量超大的超常价值,才能以令人震撼的巨人形象屹立在市场上。

说到底,只有懂得绝对相对的辩证法,把握绝对超常价值通过劳动价值率的转换把其个别必要劳动时间聚变或释放为社会必要劳动时间,才能最后揭开生产绝对超常价值的个别必要劳动时间与创新成果超常价值之间巨大价值差额或价值黑洞的奥秘。

请看:比尔·盖茨创办的微软公司,仅用 20(1978—1998 年)年,在日益健全的现代市场经济和逐渐发展的知识经济条件下,靠创新劳动,特别是知识创新劳动创造的超常价值,使其积累了2000 亿美元资产并使比尔·盖茨本人以 510 亿美元的个人财富获得了美国《福布斯》杂志公布的 1998 年以及后若干年世界十大富豪排行榜首位。剖析当代出现的这一"微软现象",人们就会深刻地感觉到,微软公司的所有职工,包括不断增加的人员,乘上他们 20 年劳动时间所得出的总劳动时间,如果按照这一时期国际社会重复劳动的社会必要劳动时间的劳动价值率计算,与 2000 亿美元资产之间显然存在着一个巨大的价值差额或价值黑洞。同时,在比尔·盖茨本人 20 年的总劳动时间与其 510 亿美元的财富之间,也同样存在着一个巨大的价值差额或价值黑洞。足以填满这种价值差额或价值黑洞的,只有由其创新劳动的绝对个别必要劳动时间通过高劳动价值率聚变而来的社会必要劳动时间所形成的相对超常价值。它,只有它才能在微软公司职工 20 年总劳动时间

与 2000 亿美元资产以及比尔·盖茨本人 20 年总劳动时间与 510
亿美元财富之间,画上业已存在的等号,再现微软公司及其创办者
比尔·盖茨在这 20 年中,进行科技劳动,特别是科技创新劳动及
其超常价值生产的完整过程。

　　劳动价值率不仅是生产绝对超常价值的个别必要劳动时间释
放为数量超大的社会必要劳动时间、绝对超常价值聚变成相对超
常价值,进而得到实现的奥妙所在,而且是当代世界创新型国家和
企业建设的一条重要价值标准。特别是在牙买加体系废除黄金的
货币地位,采用不受价值总量限制的信用货币的条件下,劳动价值
率作为一条重要的价值标准,具有货真价实的标志性作用。

第 三 篇

超常价值的实现

正常价值的实现是一次性的，超常价值的实现则是多次性的。

第八章 超常价值实现的多次性

第一节 超常价值实现多次性的提出

在人类系统的经济活动中，"生产表现为起点。消费表现为终点,分配和交换表现为中间环节"①。如果商品的价值在交换中实现,那么其承担者使用价值则"只是在使用或消费中得到实现"②。人类重复劳动产品的正常价值及其承担者使用价值是这样,创新劳动创造的超常价值及其承担者人类尚未有或部分尚未有新质使用价值也是这样。因此,超常价值及其承担者新质使用价值也只是在交换中被消费者,包括生活消费者和生产消费者购买、使用或消费才得到实现,并且得到完整的实现。

不同的是,人类重复劳动产品正常价值的实现是一次性的,而人类创新成果超常价值的实现则是多次性的。这是因为重复劳动产品的正常价值是以社会必要时间为价值尺度的,能够直接进入市场,为市场承认并被消费者购买,得到直接实现,因而形成了正常价值实现的一次性。然而,人类创新成果的超常价值,则不能直

① 马克思:《〈政治经济学批判〉导言》,《马克思恩格斯全集》第30卷,人民出版社1995年第2版,第30页。

② 马克思:《资本论》第一卷,人民出版社2004年第2版,第49页。

接进入市场,为市场所承认并被消费者购买,得到直接实现。这是由于超常价值的潜在性、创新成果标准化产品批量化、商品化生产者身份的二重性和创新成果的发展性等因素决定的。

关于超常价值的潜在性,首先是由我提出来的。[①] 这一点不仅是研究和理解超常价值生产的一个基本点,而且也是研究和理解超常价值实现的一个基本点。其主要含义是任何超常价值,无论其价值多么巨大,在没有释放出来之前,它都是以创新劳动者发现、发明和创造人类尚未有或部分尚未有新质使用价值所耗费的个别必要劳动时间为价值尺度的,而市场只承认生产和决定重复劳动产品正常价值的社会必要劳动时间。正如马克思说:"在商品的生产上只使用平均必要劳动时间或社会必要劳动时间。"[②]于是,超常价值便形成了正常价值尺度难以直接测量的潜在性状态。因此,创新劳动生产超常价值的个别必要劳动时间只有转换成为社会必要劳动时间,即通过重复劳动对创新成果标准化产品进行批量化、商品化生产,使超常价值由潜在状态释放出来,变为以社会必要劳动时间为价值尺度的"超常价值",即正常价值,才能随其创新成果的标准化、批量化、商品化产品进入市场,并且在交换中被消费者购买,使其价值得到实现。

可见,通过重复劳动对创新成果标准化产品进行批量化、商品化生产,把创新劳动生产超常价值的个别必要劳动时间转换成为重复劳动生产正常价值的社会必要劳动时间,不仅是创新成果超常价值实现的必由之路,而且也是其按照等价交换原则完全实现的必由之路。这是由于创新劳动生产超常价值的个别必要劳动时

[①]　赵培兴:《创新劳动论》,中央文献出版社、黑龙江人民出版社2006年版,第80页。
[②]　马克思:《资本论》第一卷,人民出版社2004年第2版,第52页。

间的劳动价值率高于并大大高于重复劳动生产正常价值的社会必
要劳动时间的劳动价值率,因而生产超常价值的单位个别必要劳
动时间的价值含量远大于生产正常价值的单位社会必要劳动时间
的价值含量。可见,在价值含量的意义上,同样长的生产超常价值
的个别必要劳动时间等于数倍、数十倍、数百倍、数千倍、数万倍,
甚至更多倍的生产正常价值的社会必要时间。因此,不通过重复
劳动对创新成果标准化产品进行批量化、商品化生产,使创新劳动
生产超常价值的个别必要劳动时间转换成为重复劳动生产正常价
值的社会必要劳动时间,就不可能按照等价交换原则,使超常价值
得到完全实现。

　　然而,要实现对创新成果标准化产品的批量化、商品化生产,
其商品生产者就必须完成自己在商品生产和商品交换过程中的身
份转换,即使自己首先成为创新成果标准化产品的生产消费者,也
就是通过知识产权市场向创新劳动者购买创新成果的知识产权或
其标准化产品批量化、商品化生产的许可权并将其生产成为社会
的使用价值。在这里,商品生产者首先以生产消费者的身份并以
其知识产权的市场价格或其标准化产品批量化、商品化生产的许
可权交易价格与创新劳动者进行了公平的交换,从而取得把创新
成果标准化产品批量化、商品化生产成为社会使用价值的权利。
在这个交换中,创新劳动者通过出售创新成果的知识产权或其标
准化产品批量化、商品化生产的许可权,获得了该创新成果超常价
值中自己的部分应得价值,使超常价值得到了"一次实现";而以
创新成果标准化产品的生产消费者身份出现的商品生产者,则以
创新成果知识产权或其标准化产品批量化、商品化生产许可权的
市场价格,购买了创新成果的知识产权或标准化产品的批量化、商
品化生产权并以此为超常价值的"二次实现"和反复实现的"二次

实现"提供了前提条件。

随着原生性创新成果超常价值"一次实现"、"二次实现"和反复实现的"二次实现"的不断延续,这种原生性创新劳动①成果必将不断发展,即通过继发性创新劳动,在原生性创新成果的基础上,不断地发现、发明和创造一代一代的继发性创新成果。这些继发性创新成果又将在其原生性创新成果超常价值"一次实现"、"二次实现"和反复实现的"二次实现"的基础上,追加人类部分尚未有新质使用价值及其超常价值,开始自身的"一次实现"、"二次实现"和反复实现的"二次实现"。任何原生性创新成果都将在不断的继发性创新劳动中,发现、发明和创造一代一代的继发性创新成果,并且开始其一轮一轮人类部分尚未有新质使用价值及其超常价值的"一次实现"、"二次实现"和反复实现的"二次实现"。以此循环往复,又在原生性创新成果的人类完全尚未有新质使用价值及其超常价值多次性实现总过程中,追加了由各代继发性创新成果具有的人类部分尚未有新质使用价值及其超常价值的实现,进而形成了一轮又一轮的"承继实现"。

可以说,任何原生性创新劳动发现、发明和创造的人类完全尚未有新质使用价值,只要是其适用期或生命周期没有结束,即它所面对的人类生存发展进程中新矛盾、新问题、新挑战没有彻底解决,它就会通过一次又一次的继发性创新劳动,发现、发明和创造一代又一代的继发性创新成果,即人类部分尚未有新质使用价值

①　我在《创新劳动论》(中央文献出版社、黑龙江人民出版社 2006 年版,第 47 页)中,曾把人类的创新劳动区分为原生性创新劳动和继发性创新劳动,把创新成果区分为原生性创新成果和继发性创新成果,并且提出原生性创新劳动就是发现、发明和创造人类完全尚未有新质使用价值的劳动,其成果就是原生性创新成果;继发性创新劳动则是发现、发明和创造人类部分尚未有新质使用价值的劳动,其成果就是继发性创新成果。

及其超常价值,并且从头开始其自身的"一次实现"、"二次实现"和反复实现的"二次实现",从而进入了一轮又一轮的"承继实现"。

这样,人类创新成果超常价值在其实现的总过程中,就必然出现与重复劳动产品正常价值实现过程的一次性形成鲜明对照的多次性。可见,创新成果超常价值实现的多次性,是超常价值实现过程中的一条特殊规律,是人类创新成果超常价值实现过程与重复劳动产品正常价值实现过程的一个根本区别,也是创新劳动价值理论的又一条特殊性原理。不认识、不理解、不掌握这条特殊规律和特殊性原理,就不可能深刻研究、科学认识和全面把握超常价值实现的特殊过程。

总之,如果我们研究超常价值的生产过程,必须首先提出和研究创造和生产新质使用价值及其超常价值的劳动时间的个别必要性,那么我们研究超常价值及其承担者新质使用价值的实现过程,则必须首先提出和研究超常价值实现的多次性。

第二节　超常价值多次性实现的发展趋势

在知识产权法制化的商品经济或市场经济条件下,任何创新成果,特别是原生性创新成果的超常价值及其承担者新质使用价值的实现,都要经过"一次实现"、"二次实现"和反复实现的"二次实现"以及"承继实现"和多轮"承继实现"的多次性实现总过程。那么,这种多次性实现总过程的发展趋势是什么呢?

在创新成果,特别是原生性创新成果的超常价值及其承担者人类完全尚未有新质使用价值多次实现的总过程中,有两端:一端是起点或出发点;另一端是终点或落脚点。起点或出发点,就是创新成果,特别是原生性创新成果处于潜在状态的超常价值及其承担者人类完全尚未有新质使用价值;终点或落脚点,则是其处于实现状态的"超常价值"及其承担者人类尚未有新质使用价值。

作为起点的创新成果潜在状态的超常价值及其承担者新质使用价值,具有一定的动态性。它不仅包括原生性创新成果的超常价值及其承担者人类完全尚未有新质使用价值,而且包括各轮继发性创新劳动先后追加的超常价值及其承担者人类部分尚未有新质使用价值。同样,在终点,即创新成果实现状态的"超常价值"及其承担者新质使用价值中,也不仅包括原生性创新成果的超常价值及其承担者人类完全尚未有新质使用价值,而且也包括各轮继发性创新成果追加的超常价值及其承担者人类部分尚未有新质使用价值。

实际上,创新成果,特别是原生性创新成果超常价值及其承担者新质使用价值(由于超常价值的实现就意味着其承担者新质使用价值随之实现,因此一般也可只提超常价值)实现的总过程,就是其潜在状态的超常价值向实现状态的"超常价值"不断运转的过程。其中,潜在状态的超常价值由峰值向零值递减;而实现状态的"超常价值"则由零值向峰值递增。

其中,从原生性创新成果潜在状态的超常价值及其承担者人类完全尚未有新质使用价值实现的视角来看,也只有经过这种"一次实现"、"二次实现"和反复实现的"二次实现"以及"承继实现"和多轮"承继实现",才能由峰值递减到零值,而其实现状态的"超常价值"及其承担者人类完全尚未有新质使用价值,也才能由零值递增到峰值。这时,只有这时,创新成果潜在状态的超常价值的实现总过程方可结束。

当然,在这种创新成果,特别是原生性创新成果超常价值实现的总过程中,潜在状态的超常价值由峰值向零值递减,实现状态的"超常价值"由零值向峰值递增,所走的都不是一条直线,而只能是一条曲线。具体来说,潜在状态的超常价值由峰值递减到零值,是一个价值量绝对地减少、相对地增加的过程。这就是说,潜在状态的超常价值每实现一次或每实现一轮,包括其"一次实现"、"二次实现"和反复实现的"二次实现"以及"承继实现"和多轮"承继实现",都是从其绝对值中减去一部分,因而是一种绝对地减少;同时,每一轮"承继实现"之前,原生性创新成果通过继发性创新劳动又发现、发明和创造出了其继发性创新成果,在原有超常价值及其承担者人类完全尚未有新质使用价值中又追加了新的超常价值及其承担者人类部分尚未有新质使用价值,因而使原生性创新成果的超常价值及其承担者新质使用价值得到了新的增加。但是,由于这部分由各代继发性创新成果追加的潜在状态"超常价值",又都要先后进入各轮"承继实现"过程,因此这只是对于原生性创新成果潜在状态的超常价值的一种相对增加。

反之,对于实现状态的"超常价值"来说,这个原生性创新成果潜在状态的超常价值实现的总过程,则是一个价值量绝对地增加、相对地减少的过程。这就是说,原生性创新成果潜在状态的超常价值每实现一次,包括其"一次实现"、"二次实现"和反复实现的"二次实现"以及"承继实现"和多轮"承继实现",都把从潜在状态的超常价值的绝对值中减少的那一部分加到实现状态的"超常价值"的绝对值中,因而这是一种绝对的增加。同时,在每一次"承继实现"之前,继发性创新劳动发现、发明和创造的继发性创新成果所追加的超常价值,尽管也将分别进入各轮的"承继实现"过程,并且最终加到原生性创新成果实现状态的超常价值的总量中,但由于它们相对地增加了原生性创新成果潜在状态的超常价值并在其实现总过程中的一定时段，相对降低了实现状态的"超常价值"与潜在状态的超常价值之间的比重，因此，对于实现状态的超常价值，这是一种相对减少。

可见，原生性创新成果超常价值多次性实现的总过程，又是一个潜在状态的超常价值绝对地减少、相对地增加与实现状态的"超常价值"绝对地增加、相对地减少的辩证发展过程。

当然，在原生性创新成果超常价值实现的总过程中，潜在状态的超常价值由峰值到零值、实现状态的"超常价值"由零值到峰值的总趋势的实现，是一个长期的历史发展过程。这是由于人类的任何创新劳动成果都有自己相当的生命周期或适应期，只要其生命周期或适应期不结束，它们所具有的超常价值实现的总过程就不会完结。作为创新成果，特别是原生性创新新成果，一般都是在人类生存发展进程中出现决定生产力和整个社会或其各领域发展与进步的新矛盾、新问题、新挑战时，人们为解决、回答和应对这些新矛盾、新问题、新挑战而发现、发明和创造出来的。因此，只要这些新矛盾、新问题、新挑战尚未彻底解决，这些创新成果的生命周期或适应期就不会结束，它们具有的超常价值及其承担者新质使用价值，包括人类完全尚未有或部分尚未有新质使用价值的实现过程，也就必将继续下去。

任何商品都是一个价值与使用价值的对立统一体，任何创新成果也都是其超常价值与其新质使用价值的对立统一体，因此在其实现的过程中，超常价值与其新质使用价值的实现之间是相互依赖、相辅相成的。一方面，超常价值离不开新质使用价值，任何商品的超常价值的实现，都首先要证明自己是新质使用价值，并且要由相应新质使用价值来承担，这是必须的。正因为使用价值是交换价值的承担者，因此"商品在能够作为价值实现以前，必须证明自己是使用价值,因为耗费在商品上的人类劳动,只有耗费在对别人有用的形式上,才能算数。"①在创新成果中,人类尚未有或部分尚未有新质使用价值则是其超常价值的承担者,正是其新质使用价值的超常性决定了其超常价值的超常性。② 超常价值在实现之前,必须证明由于自己的实现,带给消费者的必将是相应的新质使用价值。没有这个前提或这个前提不相应,任何超常价值也都不会得到实现或完全实现。在一定意义上,这是创新成果的超常价值与其新质使用价值实现过程的唯物论。

另一方面,在商品经济或市场经济条件下,新质使用价值也离不开超常价值,任何新质使用价值在实现以前,都必须先作为超常价值来实现。正如马克思所说:"一切商品对它们的占有者是非使用价值,对它们的非占有者是使用价值。因此,商品必须全面转手。这种转手就形成商品交换,而商品交换使商品彼此作为价值发生关系并作为价值来实现。可见,商品在能够作为使用价值实现以前,必须先作为价值来实现。"③这是由于使用价值只是在被消费者购买以后的使用或消费中得到实现,人类尚未有或部分尚未有新质使用价值,也只是在到了使用者或消费者手中并被使用或消费才能够得到实现;否则,即使是再稀缺的新质使用价值,到不了使用者或消费者手中,不能被使用或消费,也得不到实现。因此,新质使用价值只有通过价值交换,到使用者或消费者手里,即先使其超常价值得到实现,才可能使自己得到实现。可见,新质使用价值在能够得到实现之前,又必须先作为超常价值来实现。我们在研究创新成果超常价值的实现时,之所以把其实现过程概括

---

① 马克思:《资本论》第一卷,人民出版社 2004 年第 2 版,第 105 页。

② 赵培兴:《创新劳动论》,中央文献出版社、黑龙江人民出版社 2006 年版,第 86 页。

③ 马克思:《资本论》第一卷,人民出版社 2004 年第 2 版,第 104 页。

为"创新成果超常价值及其承担者新质使用价值多次性实现的总过程",其根据就在这里。在一定意义上,这又是创新成果中新质使用价值与其超常价值实现过程的辩证法。

总之,人类创新成果超常价值的实现和多次性实现过程,就是一个超常价值的实现与其承担者新质使用价值的实现之间相辅相成、和谐互进的唯物辩证发展过程。在这个过程中,潜在状态的超常价值由峰值到零值、实现状态的"超常价值"则由零值到峰值。旧的创新成果完成了使命,又有新的创新成果被发现、发明和创造出来,其潜在状态的超常价值就开始了新的由峰值到零值,其实现状态的"超常价值"则开始了新的由零值到峰值的实现过程;循环往复,以至无穷。这就是人类创新成果超常价值及其承担者新质使用价值创造和实现的必然趋势,这就是生产力和整个人类社会及其各领域发展与进步,特别是超常发展和革命性进步的历史进程。只要人类创新成果超常价值及其承担者新质使用价值创造和实现的这一必然趋势不停止,生产力和整个人类社会及其各领域的发展与进步,特别是超常发展和革命性进步的历史进程,就不会停止。

人类社会发展的历史就是这样走过来的,并且将继续这样走下去。

第九章　超常价值的一次实现

第一节　超常价值一次实现的界定与公式

人类创新成果超常价值的潜在状态,首先决定了其"一次实现"的客观必然性。

任何创新成果的超常价值不由其潜在状态转化为实现状态,释放为正常价值,就不可能进入市场交换,被消费者购买并得到实现。而创新成果的超常价值要变成正常价值,只有经过重复劳动,将其标准化产品生产成批量化商品,即把生产超常价值的个别必要劳动时间转换成为正常价值的社会必要劳动时间。而要将创新成果的标准化产品生产成为批量化商品,商品生产者就要取得其知识产权或对其标准化产品进行批量化、商品化生产的许可权。而在法制化的商品经济或市场经济条件下,商品生产者要做到这一点,就要向创新劳动者购买创新成果的知识产权或其标准化产品的批量化、商品化生产的许可权,从而完成创新成果超常价值多次性实现总过程中的第一次交换或实现。

在这次交换或实现中,商品生产者作为生产消费者付出的是创新成果知识产权或其标准化产品批量化生产许可权的市场价值,而得到的是创新成果的知识产权或其标准化产品的批量化、商品化生产权;创新劳动者付出的是创新成果的知识产权或其他不同形式的批量化、商品化生产的许可权,而得到的则是其创新成果知识产权或标准化产品批量化生产权的市场价值。可见,创新成果超常价值中创新劳动者部分应得价值,已经得到了实现。在这里,重要的问题不在于超常价值实现了多少,而在于得到了一次实现。我把这次具体实现过程界定为人类创新成果超常价值的"一次实现"。因此,创新成果超常价值的"一次实现",就是其创新劳动者部分应得价值的实现。

概括起来,创新成果超常价值"一次实现"是通过两种途径来完成的:一是通过创新成果知识产权的法律化、市场化、价格化,使超常价值中创新劳动者部分应得价值由潜在状态转变为实现状态、由超常价值转变成正常价值,即由其高劳动价值率的个别必要劳动时间转换成为平均劳动价值率的社会必要劳动时间;二是通过市场交换,使创新成果的知识产权或标准化产品批量化、商品化生产的许可权,由创新劳动者手里向作为使用价值的生产消费者,即创新成果标准化产品的批量化、商品化生产者"全面转手",从而使其"彼此作为价值发生关系并作为价值来实现。"①这样,"两种途径"、"一个过程",创新成果超常价值中创新劳动者部分应得价值确已得到了无可争议的实现。

当然,创新成果超常价值"一次实现"的具体形式是多种多样的。有的是对创新成果的专利权等知识产权采取一次性买断的方式,有的是按一定比例对创新成果批量化、商品化产品的利润或市场价格提成的方式,有的是以专利权等知识产权作价入股分红的方式,也有的则是采取几种形式互相结合的方式等等,不一而足。

---

① 马克思:《资本论》第一卷,人民出版社 2004 年第 2 版,第 103 页。

然而,这只是创新成果超常价值"一次实现"的实现形式问题,而绝非超常价值的"一次实现"是否实现的问题。

实际上,创新成果超常价值中的创新劳动者部分应得价值,通过知识产权法律化、市场化、价格化得到实现并构成超常价值的"一次实现",在国际上不仅早已形成了一种惯例,而且也已成为创新成果超常价值实现总过程中一种规律性现象。在我国,随着改革开放的不断深入和市场经济体制机制的逐步健全,特别是自主创新的不断发展和知识产权法制化、市场化、价格化的日益形成,创新成果超常价值的这种"一次实现"现象不仅反复出现,而且取得了有效成果,并且成为推动我国自主创新和创新型国家建设以及整个经济社会发展的一种内在动力。

例如,中国科学院副院长施尔畏在第九届浙江投资贸易洽谈会"开放与发展国际论坛"上所介绍的"龙心"的知识产权运作过程①,就是一个有力的证明。中科院计算机研究所研发设计的增强型处理器芯片,已形成了以专利与商业秘密为形式,涉及设计方法、结构设计、验证、物理设计等的知识产权。该所许可某国外公司在五年内生产和销售其自主研发设计以及与公司合作开发的两款芯片,包括技术许可和商标许可,公司则向该所支付相应的使用费。其中,该公司向该所支付的使用费,就是"龙心"这一创新成果超常价值中创新劳动者部分应得价值的实现。

再如,中科院物理研究所研发的锂离子电池,曾申请了 30 多项中国发明专利、1 项欧洲专利和 1 项美国专利。1999 年,该所以相关知识产权折价 1600 万元人民币作为投资,与 4 家企业出资 3000 万元人民币共建了一家股份有限公司。2003 年,公司形成了

---

① 转引自《经济时报》2007 年 6 月 27 日,第 7 版。

自主研发新材料的配套能力并拥有相当份额的市场占有率,为电动自行车行业领先厂商做产品配套①。

还如,中科院合肥固体物理研究所开展纳米聚酯分体材料直接聚合研发并制造出高分散纳米聚酯颗粒材料后,当无锡太极集团向该所提出解决我国帘子绒生产关键技术的需求时,他们则提出以其研制的高分散纳米颗粒为结晶引发剂的设想,与企业共同研发了单丝性能与可纺性优异的有关材料。2003 年,该所又在国家 863 计划的支持下,将此项目从单一材料合成发展到进行高档轮胎相关设备技术的研发。2005 年,常州兆隆合成材料有限公司投资 8000 万元人民币建设年产 5 万吨复合聚酯生产线。此后,又有多家企业与该所签订了技术转让和开发的长期协议②。

可见,如果"龙心"是通过知识产权"使用费"的形式,使创新成果超常价值中创新劳动者部分应得价值得到实现的;而锂离子电池的知识产权运营过程说明,它是以股份合作的形式使创新成果超常价值得到或部分得到"一次实现"的;那么,在纳米聚酯分体材料直接聚合等技术的超常价值中,创新劳动者部分应得价值,则是采取技术扩张、技术转让和开发协议的形式得到实现的。但是,无论表现形式如何多种多样,无一不生动体现了人类创新成果超常价值"一次实现"的具体过程。

如果我们把人类创新成果特别是原生性创新成果超常价值多次性实现总过程中的"一次实现"概括为一个公式,那么它的各种具体实现过程就会立即变得简捷明快了。在这里,我们设创新成

---

① 转引自《经济时报》2007 年 6 月 27 日,第 7 版。
② 转引自《经济时报》2007 年 6 月 27 日,第 7 版。

果潜在状态的超常价值为 y,实现状态的"超常价值"为 x,设"一次实现"的潜在状态的超常价值,即创新劳动者部分应得的潜在状态的超常价值为 A,"一次实现"后的剩余潜在状态的超常价值为 $y^{(1)}$、"一次实现"的实现状态的"超常价值"为 $x^{(1)}$,设生产超常价值的个别必要劳动时间的劳动价值率为 G。那么,从潜在状态的超常价值的层面来看,其"一次实现"的公式为 $y^{(1)} = y - A$,或 $y = y^{(1)} + A$、$A = y - y^{(1)}$;从实现状态的超常价值的层面来看,其"一次实现"的公式则为 $x^{(1)} = A \times G$。

其中,由于 $x^{(1)}$ 是已经实现的超常价值,而超常价值只有转变为正常价值,即由创新劳动的个别必要劳动时间转换为重复劳动的社会必要劳动时间才能够实现,因而 $x^{(1)}$ 是以社会必要劳动时间为价值尺度的"超常价值",因此由"一次实现"的潜在性超常价值,即以创新劳动的个别必要劳动时间为价值尺度的超常价值乘以其劳动价值率,得到的就是以社会必要劳动时间为价值尺度的正常价值,也就是创新成果超常价值"一次实现"的价值。

从创新成果超常价值多次性实现的总过程来看,在其"一次实现"后,潜在性超常价值 y 在去掉了实现部分 A 的剩余部分 $y^{(1)}$,将在其"二次实现"和反复实现的"二次实现"以及其"承继实现"和多轮"承继实现"的过程中继续实现,直到由峰值到零值;而实现状态的"超常价值",即释放为正常价值的"超常价值"x,将在已实现部分 $x^{(1)}$ 的基础上,通过其"二次实现"和反复实现的"二次实现"以及"承继实现"和多轮"承继实现"继续实现,直到由零值到峰值,最终完成创新成果超常价值多次性实现的总过程,并开始新的创新成果超常价值多次性实现的总过程。

第二节　超常价值一次实现的
主要特征及其作用

在人类创新成果超常价值多次性实现的总过程中,"一次实现"、"二次实现"和"承继实现",各有其特征及其作用。作为创新成果超常价值的"一次实现",也具有其明显的特征和作用。

一、单一性

创新成果超常价值及其承担者新质使用价值在其"一次实现"中,实现的只是超常价值,而不包括其新质使用价值,而且只是超常价值中创新劳动者的部分应得价值,至于新质使用价值既未得到全部实现,也未得到部分实现。

尽管新质使用价值是其超常价值的承担者,并且在超常价值中的创新劳动者部分应得价值实现以前,创新成果的知识产权就已经证明了它是新质使用价值,同时既证明了自己对其标准化产品进行批量化、商品化生产的有用性,又证明了这种标准化、批量化、商品化产品作为一种人类尚未有或部分尚未有新质使用价值,对于解决、回答、应对人类生存发展进程中出现的新矛盾、新问题、新挑战的有用性。但是,由于使用价值,包括新质使用价值只是在使用或消费中得到实现,而拥有货币资本的商品生产者在"一次实现"中,只是完成了对创新成果知识产权的购买,或只是得到了对创新成果标准化产品进行批量化、商品化生产的许可权,尚未进行实际的生产,更未能通过交换使消费者对其购买和使用或消费。因此,无论是创新成果知识产权的有用性或使用价值,还是其批量化、商品化产品的有用性或新质使用价值都尚未得到事实上的实现,而只是为这种实现提供了可能性。可见,虽然商品在能够作为使用价值实现以前,必须先作为价值来实现,但是商品,特别是作为价值的实现,并不等于其使用价值的实现。因此,在创新成果的新质使用价值实现以前,其超常价值中的创新劳动者部分应得价值的实现,也并不等于这种新质使用价值本身的实现。实际上,创新成果超常价值中创新劳动者部分应得价值的实现,也并没有使其新质使用价值得到实现。因此,形成了创新成果超常价值及其承担者新质使用价值实现总过程中"一次实现"的单一性特征。

虽然,创新成果超常价值及其承担者新质使用价值的"一次实现"是单一性的,即只是超常价值中创新劳动者部分应得价值得到了实现,其新质使用价值却没有得到实际上的实现。但是,创新劳动者部分应得价值的实现本身是一个开端性的实现,它标志着创新成果超常价值及其承担者新质使用价值多次性实现的总过程已经进入了其固有轨道。其中,超常价值潜在状态的存量价值已开始从峰值向零值、超常价值实现状态的增量价值也已开始由零值向峰值的多次性实现过程;新质使用价值虽尚未得到实现,但由于创新劳动者应得价值的实现,却使创新成果知识产权或其标准化产品批量化、商品化生产的许可权的使用价值得到了肯定,并且为创新成果新质使用价值的实现提供了可能性。

不仅如此,由创新成果知识产权或其标准化产品批量化、商品化生产许可权市场价格所代表的创新劳动者部分应得价值的实现,使其超常价值及其承担者新质使用价值多次性实现总过程中"一次实现"的作用和意义,远远超出了超常价值及其承担者新质使用价值的实现过程,而一举进入了其创造和生产过程。创新成果财产权在经济上、政治上和思想上对人们所产生的巨大魅力,使创新劳动者部分应得价值的实现成为并发挥了推进人类创新成果超常价值及其承担者新质使用价值创造和生产的一种不竭动力，具有牵一发而动全身的战略意义。对此，美国第 16 届总统林肯（Lincoln, Abraham, 1809—1865 年）说过一句商品经济或市场经济条件下的至理名言：专利制度给智慧之火加上了利益之油。从此，人类的创新之火越烧越旺。

　　在人类创新劳动史上和当代国内外创新实践中，此类经典例证不胜枚举。在这里，我只引用一件我国改革开放中的普通事实，就足以说明创新劳动者部分应得价值的实现，对于激励创新劳动者的积极性和创造力，促进人类创新成果超常价值及其承担者新质使用价值创造和生产的巨大作用和战略意义。一个大男孩彭海涛于 2002 年 9 月从四川大学休学"下海"，招募精英，专心做游戏开发，并且成功制作出 highway 高速全 3D 实时网络游引擎；2003年 9 月，成立锦天科技发展有限公司，并且于 2005 年 5 月，成功研发了中国第一款拥有自主知识产权的 3D 网游《传说 online》，7月，以 2000 万元人民币的价格将《传说 online》的全国总经销权出售给北京晶合时代软件技术有限公司，11 月，《传说 online》成为获得国家文化部批准的"国家动漫游产业振兴基地"首推的第一款本土游戏；2006 年 12 月，他又研发出第二款免费游戏《风云》，并且迅速进入国内最好的 3D 角色扮演类游戏行列；2007 年 7 月，又将锦天科技以 1 亿元人民币卖给盛大网络。就是这样一个看似平常的男孩，五年自主研发的新质使用价值，通过知识产权法律化、价格化和市场交换，使自己作为创新劳动者（或团队）应得的1.2 亿人民币的价值，在其创新成果超常价值及其承担者新质使用价值的"一次实现"中得到了实现。这样，不仅使这一创新成果的超常价值及其承担者新质使用价值就此开始了由"一次实现"到"二次实现"和反复实现的"二次实现"，以至"承继实现"和多轮"承继实现"的总过程,而且也使他自己作为创新劳动者一举成为了新新亿万富翁。无论在人类创新劳动史上,还是在我国改革开放和社会主义现代化建设中,此类典型比比皆是,不一而足。更加重要的是,它使得创新成果财产权作为促进创新成果超常价值及其承担者新质使用价值创造和实现的一种核心动力,对生产力和人类社会及其各领域发展与进步所具有的作用、影响和意义得到了集中而生动的彰显。

二、过渡性

创新成果超常价值及其承担者新质使用价值的"一次实现"不仅具有单一性特征,而且还具有过渡性特征。

这种过渡性,首先表现在创新成果新质使用价值的实现过程中。虽然,在"一次实现"中,创新劳动者部分应得价值的实现并没有使创新成果的新质使用价值得到实际上的实现,也没有使其得到部分实现,但它却为新质使用价值的实现创造了前提条件。在创新成果超常价值及其承担者新质使用价值多次性实现总过程中,"一次实现"的一个重要成果,就是使拥有货币资本的商品生产者获得了创新成果知识产权或对其标准化产品批量化、商品化生产的许可权。尽管在"一次实现"中,商品生产者得到的只是其知识产权或这种许可权,但是这种知识产权或许可权的使用价值也有一个实现问题。只要商品生产者依据这种知识产权或许可权,开始对创新成果标准化产品进行批量化、商品化生产,这种从"一次实现"中获得的知识产权或许可权的使用价值,就已经开始了自身的实现过程;反之,如果商品生产者不能从"一次实现"中获得这种知识产权或许可权(兼创新劳动与其创新成果标准化产品批量化、商品化生产于一身者除外),或虽获得了这种知识产权和许可权,但尚未对创新成果标准化产品进行批量化、商品化生产,那么这种知识产权或许可权的使用价值也就不可能进入自身的实现过程。

然而,创新成果的知识产权或其标准化产品批量化、商品化生产许可权的使用价值能否得到实现,则意味着商品生产者是否已经对创新成果标准化产品进行了批量化、商品化生产。因此,只有拥有货币资本的商品生产者得到了这种知识产权或许可权并使其使用价值得到了实现,即对创新成果标准化产品实际地进行了批量化、商品化生产,才可能使创新成果批量化、商品化产品进入市场交换,被消费者购买和消费或使用,进而使创新成果的新质使用价值得到事实上的实现。

可见,由于创新成果超常价值的"一次实现"使商品生产者获得了创新成果知识产权或对其标准化产品批量化、商品化生产的许可权,才为创新成果批量化、商品化产品的生产和交换以及被消费者购买、消费或使用创造了前提条件,也才为创新成果新质使用价值的实现提供了可能性。这就使"一次实现"对于创新成果新质使用价值的实现过程,具有了过渡性作用。

同时,"一次实现"对于创新成果新质使用价值实现过程的过渡性,又从根本上决定了它对创新成果超常价值扩大实现过程的过渡性作用。这是由于使用价值在实现以前必须先作为价值来实现,新质使用价值在实现以前则必须先作为超常价值来实现。因此,新质使用价值在商品生产者从"一次实现"中获得其知识产权或对标准化产品批量化、商品化生产许可权并把它们实际地生产出来以后,通过消费者消费或使用而得到实现以前,必须先通过市场交换,使消费者购买到手里,才能够使其进入消费或使用过程,得到实际上的实现。此过程可简称为"先买后用",这是商品经济或市场经济条件下一种众所周知的规律性现象。

可见，"一次实现"对于创新成果新质使用价值实现过程的过渡性作用与其对于超常价值扩大实现过程的过渡性作用之间也是相互依赖、相辅相成的。也可以说，"一次实现"对于创新成果超常价值扩大实现的过渡性，是"一次实现"对于创新成果新质使用价值实现的过渡性的题内应有之意。所以，"一次实现"无论对于创新成果新质使用价值的实际实现，还是对于其超常价值的扩大实现，都具有毋庸置疑的过渡性作用。

概括起来，创新成果新质使用价值及其超常价值"一次实现"的这种过渡性特征，既为创新成果新质使用价值的实际实现创造了前提条件，提供了现实可能性，做了必要的准备；又为创新成果超常价值的扩大实现创造了前提条件，提供了现实可能性，做了必要的准备。

总之，创新成果超常价值及其新质使用价值"一次实现"的单一性和过渡性特征，不仅没有降低和削弱它的重要地位和特殊作用，而且使其成为创新成果超常价值及其承担者新质使用价值多次性实现总过程中的开端和关键环节，在创新成果超常价值及其承担者新质使用价值的创造过程与实现和扩大实现过程之间，发挥了承先启后、承上启下的枢纽作用。

由于"一次实现"上述准备性任务的完成，使创新成果超常价值及其承担者新质使用价值多次性实现总过程得以进入其"二次实现"和反复实现的"二次实现"的具体过程，进而也使"一次实现"理所当然地成为了创新成果超常价值扩大实现和其承担者新质使用价值实际实现的必经阶段。

第十章　超常价值的二次实现

第一节　超常价值二次实现的界定与公式

人类创新成果超常价值及其承担者新质使用价值完成了"一次实现"后,开始进入其多次性实现总过程中的"二次实现"和反复实现的"二次实现"。

随着商品生产者对于创新成果知识产权或其标准化产品批量化、商品化生产权的获得,超常的社会需要、市场需求和利益机制使得他们心明眼亮、信心十足,聚精会神、千方百计地投入到创新成果标准化产品的批量化、商品化生产中,并且打广告、开销路,迅速推入市场交换,送到广大消费者,包括生产消费者或生活消费者手中,使其在最短时间内被消费和使用。届时,在"一次实现"中只有创新劳动者部分应得价值得到实现的超常价值迅即得到了扩大实现,而尚未得到实现的新质使用价值也不断地得到实现。我把人类创新成果超常价值及其承担者新质使用价值的这个具体实现过程,界定为"二次实现"。因此,所谓创新成果超常价值及其承担者新质使用价值的"二次实现",就是通过商品生产者对创新成果标准化产品的批量化、商品化生产和市场交换并被广大消费者购买和消费或使用,而使超常价值得到扩大实现、新质使用价值得到实际实现的具体过程。

而且,创新成果超常价值及其承担者新质使用价值"二次实现"的任务远远不是一次"二次实现"所能完成的,只有在反复实现的"二次实现"或"二次实现"的反复实现中才能够完成。因此,对于创新成果超常价值及其承担者新质使用价值"二次实现"的完整界定应为:"二次实现"和反复实现的"二次实现"或"二次实现"的反复实现,也就是一个通过各个不同商品生产者并在不同时空范围,多批反复进行的批量化、商品化生产与市场交换,使其被广大消费者普遍而长期地购买和消费或使用的过程。

对于创新成果超常价值及其承担者新质使用价值的"一次实现"来说,虽然它直接带来的主要是生产消费,但是由于这种实现本身已无须再通过生产领域,而主要是商品生产者用创新劳动者部分应得价值与创新劳动者的知识产权或创新成果标准化产品批量化、商品化生产许可权直接交换,因此"一次实现"的关键在于,创新劳动者的知识产权在其法律化、市场化和价格化体制机制条件下的平等交换。然而,对于创新成果超常价值及其承担者新质使用价值的"二次实现"来说,由于中间必须重新经过生产领域,特别是需要把创新成果标准化产品生产成为批量化、商品化产品,使生产创新成果超高劳动价值率的个别必要劳动时间转换成为重复劳动平均劳动价值率的社会必要劳动时间,也就是把潜在状态的超常价值释放成为实现状态的"超常价值",即正常价值。因此,"二次实现"的关键在于,在市场经济体制机制下,完成由创新劳动发现、发明和创造的人类尚未有或部分尚未有新质使用价值及其超常价值向重复劳动产品及其正常价值的惊险跳跃。为此,我们须回到创新劳动理论,再研究一下人类的创新劳动与重复劳动之间的关系问题。

　　我在研究创新劳动理论时,曾提出:尽管创新劳动和重复劳动①之间具有质的区别,但是作为整个人类劳动中两种不可缺少的劳动类型和人类具体劳动过程中两个必经的发展阶段,它们在商品经济或市场经济条件下不仅都创造或生产使用价值和价值,而且在使用价值和价值的创造或生产过程中各具不可相互替代的地位和作用。如果创新劳动专门发现、发明和创造人类尚未有或部分尚未有新质使用价值及其超常价值,那么只有重复劳动才能把创新劳动发现、发明和创造的新质使用价值及其超常价值生产成为其标准化、批量化、商品化产品及其正常价值,直接满足人们的需要和市场的需求;如果价值只有在交换中被消费者购买才能得到实现的话,那么使用价值只是在使用或消费中得到实现。因此,在整个人类劳动中,既不能没有创新劳动,也不能没有重复劳动;在人类一定新质使用价值和它的批量化、商品化产品及其超常价值和正常价值创造与生产的具体劳动过程中,既不能缺少创新劳动阶段,又不能缺少重复劳动阶段。没有创新劳动,就没有人类尚未有或部分尚未有新质使用价值及其超常价值;没有重复劳动,创新劳动发现、发明和创造的新质使用价值就不会变成能够进入市场交换,直接满足人们普遍使用和消费的标准化、批量化和商品化产品,新质使用价值中潜在状态的超常价值也就不能释放为实现状态的"超常价值",即正常价值,这种新质使用价值及其超常价值也就不能得到实现。所以,人类的创新劳动和重复劳动是相辅相成、缺一不可的。

　　概括起来,在人类创新成果超常价值及其承担者新质使用价

---

① 赵培兴:《创新劳动论》,中央文献出版社、黑龙江人民出版社 2006 年版,第 40—41 页。

值的创造和实现过程中,创新劳动解决的是新质使用价值及其超常价值的自身有无问题,而重复劳动解决的则主要是新质使用价值及其超常价值的实现,特别是其"二次实现"和反复实现的"二次实现",包括各轮"承继实现"中的"二次实现"和反复实现的"二次实现"问题。

随着人类创新成果超常价值及其承担者新质使用价值由"一次实现"进入"二次实现"和反复实现的"二次实现",潜在状态的超常价值在其创新劳动者部分应得价值实现的基础上,继续向零值递减;而实现状态的"超常价值"则在实现的创新劳动者部分应得价值的基础上,继续向峰值递增。

如果我们把人类创新成果超常价值的"二次实现"也概括为一个公式,其具体实现过程也就变得简捷明快了。在这里,我们仍然设创新成果潜在状态的超常价值为 y、实现状态的超常价值为 x、"一次实现"的潜在状态超常价值,即创新劳动者部分应得价值为 A、"一次实现"的实现状态的"超常价值"为 $x^{(1)}$、"一次实现"后剩余潜在状态的超常价值为 $y^{(1)}$、生产超常价值的个别必要劳动时间的劳动价值率为 G,新设"二次实现"的潜在状态超常价值为 B、"二次实现"的实现状态"超常价值"为 $x^{(2)}$,"二次实现"后剩余潜在状态的超常价值为 $y^{(2)}$。那么,从创新成果潜在状态超常价值的层面来看,其"二次实现"的公式为:$y^{(2)} = y - A - B = y^{(1)} - B$,或 $y = y^{(2)} + A + B$、$B = y - y^{(2)} - A$。

但是,由于创新成果超常价值及其承担者新质使用价值"二次实现"的任务是由反复实现的"二次实现"来完成的,因此"二次实现"的潜在状态超常价值 B 是经过反复实现的"二次实现"积累起来的,如果设第一次、第二次、第三次直到第 n 次"二次实现"的实现的潜在状态超常价值分别为 $b^{(1)}$、$b^{(2)}$、$b^{(3)}$、…、$b^{(n)}$,那么即

可得出 $B = b^{(1)} + b^{(2)} + b^{(3)} + \cdots + b^{(n)}$ 的分公式,而"二次实现"的完整公式亦可表示为:$y^{(2)} = y - A - B = y - A - (b^{(1)} + b^{(2)} + b^{(3)} + \cdots + b^{(n)})$,或 $y = y^{(2)} + A + (b^{(1)} + b^{(2)} + b^{(3)} + \cdots + b^{(n)})$。

从实现状态的"超常价值",即转换成为正常价值的"超常价值"的层面来看,其"二次实现"的公式,则为 $x^{(2)} = B \times G$。其中,由于"二次实现"的 $x^{(2)}$ 同"一次实现"的 $x^{(1)}$ 一样,也是实现状态的"超常价值",即由以创新劳动的个别必要劳动时间为价值尺度的超常价值,转换成为以重复劳动的社会必要劳动时间为价值尺度的"超常价值"。因此,由"二次实现"的潜在状态的超常价值,即以创新劳动的个别必要劳动时间为价值尺度的超常价值 B 乘以其劳动价值率 G,得出的就是以社会必要劳动时间为价值尺度的正常价值 $x^{(2)}$,也就是创新成果超常价值"二次实现"的价值。

从创新成果超常价值实现的总过程来看,在其"二次实现"后,潜在状态的超常价值 y 在去掉了"一次实现"A 后剩余的 $y^{(1)}$ 中,又去掉了"二次实现"的 B 之后剩余的 $y^{(2)}$,将在其"承继实现"和多轮"承继实现"中,继续实现,直到由峰值递减到零值为止;而实现状态的"超常价值",即释放为正常价值的"超常价值" x,将在已实现的 $x^{(1)}$ 和 $x^{(2)}$ 的基础上,通过"承继实现"和多轮"承继实现"继续实现,直到由零值递加到峰值为止,最后完成创新成果超常价值及其承担者新质使用价值的完整实现过程并开始新的创新成果,特别是原生性创新成果超常价值及其承担者新质使用价值的多次性实现总过程。

第二节　超常价值二次实现的主要特征及其作用

作为创新成果超常价值及其承担者新质使用价值的"二次实

现",则在"一次实现"的基础上,形成了新的特征:

一、双重性

如果在创新成果超常价值及其承担者新质使用价值"一次实现"中,得到实现的只是超常价值,而且仅仅是其中的创新劳动者部分应得价值;那么在其"二次实现"中,得到实现的则不仅是超常价值,还包括新质使用价值,并且在实现的超常价值中,不只是创新劳动者部分应得价值,而使整个超常价值得到了扩大实现,进而带动了作为其承担者新质使用价值的实际实现,形成了其"二次实现"的双重性特征。

当然,"二次实现"之所以能够使超常价值及其承担者新质使用价值得到共同实现,其前提条件是由"一次实现"提供的。由于"一次实现"使握有货币资本的商品生产者取得了创新成果的知识产权或对其标准化产品进行批量化、商品化生产的许可权,使货币资本得以发挥自己的职能。他们不仅购买了这种知识产权或许可权,而且按照创新成果标准化产品批量化、商品化生产的要求购买了相应的生产资料和劳动力,完成了货币资本循环的第一阶段,即 G—W(G 表示货币,W 表示包括生产资料和劳动力的商品,在这里还包括创新成果标准化、批量化、商品化生产的许可权)的具体过程;接着,就进入了货币资本循环的第二阶段,即进入了 P 所表示的生产过程,也就是通过重复劳动,把创新成果的标准化产品生产为一批又一批的批量化、商品化产品;再接着,或边生产边已开始进入了货币资本循环的第三阶段,将生产出来的批量化、商品化产品送入市场交换过程,使其被广大消费者,包括生产消费者和生活消费者购买,即进入并完成 W′—G′(W′表示扩大的了商品,G′表示扩大了的货币)的具体过程。至此,以货币资本为代表的产业资本循环过程的三个阶段的任务均告完成，即 G—W…P…W′—G′（其中的虚线…表示流通过程的暂时中断）。这一产业资本一次循环的结果，为下一次的 G—W…P…W′—G′循环过程准备了条件，进而使产业资本的循环过程，也就是创新成果新质使用价值与超常价值的生产过程和实现过程，特别是"二次实现"和反复实现的"二次实现"得以不断地进行下去。随着产业资本这三个阶段循环过程周而复始地不断完成，在创新成果标准化产品基础上生产出来的一批又一批批量化、商品化产品，通过市场交换不断地被广大消费者购买和消费或使用，其结果就是创新成果超常价值的扩大实现并带动其承担者新质使用的实际实现以及这种共同实现的反复实现或反复实现的共同实现。这就是在创新成果超常价值及其承担者新质使用价值的多次性实现总过程，特别是"二次实现"和反复实现的"二次实现"中，所体现的以货币资本为代表的产业资本的循环过程，或者说，是在以货币资本为代表的产业资本循环中，所体现的创新成果超常价值及其承担者新质使用价值"二次实现"和反复实现的"二次实现"过程。

如果创新成果超常价值与其承担者新质使用价值之间的相互依赖关系，在"一次实现"中，表现为创新成果的超常有用性和稀缺性用知识产权的形式赋予了创新劳动者以部分应得价值，而创新劳动者部分应得价值的实现，又为其知识产权的使用价值的实现创造了条件；那么，在"二次实现"和反复实现的"二次实现"中，则表现为创新成果标准化产品的超常有用性和稀缺性赋予了其批量化、商品化产品以市场价值，而其批量化、商品化产品市场价值的实现和不断实现，又使其新质使用价值得到了实际实现和不断实现。

实际上，在人类创新成果超常价值及其承担者新质使用价值实现的总过程中，此类事实反复出现，无不如此。例如，早在1939

年,瑞士化学家米勒(Panl Hermann Muller,1899—1965 年)就已经
发明了 DDT(双氯苯基三氯乙烷),而且具有杀虫力,并且于 1942
年对其标准化产品进行了批量化、商品化生产,但正式投入市场
后,其超常价值实现得并不理想。只是到 1943 年,在美国和日本
DDT 作为人类杀虫的新质使用价值得到实现,证明了其杀虫特
效,特别是 1944 年,在意大利南部港口那不勒斯的大面积使用,彻
底消灭了那里的虱子,而虱子又是当时斑疹伤寒的传播者,因而又
有效地制止了斑疹伤寒在意大利南部的传染,从而使 DDT 所具有
的杀虫和防止斑疹伤寒与其他节肢动物传染的疾病的特效,即新
质使用价值得到有效而广泛的实现。正是这种新质使用价值的普
遍实现,有力地推进了 DDT 在更大范围、更长时间,并且更加频繁
地标准化、批量化、商品化生产与交换,进而促使其超常价值得到
了空前的实现,而其超常价值的空前实现又进一步保证了 DDT 这
一创新成果新质使用价值的空前实现。

在创新成果超常价值及其承担者新质使用价值的多次性实现
总过程,特别是"二次实现"和反复实现的"二次实现"中,不仅物
质性创新成果是这样,而且精神性创新成果也是这样。例如,在
《哈里·波特》一书创造的神话中,就已经得到了生动的证明。十
年前,作者罗琳虽已创作出了这部历史与现实、传说与神话相融合
并因而具有精神性新质使用价值的奇书,但最早在英国面世时并
没有被更多读者关注,第一部出版时,只印了 5000 册,其具有的超
常价值远未得到实现。然而,经过十年的出版发行,其具有的魔力
般使用价值得到了反复实现,甚至创造了一个文化产业。特别是
美英两国文化产业巨头们,从中看到了这部"奇书"的精神性使用
价值中潜在的超常价值和巨大商机。于是,他们投入巨资开始包
装、打造《哈里·波特》系列产品。从其印刷、出版、销售、相关产

品的开发、电影拍摄发行,以至于对每一本续集的出版、发行等,利用各种手段制造不同卖点,让广大读者了解、接受和应用其新质使用价值于自己的精神世界。终于,使第七部即最后一部《哈里·波特》达到了空前的高潮。从第一部出版十年后的 7 月 21 日零时开始销售,美国在 24 小时里销售出 830 万册,平均每小时售出 30 万册、每秒钟售出 5000 多册。在美国出版史上,尚没有任何一本书达到如此"疯狂"销售的程度。在英国头两天销量也已达到创纪录的 300 万册,甚至北京各大书店也售出了一万册英文原版书。

这一现象之所以出现,在经济学层面上的一个重要原因,就在于这一精神性创新成果的超常价值与其承担者新质使用价之间,在实现过程中形成了异乎寻常的互动,你推动我、我推进你,达到其超常价值与其承担者精神性新质使用价值的和谐实现。特别是通过这些创造性的故事和情节,使正义、勇敢和智慧的使用价值或精神力有力地震撼了读者,尤其是青少年一代的心灵,荡涤了那些邪恶、怯弱和愚昧的精神污垢。甚至,让读者设身处地地与主人公同命运、共奋斗,既给予人们力量和智慧,又使人们其乐无穷,从而使这一精神创新成果的新质使用价值与其超常价值达到了完美而充分的同步实现。因此,使作者罗琳的应得价值和财富随着《哈里·波特》一集又一集地出版发行,聚变式地增长和扩大,现在已超过英国女王,由一个下岗职工一跃成为目前英国最富有的女人。此类事例,不一而足。

可见,无论是物质性创新成果还是精神性创新成果,其超常价值及其承担者新质使用价值在"二次实现"和反复实现的"二次实现"中的双重性,不仅都是不争的事实,而且无论它们的"二次实现"和反复实现的"二次实现"过程在现象形态上多么偶然,其超常价值与其承担者新质使用价值共同实现的双重性却无一不是必然的结果。

二是反复性

创新成果超常价值及其承担者新质使用价值的"二次实现"，并不是一次"二次实现"所能实现的，而只有反复实现的"二次实现"或"二次实现"的反复实现才能实现。这就是说，在创新成果超常价值及其承担者新质使用价值多次性实现的总过程中，"二次实现"所肩负的历史任务，只有在反复实现的"二次实现"中才能够完成。

从根本上来说，这是由创新成果标准化产品市场空间的超大性决定的。创新成果即人类尚未有或部分尚未有新质使用价值，往往都是为解决、回答和应对人类在生存发展进程中共面的新矛盾、新问题、新挑战而发现、发明和创造出来的，因而规定了其标准化产品独一无二的特殊稀缺性及其市场空间的超大性。只要是创新成果标准化产品所要解决、回答、应对的新矛盾、新问题、新挑战尚未彻底解决，其市场空间也就必然存在。由于人类处在不同的时间范围内，因而这种新矛盾、新问题、新挑战的发生与存在以及人类对其认识和解决的具体进程，无论在空间上还是时间上都必将有所不同。因而这种创新成果标准化产品的市场需求，不仅无一不具有空间上的广泛性，绝不会只在某一地域、某一国家、某一民族产生和存在；而且无一不具有时间上的长期性，绝不会只在某一时期、某一时段、某一时日产生和存在。所以，一定创新成果的标准化产品，或者说创新成果的一定标准化产品所具有的新质使用价值绝不是一地或二三地批量化、商品化产品所能完全实现的，也绝不是一次或二三次批量化、商品化产品所能完全实现的，而只有在"二次实现"的反复实现中才能够实现。同时，对于这种标准化产品的市场需求，当然也远非一个或两个、三个拥有货币资本的商品生产者仅仅通过自己的批量化、商品化生产所能满足的,而只有在对其标准化产品进行社会化的批量生产中才能完成。因此,无论是在宏观上还是在发展上,人类任何创新成果标准化产品所具有的新质使用价值,无一不只有在反复实现的"二次实现"中才能够实现。

在其"二次实现"的过程中,对于创新成果超常价值的承担者新质使用价值是这样,对于超常价值本身当然也只能是这样。这是由价值与使用价值之间的对立统一关系决定的。在"二次实现"和反复实现的"二次实现"中,超常价值与新质使用价值之间同样是相互依赖、相辅相成的。新质使用价值是超常价值的实际承担者,超常价值是新质使用价值的价值体现者。创新成果标准化、批量化、商品化产品在能够作为超常价值实现以前,必须证明自己是新质使用价值;同时,新质使用价值在实现以前,也必须先作为超常价值来实现。可见,二者是捆绑在一起的,"二次实现"和反复实现的"二次实现"岂能把它们分开?!

同时,超常价值在量上的超大性及其释放的长期性,也是由其承担者新质使用价值在质上独一无二的稀缺性及其长期有用性决定的。因为创新成果的使用价值是人类尚未有或部分尚未有新质使用价值,因而其发现、发明和创造的劳动时间是劳动价值率极高的创新劳动者投入的个别必要劳动时间,能够释放为超大量的重复劳动平均劳动价值率的社会必要劳动时间。因此,在其"二次实现"和反复实现的"二次实现"的整个过程中,创新成果的标准化、批量化、商品化产品在作为人类尚未有或部分尚未有新质使用价值实现以前,始终都须首先作为超常价值来实现,因而不仅形成了创新成果超常价值及其承担者新质使用价值"二次实现"和反复实现的"二次实现"过程的这种二重性,而且形成了整个"二次实现"过程中这种二重性实现和整个"二次实现"的反复性。

实际上,只要我们打开人类的创新劳动史,创新成果超常价值及其承担者新质使用价值在"二次实现"过程中的这种二重性实现和整个"二次实现"的反复性早已被反复证明。例如,英国细菌学家弗莱明(Alexander Fjeming,1881—1955 年)于 1928—1929 年发明的"盘尼西林"即青霉素,到 1940 年,经过德裔英国生物学家钱恩(Ernst Boris Chain,1906—1979 年)和英国病理学家弗洛里(Howard Walter Florey,1898—1960 年)的反复实验,成功地分离和提纯了青霉素并研制了生产工艺,于 1944 年建立了生产青霉素的工厂,使其标准化产品经过重复劳动变成了批量化、商品化产品,进入了市场交换,开始被广大细菌感染病消费者购买、消费和使用。直到 21 世纪的今天,它仍被各个国家、各个药品生产商一批又一批地进行着批量化、商品化的生产和交换,不断地满足世界各国细菌感染病患者的需求。试想,青霉素这一人类创新成果自取得专利权并经过超常价值的"一次实现"进入其"二次实现"和反复实现的"二次实现"以来的 70 多年间,究竟在全世界多少国家、多少生产企业、多少次地批量化、商品化生产和交换,其超常价值及其承担者新质使用价值又经过了多少"二次实现"和反复实现的"二次实现"?尽管难以精确计算,但是有一点是可以肯定的,它确实经过了超常价值及其承担者新质使用价值的二重性实现和整个"二次实现"过程的反复实现。

创新成果超常价值及其承担者新质使用价值"二次实现"的反复性,不仅在物质性创新成果中表现得如此充分,而且在精神性创新成果中表现得更加充分。例如,驰名古今中外的《孙子兵法》,作为人类军事领域一部不朽的伟大创新巨著,虽然由于当时历史条件的限制,其新质使用价值的实现具有自己的特殊性,但是它自成书以来,特别是进入商品经济时代后,经过古今中外授、刻、印、译等各种形式、各种版本的批量化生产和传播以及后来的商品交换,被不同时代、不同国家和民族的广大消费者长久不断地购买、消费或使用,至今不仅仍作为世界各国军事院校的教科书,而且被国内外从事各种职业的人们所消费或使用。它具有的新质使用价值及其商品经济出现后形成的超常价值,究竟经过了多少次"二次实现"和反复实现的"二次实现"?这一精确数字将继续被尘封在中外历史上。重要的是,它作为人类的精神性创新成果有力地证明了其超常价值及承担者新质使用价值的实现过程,特别是"二次实现"过程的反复性。这就是说人类的创新成果,包括物质性创新成果和精神性创新成果,包括自然科学的创新成果和社会科学的创新成果,也包括物质与精神、社会科学与自然科学互相渗透的边缘性、交叉性、融合性创新成果,以及文化、艺术领域的创新成果等,在健全的商品经济或市场条件下,它们的超常价值及其承担者新质使用价值"二次实现"过程所肩负的任务,无一不是在反复实现的"二次实现"或"二次实现"的反复实现中完成的。可见,反复性是"二次实现"过程的题内应有之意。

如果创新成果超常价值及其承担者新质使用价值"一次实现"的实际作用,是一个"实现"、两个"准备",即只是创新成果超常价值中创新劳动者部分应得价值得到实现,为超常价值的扩大实现和新质使用价值的实际实现做了准备;那么其"二次实现"和反复实现的"二次实现"的实际作用,则是两个"实现"、一个"准备"。

所谓两个"实现",就是创新成果超常价值及其承担者新质使用价值在其"一次实现"提供必要准备,即使拥有货币资本的商品生产者取得对创新成果标准化产品进行批量化、商品化生产许可权的基础上,按照其标准化产品批量化生产的要求,购买了相应的生产资料和劳动力,实际地对其进行了一批又一批的批量化、商品化生产并使其进入市场交换,被广大消费者购买,因而使其超常价值得到扩大实现;与此同时,这一批一批创新成果的标准化、批量化、商品化产品在作为超常价值实现以后,被广大消费者消费或使用,从而使其新质使用价值进入了实际上的实现过程。可见,创新成果超常价值及其承担者新质使用价值的"二次实现",在其"一次实现"为其做了必要准备的基础上,使超常价值和其承担者新质使用价值得到了二重实现,即超常价值和新质使用价值的"两个实现"。

同时,由于创新成果超常价值及其承担者新质使用价值的"二次实现"是一个反复实现的过程,一旦进入了这个过程,其新质使用价值所具有的特殊稀缺性及其巨大市场需求,就必然形成一种魔力般的机制,使其标准化、批量化、商品化产品一批又一批地反复进行着生产、交换、销售、消费。在这个不断反复的过程中,创新成果超常价值及其实际承担者新质使用价值相继进行着反复的二重性实现,直到其"二次实现"和反复实现的"二次实现"任务的最后完成。

所谓一个"准备",就是对于原生性创新成果,即人类完全尚未有新质使用价值及其超常价值的多次性实现总过程来说,其标准化产品的超常价值及其承担者新质使用价值的"二次实现"和反复实现的"二次实现"任务完成以后,将进入该原生性创新成果第一代继发性创新成果超常价值及其承担者人类部分尚未有新质使用价值的"承续实现"过程;对于继发性创新成果,即人类部分尚未有新质使用价值及其超常价值的实现来说,这个"二次实现"和反复实现的"二次实现"的具体过程,则是其多次性实现过程的完成,并且将进入其原生性创新成果的下一代继发性创新成果超常价值及其承担者人类部分尚未有新质使用价值的"承续实现"过程。由于原生性创新成果标准化产品超常价值及其新质使用价值的"二次实现"和反复实现的"二次实现"的完成，是为其第一代继发性创新成果超常价值及其人类部分尚未有新质使用价值的"承续实现"做准备；而每一代继发性创新成果超常价值及其人类部分尚未有新质使用价值的"二次实现"和反复实现的"二次实现"的完成，又为下一代继发性创新成果超常价值及其人类部分尚未有新质使用价值的"承续实现"做准备。可见，以上都是在为"承续实现"做准备，即"一个准备"。

至此，无论是原生性创新成果标准化产品的超常价值及其承担者人类完全尚未有新质使用价值具体实现过程的结束，还是原生性创新成果一代继发性创新成果追加和创造的超常价值及其承担者人类部分尚未有新质使用价值具体实现过程的结束，都应作为创新成果超常价值及其承担者新质使用价值"二次实现"和反复实现的"二次实现"任务的完成，也都将被具有双重性和反复性特征的"二次实现"和反复实现的"二次实现"，送入创新成果超常价值及其承担者新质使用价值多次性实现总过程的"承续实现"和多轮"承续实现"。

这就是创新成果超常价值及其承担者新质使用价值多次性实现总过程中，"二次实现"和反复实现的"二次实现"的主要特征及其作用。

第十一章　超常价值的承续实现

第一节　超常价值承续实现的界定与公式

随着创新成果,特别是原生性创新成果超常价值及其承担者新质使用价值"一次实现"、"二次实现"和反复实现的"二次实现"的完成,它将进入其"承续实现"和多轮"承续实现"的过程。

在人类生存发展的进程中,由于创新成果,特别是原生性创新成果所面对和解决的新矛盾、新问题、新挑战出现新情况、新变化、新特点,以及其标准化、批量化、商品化产品的超常价值及其承担者新质使用价值具体实现过程日趋结束,人类必将与时俱进、因地制宜,在原生性创新成果的基础上,不断发现、发明和创造出一代一代的继发性创新成果,而继发性创新成果又必将在原生性创新成果超常价值及其承担者人类完全尚未有新质使用价值的基础上,追加和创造新的超常价值及其承担者人类部分尚未有新质使用价值。在这种情况下,原生性创新成果中被继发性创新成果继承的超常价值及其承担者人类完全尚未有新质使用价值和继发性创新成果追加与创造的超常价值及其承担者人类部分尚未有新质使用价值,必将融为一体,开始其新的"一次实现"、"二次实现"和反复实现的"二次实现"的具体过程。我把这个具体过程,界定为创新成果超常价值及其承担者新质使用价值多次性实现总过程中的一轮"承续实现"。

当一轮"承续实现"结束以后,还会产生又一代继发性创新成果追加和创造的超常价值及其承担者人类部分尚未有新质使用价值,并且与其继承的原生性创新成果的超常价值及其承担者人类完全尚未有新质使用价值融为一体,共同进入又一轮"承续实现"的"一次实现"、"二次实现"和反复实现的"二次实现"。以此循环往复,不断"承续实现",直到原生性创新成果所具有的超常价值及其承担者人类完全尚未有新质使用价值被一代一代继发性创新成果全部继承,并且与其不断追加的超常价值及其承担者人类部分尚未有新质使用价值融为一体,完全实现,最终结束原生性创新成果的超常价值及其承担者人类完全尚未有新质使用价值的释放期和适用期,被能够解决、回答、应对人类生存发展进程中继续出现的新矛盾、新问题、新挑战的新原生性创新成果所代替,从头开始其超常价值及其承担者人类完全尚未有新质使用价值多次性实现总过程。我把这种既继承其原生性创新成果超常价值及其承担者人类完全尚未有新质使用价值,又通过一代一代继发性创新成果追加和创造的新超常价值及其承担者人类部分尚未有新质使用价值的一轮一轮不断实现,直至将其实现完结的具体过程,界定为"承续实现"和多轮"承续实现"。

不难看出,在"承续实现"的过程中,不仅包括对继承原生性创新成果的超常价值的实现,而且包括对继承其人类完全尚未有新质使用价值的实现;不仅包括对继发性创新成果追加的超常价值的实现,而且包括对其创造的人类部分尚未有新质使用价值的实现。因此,"承续实现"和多轮"承继实现"既是原生性创新成果原有超常价值及其承担者人类完全尚未有新质使用价值和继发性创新成果追加和创造的超常价值及其承担者人类部分尚未有新质使用价值融为一体地相继实现,同时又是它们各具的超常价值与其承担者新质使用价值相辅相成地二重实现。

当然,有些创新成果,特别是原生性创新成果,在代替它的新原生性创新成果出现以后,也不会立即退出历史舞台,往往形成一个与新的创新成果,特别是新的原生性创新成果的并存期,因而它们所具有的超常价值及其承担者人类完全尚未有新质使用价值也有一个实现的并行期。然而,无论原生性创新成果所具有的超常价值及其承担者人类完全尚未有新质使用价值的释放期和适用期多么长久,终究有其完全实现并被新的原生性创新成果所代替的时候,正如它曾代替其身前的原生性创新成果一样,这是人类创新劳动史上新旧创新成果,特别是新旧原生性创新成果之间的一条不以人们主观意志为转移的发展规律。

可见,在任何原生性创新成果超常价值及其承担者人类完全尚未有新质使用价值多次性实现总过程中,其"承续实现"无一不在完成对于原生性创新成果及其各代继发性创新成果实现状态的"超常价值"及其承担者新质使用价值的不断积累,使其最终达到峰值的同时,完成对于潜在状态的超常价值及其承担者新质使用价值的完全释放,使其达到零值。在创新成果超常价值及其承担者新质使用价值多次性实现的总过程中,这是一个由"一次实现"开始,经过"二次实现"和反复实现的"二次实现",最后由"承续实现"和多轮"承续实现"完成的辩证发展过程。

为了使"承续实现"过程简捷明快,我也将其概括为一个公式。在这里,仍然设创新成果潜在状态的超常价值为 y、实现状态的"超常价值"为 x、"一次实现"的潜在状态的超常价值为 A、"一次实现"的实现状态的"超常价值"为 $x^{(1)}$、"一次实现"后剩余潜在状态的超常价值为 $y^{(1)}$，仍设"二次实现"的潜在状态的超常价值为 B、"二次实现"的实现状态的"超常价值"为 $x^{(2)}$、"二次实现"后剩余潜在状态的超常价值为 $y^{(2)}$，并且增设"承续实现"的潜在状态的超常价值为 C、"承续实现"的实现状态的"超常价值"为 $x^{(3)}$、"承续实现"后剩余潜在状态的超常价值为 $y^{(3)}$。其中，"承续实现"中的潜在状态超常价值 C，在各轮"承续实现"中的潜在状态超常价值分别为 $C^{(1)}$、$C^{(2)}$、$C^{(3)}$、$\cdots$、$C^{(n)}$；而实现状态的"超常价值"为 $x^{(3)}$，在各轮"承续实现"中，分别为 $x^{(3+1)}$、$x^{(3+2)}$、$x^{(3+3)}$、$\cdots$、$x^{(3+n)}$，"承续实现"以后，剩余潜在状态的超常价值 $y^{(3)}$，在各轮"承续实现"中，分别为 $y^{(3+1)}$、$y^{(3+2)}$、$y^{(3+3)}$、$\cdots$、$y^{(3+n)}$。另，仍设生产超常价值的个别必要劳动时间的劳动价值率为 G。

那么，从创新成果潜在状态超常价值递减的层面来看，其"承续实现"的公式为：$y^{(3)} = y - A - B - C = 0$，即"承续实现"和多轮"承续实现"后的潜在状态的超常价值已经递减为零值。其中，在创新成果潜在状态超常价值递减的过程中，一轮"承续实现"的公式为：$y^{(3+1)} = y - A - B - C^{(3+1)}$；二轮"承续实现"的公式为：$y^{(3+2)} = y^{(3+1)} - C^{(3+2)}$；三轮"承续实现"的公式为：$y^{(3+3)} = y^{(3+2)} - C^{(3+3)}$；n 轮"承续实现"的公式则为：$y^{(3+n)} = y^{[3+(n-1)]} - C^{(3+n)}$。

从创新成果实现状态的"超常价值"，即转换成为正常价值的"超常价值"递增的层面来看，其"承续实现"的公式为：$x^3 = C \times G$。由于"承续实现"和多轮"承续实现"的 x^3 同"一次实现"的 x^1 和"二次实现"和反复实现的"二次实现"的 x^2 一样，也是实现状态的"超常价值"，即由以创新劳动的个别必要劳动时间为价值尺度的超常价值转换成为以社会必要劳动时间为价值尺度的"超常价值"。因此，以创新劳动的个别必要劳动时间为价值尺度的超常价值 C 乘以其劳动价值率 G，得出的就是以社会必要劳动时间为价值尺度的正常价值 x^3，也就是创新成果超常价值"承续实现"和多轮"承续实现"的价值。因此，在创新成果实现状态的超常价值递增的过程中，一轮"承续实现"的公式为：$x^{(3+1)} = C^{(1)} \times G$；二轮"承续实现"的公式为：$x^{(3+2)} = C^{(2)} \times G$；三轮"承续实现"的公式为：$x^{(3+3)} = C^{(3)} \times G$；n 轮"承续实现"的公式为：$x^{(3+n)} = C^{(n)} \times G$。

至此，概括创新成果超常价值多次性实现总过程的总公式的条件已经齐备。其中，创新成果潜在状态的超常价值递减过程的公式为：$y - A - B - C = 0$，潜在状态的超常价值 y，已经从峰值递减到零值；创新成果实现状态的"超常价值"递增过程的公式为：$x = x^{(1)} + x^{(2)} + x^{(3)}$，实现状态的"超常价值"x，已经从零值递增到峰值。

如果人们问到，在创新成果超常价值多次性实现总过程中，潜在状态的超常价值，即以创新劳动的个别必要劳动时间为价值尺度的超常价值 y 与实现状态的"超常价值"，即以重复劳动的社会必要劳动时间为价值尺度的"超常价值"x 之间的数量关系，那么我们可以回答：$x = y \times G, y = \dfrac{x}{G}$。

第二节　超常价值承续实现的主要特征及其作用

在创新成果超常价值及其承担者新质使用价值多次性实现总过程中，如果"一次实现"的主要特征是单一性和过渡性，"二次实现"的主要特征是双重性和反复性，那么"承续实现"的主要特征，则是三重性和周期性。

一、三重性

"承续实现"既不同于"一次实现",实现的只是创新成果的超常价值,并且只是其中的创新劳动者部分应得价值;也不同于"二次实现",实现的只是创新成果的超常价值和其承担者新质使用价值;而"承续实现",则不仅使创新成果的超常价值及其承担者新质使用价值得到了实现,而且也使其革命性综合价值得到了实现或基本实现,因而形成了"承续实现"的三重性特征。

由于每一轮的"承续实现",都是一个原生性创新成果被各代继发性创新成果继承的超常价值及其承担者人类完全尚未有新质使用价值与其追加和创造的超常价值及其承担者人类部分尚未有新质使用价值从"一次实现"开始并经过"二次实现"和反复实现的"二次实现"的过程,因此任何创新成果超常价值及其承担者新质使用价值的"承续实现",包括每一轮的"承续实现",无一不是包括创新劳动者部分应得价值在内的超常价值和其承担者新质使用价值相辅相成的共同实现或二重实现,这是创新成果超常价值及其承担者新质使用价值多次性实现总过程中一种必然现象。任何创新成果超常价值及其承担者新质使用价值的"承续实现"和各轮"承续实现",无不如此,概莫能外。可以说,创新成果超常价值及其承担者新质使用价值的二重实现,是其"承续实现"和多轮"承续实现"的题内应有之意。

须研究的是,在创新成果超常价值及其承担者新质使用价值的"承续实现"和多轮"承续实现"中,何以说革命性综合价值也得到了实现或基本实现呢?

所谓革命性综合价值,主要是指人类尚未有或部分尚未有新质使用价值及其超常价值的创造和实现对于生产力和整个人类社会及其各领域的发展与进步,特别是超常发展和革命性进步所形成的革命性作用、影响、意义及其结果。综合价值是一种广义上的价值,虽然它与使用价值和价值密不可分,但是它既不是使用价值本身,也不是价值本身,更不是使用价值和价值的简单相加。同样,革命性综合价值既不是人类尚未有或部分尚未有新质使用价值本身,也不是超常价值本身,更不是新质使用价值和超常价值的简单相加。可见,革命性综合价值,不仅是一种广义上的价值,具有综合性,而且具有鲜明的革命性。

其实,在创新成果超常价值及其承担者新质使用价值多次性实现总过程中,这种革命性综合价值并不是在"承续实现"和多轮"承续实现"中才开始出现的,而是在其"一次实现"、"二次实现"和反复实现的"二次实现"中就已经开始产生了,只不过"一次实现"、"二次实现"和反复实现的"二次实现"中的革命性综合价值,还是在不断积累的过程中,总体上还处于量变状态。但是,它已经在微观,甚至中观上,开始发生着质变。正是这些微观和中观上的质变,最终发展成为宏观上或总体上的质变。也正是由于"一次实现"、"二次实现"和反复实现的"二次实现"中,不断产生的革命性综合价值积累的结果,才最终在创新成果超常价值及其承担者新质使用价值的"承续实现"和多轮"承续实现"的过程中,形成了决定和影响生产力以及整个人类社会及其各领域超常发展和革命性进步的革命性综合价值。

对此,水(H_2O)由量变到质变、由微观质变到中观质变,再到宏观质变的过程足以说明。在实验的过程中,水由量变到质变通常是通过电解的方法进行的。一定量的水通电以后,并不是所有的水分子 H_2O 一下子就全部被分解为氢分子 H_2 和氧分子 O_2 的,而是当通电的过程达到特定电荷作用的程度时,才能把水分子

H_2O 的共价链断裂，使其分解为氢原子和氧原子并使二者分别再结合为氢分子 H_2 和氧分了 O_2。而且，这个过程本身也是由一个一个水分子 H_2O 的分解到一部分一部分水分子 H_2O 的分解，再到这一定量水的全部分子 H_2O 的分解。同时，水分子 H_2O 的化学链断裂后，氢原子和氧原子也是由一个一个氢分子 H_2 和一个一个氧分子 O_2 的合成到一部分一部分氢分子 H_2 和氧分子 O_2 的合成，再到这一定量水中全部氢分子 H_2 和氧分子 O_2 的合成。可见，大体上是一个由微观质变到中观质变，再到宏观质变的转化过程①。

在人类创新劳动史上，这种创新成果超常价值"一次实现"，即其创新劳动者部分应得价值的实现所产生和形成的革命性综合价值，早已被反复出现的事实所证明。对此，人类在认识深化和经验积累的基础上，还专门制定了第一部知识产权成文法，以肯定和保护创新劳动者对于其创新成果的财产权，进而把其超常价值中创新劳动者部分应得价值的实现上升到国家法律的层面。这就是英国于 1623 年制定和颁发的《垄断法规》(*The Statute of Monopolies*)。随后，当时世界各发达国家纷纷制定和颁发了各种知识产权保护的成文法，并且于 1967 年在斯德哥尔摩签订了《建立世界知识产权组织公约》，使世界逐步进入了一个创新成果财产权，即

---

①　恩格斯在《反杜林论》(《马克思恩格斯选集》第 3 卷，人民出版社 1995 年第 2 版，第 468 页)中，曾提出："在量变的一定点上骤然发生质变"，并且以水的聚集状态变化的例子加以阐述："水在标准气压下，在 0℃时从液态转变为固态，在 100℃时从液态转变为气态，可见，在这两个转折点上，仅仅是温度的单纯的量变就可以引起水的状态的质变。"请注意：恩格斯在这里指的"质变"仅仅是"水的状态的质变"，充其量也只是其物理性质的变化，而绝非水的化学性质的质变，因此这不是水的根本性质的变化，只有把水分子 H_2O 的化学链断裂后，使其由氢原子和氧原子分别化合为氢分子 H_2 和氧分子 O_2 等，才是水 H_2O 的化学性质的变化或在本质意义上的质变。由此可见，在事物的所谓"单纯的量变"，即能够引起质变的量变过程中，一定会伴有一定的质变，即微观、中观质变，才可能在最终发生宏观或总体质变。

创新劳动者部分应得价值实现的法律时代。不难看出,创新劳动者部分应得价值的实现已经远远超出了这种价值实现本身的"价值"。这种超出创新劳动者部分应得价值实现的"价值",就是创新成果超常价值及其承担者新质使用价值的创造和实现,特别是国家专门成文法律保护下的"一次实现"所产生的革命性综合价值。国家法律和国际公约对创新劳动者应得价值实现的保护与激励本身,也正是对于这种革命性综合价值的具体体现和有力证明。

在人类创新劳动史和近现代国内外创新劳动实践中,对于创新成果,特别是劳动资料的创新成果的超常价值及其承担者新质使用价值"二次实现"或反复实现的"二次实现"所产生和形成的革命性综合价值,也已做出了反复证明。例如,电的发现及其一系列创新成果,特别是由电磁感应所引起的发电机和电动机的发明及其标准化、批量化、商品化生产与应用,为近现代工农业生产和交通、通讯业以及整个社会生产力的发展提供了新的动力,为人类的生活和进步以及整个文明带来了新的福祉并为人类生存的地球创造了新的光明,在人类历史上开创了电力时代。恩格斯早在19世纪下半叶就天才地预言:"蒸汽机教我们把热变成机械运动,而电的利用将为我们开辟一条道路,使**一切**形式的能——热、机械运动、电、磁、光——互相转化,并在工业中加以利用⋯⋯生产力将因此得到大发展。"[①]早已反复验证并远远超出这一天才预言的近现代生产力和整个人类文明的日益发展充分说明,关于电的一系列创新产品的反复生产、交换和应用对生产力和人类社会的发展与进步,特别是超常发展和革命性进步所产生的推动作用、影响、意

---

① 恩格斯:《恩格斯致爱德华·伯恩斯坦》(1883年2月27—3月1日于伦敦),《马克思恩格斯文集》,人民出版社2009年版,第499—500页。

义及其结果,即人类这种创新成果超常价值及其承担者新质使用价值反复生产和实现所形成的革命性综合价值,已如铁的事实铸造在人类近现代史上。虽然,它未曾像蒸汽机那样创造资本主义社会形态,但是它却极大地推动了资本主义社会形态和整个人类社会的发展。

由此可见,在"承续实现"的过程中,不仅使其超常价值及其承担者新质使用价值得到了双重实现,而且也使这种"双重实现"和反复实现的"双重实现"所产生的革命性综合价值得到了实现,进而形成了"承续实现"过程的三重性特征。

二、周期性

作为创新成果超常价值及其承担者新质使用价值多次性实现总过程中"承续实现"的又一特征,周期性不仅是由原生性创新成果超常价值及其承担者人类完全尚未有新质使用价值释放期和适用期的长久性决定的,而且也是由其继发性创新成果的多代性决定的。这种多代性说明,"承续实现"绝非是一二轮即可完成的。而且,原生性创新成果每一代继发性创新成果超常价值及其承担者人类部分尚未有新质使用价值进入其"承续实现"过程以后,它所形成的各轮"承续实现"都要经过一个"一次实现"、"二次实现"和反复实现的"二次实现"的具体过程。周而复始,循环往复,进而形成了"承续实现"的周期性特征。可见,任何原生性创新成果超常价值及其承担者新质使用价值的"承续实现"过程,都并非一轮的"承续实现",而是多轮的"承续实现",因而形成了周期性的"承续实现"或"承继实现"的周期性。这一周期性过程,直到一定原生性创新成果的超常价值及其承担者人类完全尚未有新质使用价值和其各代继发性创新成果所追加和创造的超常价值及其承担者人类部分尚未有新质使用价值的完全实现,以及这种完全实现所形成的革命性综合价值的完全实现或基本实现。届时,必将有能够代替它的新的原生性创新成果产生并开始其超常价值及其承担者人类完全尚未有新质使用价值多次性实现的总过程。

所以,在人类原生性创新成果超常价值及其承担者新质使用价值多次性实现总过程中,"承续实现"过程的周期性同其三重性一样,不仅是一个不争的事实,而且是一种规律性现象。

在创新成果超常价值及其承担者新质使用价值多次性实现总过程中,其"一次实现"不仅形不成实现过程的周期性,而且也形不成实现过程的反复性。至于其"二次实现"和反复实现的"二次实现",只是表现出了实现过程的反复性,也尚未形成实现过程的周期性。这是因为在"二次实现"和反复实现的"二次实现"中,反复出现的只是其实现过程的单一特征或现象,而不是多种或一系列特征或现象的反复出现,特别是其反复的过程未能形成相对稳定的周期,因而尚未构成周期性。因此,在创新成果,特别是原生性创新成果超常价值及其承担者新质使用价值多次性实现总过程中,只有"承续实现"和多轮"承续实现",才具有并表现出了周期性特征。

"承续实现"过程的这种三重性和周期性特征,赋予它在创新成果,特别是原生性创新成果超常价值及其承担者人类完全尚未有新质使用价值多次性实现总过程中,以终结性地位和完成性作用。具体说来,如果"一次实现"作为创新成果,特别是原生性创新成果超常价值及其承担者人类完全尚未有新质使用价值多次性实现总过程的开端,实现的只是超常价值,并且只是其中创新劳动者部分应得价值;"二次实现"和反复实现的"二次实现",虽已是二重性实现,但完成的却只是原生性创新成果中某一种标准化、批量化、商品化产品中的超常价值及其承担者人类完全尚未有新质使用价值和某一代继发性创新成果追加和创造的超常价值及其承担者人类部分尚未有新质使用价值的实现;而"承续实现"和多轮"承续实现",则不仅实现并完成了原生性创新成果的标准化、批量化、商品化产品中的超常价值及其承担者人类完全尚未有新质使用价值和其每一代继发性创新成果的超常价值及其承担者人类部分尚未有新质使用价值的实现,而且全部完成了原生性创新成果的超常价值及其承担者人类完全尚未有新质使用价值和其各代继发性创新成果所追加和创造的超常价值及其承担者人类部分尚未有新质使用价值的实现,使其潜在状态的超常价值及其承担者新质使用价值完成了由峰值到零值、实现状态的超常价值及其承担者新质使用价值完成了由零值到峰值的转化,最终结束了一定原生性创新成果中超常价值及其承担者人类完全尚未有新质使用价值和各代继发性创新成果中超常价值及其承担者人类部分尚未有新质使用价值多次性实现的总过程。

更加重要的是,由于"承续实现"和多轮"承续实现",在完成原生性创新成果标准化、批量化、商品化产品超常价值及其承担者新质使用价值和其每一代继发性创新成果追加和创造的超常价值及其承担者新质使用价值全部实现的过程中,同时也就在其"一次实现"、"二次实现"和反复实现的"二次实现"从微观、中观上形成和积累的革命性综合价值的基础上,进一步形成并实现了宏观和总体上的革命性综合价值,推动和促进了生产力和整个人类社会及其各领域的超常发展和革命性进步。可见,"承续实现"和多轮"承续实现"的作用,已经远远超出了它最终完成原生性创新成果超常价值及其承担者人类完全尚未有新质使用价值和其各代继发性创新成果超常价值及其承担者人类部分尚未有新质使用价值的实现本身,而进入并升华为形成与实现革命性综合价值的过程和层面。

　　须特别提出的是,无论是"二次实现"在其反复实现的"二次实现"的过程中,通过原生性创新成果标准化、批量化、商品化产品超常价值及其承担者人类尚未有新质使用价值和某一代继发性创新成果追加和创造的超常价值及其承担者人类部分尚未有新质使用价值的实现,而在微观、中观上形成并实现了革命性综合价值,还是"承续实现"在其多轮"承续实现"的过程中,通过完成原生性创新成果超常价值及其承担者人类尚未有新质使用价值和每一代继发性创新成果追加和创造的超常价值及其承担者人类部分尚未有新质使用价值,而在宏观上形成并实现了革命性综合价值,都体现出一种对于创新成果超常价值及其承担者新质使用价值在一定时空范围内进行集中实现的方式,从而揭示了集中发生的量变才足以引起或微观或中观或宏观质变的规律性现象。

　　马克思为深刻揭示协作作为一种"资本主义生产方式的基本形式"[1],创造了一种集体生产力,曾运用这一量变与质变关系的辩证法进行过精辟而生动阐述:"一个骑兵连的进攻力量或一个步兵团的抵抗力量,与每个骑兵分散展开的进攻力量的总和或每个步兵分散展开的抵抗力量的总和有本质的区别,同样,单个劳动者的力量的机械总和,与许多人手同时共同完成同一不可分割的操作(例如举起重物、转绞车、清除道路上的障碍物等)所发挥的社会力量有本质的差别。在这里,结合劳动的效果要么是单个人劳动根本不可能达到的,要么只能在长得多的时间内,或者只能在

---

　　①　马克思:《资本论》第一卷,人民出版社 2004 年第 2 版,第 389 页。

很小的规模上达到。这里的问题不仅是通过协作提高了个人生产力,而且是创造了一种生产力,这种生产力本身必然是集体力。"[1]在这里,马克思揭示了一个集中量变才足以在特定时空范围内引起质变的规律。无论是骑兵连集中进攻时骑兵的数量与每个骑兵分散进攻加起来的数量,还是步兵团集中抵抗时步兵的数量与单个步兵分散抵抗加起来的数量,都是相同的,然而这种数量上的相同并没有改变它们在本质上的区别。决定性的问题在于是否集中,集中的量变才能引起质变,非集中的量变则不能在一定时空范围内引起质变。这正如水在标准压力下,加热到摄氏一百度时变成气态,但如果每一次加热不到一百度时就停止,然后再加热不到一百度时停止,周而复始,则不能使水在指定时空范围变成气态,引起水的状态的质变。这足以证明,集中量变是实现质变的关键所在,进而揭示出一种规律性现象,即创新成果超常价值及其承担者新质使用价值的反复性"二次实现"和周期性"承续实现"必然形成革命性综合价值。这就是超常价值及其承担者新质使用价值多次性实现形成革命性综合价值定律。这是创新劳动价值论中一条重要定律。不懂得这条定律,就不懂得创新劳动价值论的革命意义、实践意义和社会意义。

虽然,不同的创新成果,包括原生性创新成果和继发性创新成果,其革命性综合价值适应、形成和实现的时空范围将由于其新质使用价值及其超常价值适应、形成和实现的时空范围不同而不同。然而,创新成果超常价值及其承担者新质使用价值多次性实现形成革命性综合价值定律,却是普遍适用的。特别是关于劳动资料层面的原生性创新成果的超常价值与新质使用价值及其各代继发

---

① 马克思:《资本论》第一卷,人民出版社 2004 年第 2 版,第 378 页。

性创新成果的超常价值与新质使用价值,它们的"承续实现"和多轮"承续实现",必将形成推动生产力和整个人类社会及其各领域超常发展和革命性进步的革命性综合价值。这正如马克思所说:"各种经济时代的区别,不在于生产什么,而在于怎样生产,用什么劳动资料生产。(5)劳动资料不仅是人类劳动力发展的测量器,而且是劳动借以进行的社会关系的指示器。"①马克思这一科学论断,贯穿了逻辑与历史的辩证统一,又得到了逻辑与历史的统一证明,特别是人类各种社会形态之间的交替,早已把其真理性铸就在人类社会发展史上。

对此,蒸汽机作为人类创新劳动史上一项巨大原生性创新成果,就是一个经典例证。其革命性综合价值的形成与实现,不是1690年法国巴本研制出活塞式蒸汽机时,不是1698年英国塞维利研制出无活塞式蒸汽机时,不是1705年英国纽可门研制出用于抽水的蒸汽机时,也不是1765年至1787年瓦特刚刚研制出双动旋转式蒸汽机时,而是在瓦特现代式蒸汽机的标准化、批量化、商品化产品和其一代一代继发性创新产品广泛应用并装备和形成了机器大工业生产体系,创造出了资本主义上升期的巨大生产力时。甚至,直到19世纪中叶,以蒸汽机为核心的机器大工业生产体系才创造出比过去一切世代创造的全部生产力还要多,还要大的生产力和整个资本主义社会形态,最终形成和实现了蒸汽机这一人类创新史上巨大原生性创新成果的革命性综合价值。

在这个过程中,由于人类第一部知识产权成文法《垄断法规》已于1623年由英国制定和颁发,因而使蒸汽机这一人类原生性创新成果的超常价值及其承担者人类完全尚未有新质使用价值,以

---

① 马克思:《资本论》第一卷,人民出版社2004年第2版,第210页。

及其一代一代继发性创新成果追加和创造的超常价值及其承担者人类部分尚未有新质使用价值的"一次实现"、"二次实现"和反复实现的"二次实现"以及"承续实现"和多轮"承续实现",大体上都是在知识产权国家成文法的保护下完成的。因此,其革命性综合价值无论是在"一次实现"、"二次实现"和反复"二次实现"中的量变积累和微观、中观形成与实现,还是在"承续实现"和多轮"承续实现"中的宏观形成与实现,也都得到了知识产权法的普照。所以,使得蒸汽机具有的超常价值及其承担者人类完全尚未有新质使用价值和其各代继发性创新成果追加和创造的超常价值及其承担者人类部分尚未有新质使用价值,在其多次性实现的总过程中,形成与实现的革命综合价值空前巨大。

更加重要的是,"承续实现"和多轮"承续实现",在人类创新成果,特别是原生性创新成果超常价值及其承担者人类完全尚未有新质使用价值多次性实现总过程中的极端重要性,也因此而得到了全面、深刻、完整的诠释。

总之,价值是通过交换实现的,超常价值则是通过多次性交换实现的。超常价值实现的多次性,是其不同于正常价值实现的一条特殊规律,也是创新劳动价值论不同于劳动价值论的一条特殊原理。不懂得这条原理,就不能掌握创新成果超常价值的实现过程,也就不能完整地掌握创新劳动价值论。

第 四 篇

超常价值的量度

对正常价值必须进行精确量度，对超常价值则必须进行模糊量度。

第十二章　超常价值的模糊量度

第一节　超常价值量度的模糊理念

创造和生产人类尚未有或部分尚未有新质使用价值及其超常价值的劳动时间的个别必要性和超长性以及其实现的多次性，从根本上决定了超常价值量度的模糊性。

由于当时的历史条件和主要任务，马克思研究的主要是实际上的人类重复劳动及其正常价值，而且侧重于重复劳动中的简单劳动。因此，他把量度价值的尺度确定为平均必要劳动时间或社会必要劳动时间，明确说："平均必要劳动时间"，或生产使用价值的社会必要劳动时间，决定该使用价值的价值量。"①可以说，无论是资产阶级古典政治经济学的劳动价值理论，还是马克思主义劳动价值论，尽管二者之间具有本质区别，但他们主要都是在研究实际上的人类重复劳动及其正常价值基础上形成的价值理论。因此，即使是马克思主义劳动价值论中关于量度价值的尺度也只能直接适用于重复劳动创造的正常价值，而无法直接量度人类创新劳动创造的以个别必要劳动时间为价值尺度的超常价值。原因已

---

① 马克思：《资本论》第一卷，人民出版社 2004 年第 2 版，第 52 页。

如前述,创新劳动生产超常价值的个别必要劳动时间的劳动价值率要高于并大大高于重复劳动生产正常价值的社会必要劳动时间的劳动价值率。因此,只有把生产超常价值的个别必要劳动时间转换成为生产正常价值的社会必要劳动时间,即把绝对超常价值聚变成相对超常价值或把超常价值释放为正常价值,才能用社会必要劳动时间这把价值尺度直接量度。可见,我们要完成对超常价值的量度,必须根据其特殊复杂性,研究并提出新的理念、新的路径、新的方法。

根据特殊对象的复杂性和模糊原理的核心思想,我们可以通过对复杂对象的模糊量度,对其作出确定性的评估。所谓模糊量度的核心思想和基本程序及其总体框架,就是把复杂对象分解为总体上的确定性和具体上的不确定性的对立统一并在总体上界定其模糊空间,包容其具体上的不确定性,从而在总体上得出一个确定性的量度。例如,在一定情况下,人们对某人的外在形象可能做出的"大个、中个、小个"和"胖、不胖不瘦、瘦"以及"老年、中年、青年"等模糊性界定。这对于确认、找到或追捕其人,要比精确地测量出其身高、体重和年龄等,更为便捷。这恰恰是由于把这个人放在了一个总体上确定和具体上不确定的模糊空间,虽未对他的身高、体重、年龄做出精确测定,但却一一地对其做出了确定性的判断,完成了模糊性量度。

同样,任何创新成果的超常价值,无论是在其生产过程中还是在其实现过程中,也都是一个总体上的确定性与具体上的不确定性的对立统一体。尽管,任何创新成果,即人类尚未有或部分尚未有新质使用价值一经产生,其在发现、发明和创造过程中创新劳动者投入的个别必要劳动时间,即超常价值的总量在客观上就是确定的。这种总体上的确定性,不仅直接表现在其个别必要劳动时间的总量上,而且表现在其个别必要劳动时间的劳动价值率,即单位个别必要劳动时间的价值含量上。这种总体上的确定性,是建立在具体的不确定性的基础上的。这与重复劳动和正常价值的生产过程是根本不同的。一般说来,在重复劳动和正常价值的生产过程中,产品的价值量无论是在总体上还是在具体上都是确定的或基本确定的,而且在其生产前,从投入到产出、从成本到效益、从使用价值到价值、从价值到价格等,都能够按照在市场需求基础上制订的计划和预算进行,即使出现未略情况,也能够根据市场变化自觉或不自觉、主动或被动地进行调整。

然而,在创新劳动和超常价值的生产过程中,这种确定性是难以实现的。不仅在创新成果及其超常价值的具体创造和生产过程中,难以实现重复劳动和正常价值生产过程中那种确定性,而且在总体上人类尚未有或部分尚未有新质使用价值及其超常价值究竟能不能创造和生产出来、需要多少劳动时间才能够创造和生产出来等,都是难以确定或难以完全确定的。直到作为创新成果的人类尚未有或部分尚未有新质使用价值被最终发现、发明和创造出来以后,其超常价值才能够在总体上进入确定性状态。在此以前,整个创新成果及其超常价值的具体创造和生产过程都只能在不确定性状态中运行。

在创新成果及其超常价值创造和生产的具体过程中,造成这种不确定性的因素是多层面的:一是由于不同领域、不同性质、不同类型的创新成果的劳动创新率、创新劳动难度、创新劳动时间等不同,因而必将或从所需个别必要劳动时间的长短,或从劳动价值率的高低等两个层面上造成其超常价值的不确定性;二是由于创新劳动过程所处的时空范围不同,即使是同类,甚至是同一创新目标其创新劳动的环境、氛围、条件也会有所不同(此类情形往往发生在继发性创新劳动中），这也将造成其创造和生产的个别必要劳动时间的不确定性；三是由于创新主体的不同，即使是面对同类创新目标并在大体同样的时空范围及其创新环境、氛围、条件下，不同创新主体仍将造成其创新和生产的个别必要劳动时间的不确定性。

创新成果超常价值不仅在生产过程中，是一个总体上的确定性和具体上的不确定性的对立统一体，而且在其实现过程中也是一个总体上的确定性和具体上的不确定性的对立统一体。对于重复劳动产品的正常价值来说，由于是以社会必要劳动时间这一确定的价值尺度来量度，因而不仅其生产量具有确定性，而且其实现量也具有确定性。这种实现量的确定性的根据，不仅在其实现以前就已形成，而且在其产出以前也可形成。这是由于重复劳动产品及其正常价值的量不仅是根据市场需求进入商品交换和销售过程的，而且也是根据市场需求进入生产过程的，并且可根据市场需求的不断变化而不断调整。可见，重复劳动产品及其正常价值的实现量的确定性不仅在其实现前已经形成，而且在其产出前也已形成。这既决定了对于重复劳动产品正常价值进行精确性量度的可能性，也决定了按其产出和实现的顺序，从具体的生产和实现过程开始到总体的生产和实现过程为止的正向量变的可能性。

反之，创新成果超常价值实现总量的确定性，不仅难以在产出以前形成，而且也难以在其多次性实现总过程结束以前形成。可以说，只要是其多次性实现总过程不完结，任何创新成果超常价值实现总量的确定性都不可能最后形成。这就是说，创新成果超常价值实现总量的确定性或确定性的实现总量，正是在其多次性实现总过程中各种不确定性的具体实现过程中逐步形成的。

在创新成果超常价值多次性实现总过程中，造成各种具体实现过程不确定性的因素也是多层面的。其中,包括多次性实现过程本身带来的不确定性,从其"一次实现"到"二次实现",再到"承续实现",特别是反复实现的"二次实现"和多轮"承续实现",这些具体实现过程无一不具有相当的不确定性。这些具体实现过程的不确定性,主要来源于当时当地对创新成果标准化、批量化、商品化产品市场需求的不确定性,而这种市场需求的不确定性又来源于该创新成果所应对的新矛盾、新问题、新挑战发展的不确定性以及人类对其应对、解决、回答状况的不确定性。例如,不同时空范围的人们,为了应对、解决、回答人类所面对的新矛盾、新问题、新挑战,究竟需要多少批创新成果的标准化、批量化、商品化产品?在其"二次实现"过程中,需要多少次反复实现的"二次实现"? 又如,一定原生性创新成果要完全解决人类面对的某种新矛盾、新问题、新挑战,需要多少代继发性创新成果、多少轮"承续实现"? 在每轮继发性创新成果超常价值"承续实现"的"二次实现"过程中,又需要反复多少次"二次实现"? 等等,不一而足。

同时,还包括创新成果超常价值多次性实现总过程中,由新的具体生产过程带来的不确定性。这是因为创新成果超常价值多次性实现总过程本身就是一个超常价值的具体实现过程和具体生产过程的对立统一体,二者互相依赖、互相交叉,你中有我、我中有你。特别是在原生性创新成果,即人类完全尚未有新质使用价值及其超常价值多次性实现总过程中,往往需要不断的继发性创新劳动创造和生产一代又一代新的继发性创新成果,即人类部分尚未有新质使用价值,而这一代又一代继发性创新成果及其超常价值的具体创造和生产过程,又必将由于其创新目标、创新条件和创新主体的不同,而给原生性创新成果超常价值多次性实现总过程中出现的具体生产过程带来新的不确定性,进而不断增加这一实现总过程中各轮"承续实现"过程的不确定性。

可见,不仅创新成果超常价值具体生产过程的不确定性是一个不争的事实,而且创新成果超常价值多次性实现总过程中各种具体实现过程的不确定性,也是一个不争的事实。创新成果超常价值不仅在其生产过程中是总体上的确定性与具体上的不确定性的对立统一,而且在其实现过程中也是总体上的确定性与具体上的不确定性的对立统一。

实际上,创新成果超常价值总量的确定性或确定性的总量,对于生产过程来说,是其在总体上完成以后的确定性,对于实现过程来说,则是在其总体上实现以后的确定性;而其具体上的不确定性,对于生产过程来说,是生产过程进行中的不确定性,对于实现过程来说,则既是实现过程进行中的不确定性,又是其生产过程进行中的不确定性。可以说,任何创新成果超常价值无不如此,概莫能外。这不仅为我们对创新成果超常价值进行模糊量度提供了客观必然性,而且也提供了现实可能性。

根据模糊理念的核心思想和创新成果超常价值的这种特殊复杂性,我们必须首先把超常价值在总体上的确定性作为基本出发点,对其进行总量量度,即把创新成果超常价值的价值总量作为完成量度的目标。同时,我们还必须充分考虑到创新成果超常价值,在整个生产过程和多次性实现总过程最后完成以前的各种具体生产过程和各个具体实现过程的不确定性,把量度的路径确定为逆向量度,进而形成一个以创新成果超常价值的价值总量为目标、遵循逆向路径并适应创新成果超常价值特殊复杂性的模糊量度框架,对其进行模糊量度。

超常价值量度的模糊理念,无疑具有模糊性,但这种模糊性又无疑具有科学性。

马克思认为，一种科学只有当它成功地应用了数学的时候，才能达到完善的地步，数学表达应当视为科学发展进程中一种科学化趋势。值得关注的是，许多近现代科学，特别是那些以复杂事物为研究对象的科学领域日益向传统数学尚少问津的模糊领域发展。模糊数学恰逢这一趋势，呈现出强劲发展势头。模糊理念的科学性，已越来越为科学实践和现实生活中复杂事物成功地模糊量度所证明。甚至在一些可精确量度和表达的领域，也开辟了模糊量度的空间。

创新成果超常价值模糊量度的科学性，主要表现为实现或满足了科学量度所要求的结果的客观性、数量的确定性和过程的完整性。首先，任何创新成果，即人类尚未有或部分尚未有新质使用价值一经被发现、发明和创造出来，其超常价值的产出总量就已经变成为一种客观现实，只不过它是以创新劳动的个别必要劳动时间为价值尺度而已；而当这种潜在状态的超常价值一旦完全实现，即转换成为以社会必要劳动时间为价值尺度的实现状态的"超常价值"，并且完成交换过程以后，其实现总量也就变成为一种客观现实。因此，我们按照模糊理念，把这种价值总量作为量度目标并实事求是地把它量度出来，也就满足了科学量度对其结果的客观性要求。这正如上述，我们在量度一个人的身高、体重、年龄时，把它量度为"高个、中个、小个"、"胖、不胖不瘦、瘦"、"老年、中年、青年"中的任何一个级次上，只要他确实属于这个级次所涵盖的模糊空间，无论其身高、体重、年龄是高一些还是低一些，是重一些还是轻一些，是长一些还是小一些，都应视为实现了对其量度结果的客观性。

同时，任何创新成果，即人类尚未有或部分尚未有新质使用价值一经被发现、发明和创造出来，其超常价值的产出总量也就已经变成为一种以创新成果个别必要劳动时间为价值尺度的确定的价值量。而当这种潜在状态的超常价值经其多次性实现总过程完全实现以后,这种确定的潜在性价值总量,也就变成为以社会必要劳动时间为价值尺度的确定的实现总量,从而满足了科学量度对数量的确定性要求。

此外,无论是创新成果超常价值的这种确定性的产出总量还是实现总量,都是在其生产过程中各种具体的不确定性因素的作用下和其实现总过程中各个具体的不确定性实现过程的基础上形成的,因而它们都已吸纳和包容了各种具体生产过程和实现过程中的不确定性。可见,这种价值总量作为创新成果超常价值模糊量度的实现目标,既体现了超常价值在总体层面上的确定性,又体现了它在具体层面上的不确定性,进而使创新成果超常价值的模糊性量度,不仅满足了科学量度要求的客观性和确定性的条件,而且满足了其对量度过程要求的完整性条件。

总之,创新成果超常价值模糊量度的客观性、确定性和完整性共同架构了其科学性。因此,按照模糊理念对创新成果超常价值进行的模糊量度,无疑是一种科学性的量度。

第二节   超常价值模糊量度的公式

根据模糊量度的科学理念和创新成果超常价值的特殊复杂性,我们对超常价值必须进行逆向总量量度。

由于创新成果超常价值的产出总量和实现总量都只有在其具体生产过程和多次性实现总过程结束以后,才能够确定,而且超常价值的科学量度不仅要在产出总量确定,而且还须在实现总量确定以后,才能够进行。这就从根本上规定了超常价值总量量度的逆向路径。

　　具体来说,就是采取逆运算的方法,也就是在一个设定的等式中,进行反向运算,从等式的得数中求出原式中某一数值的代数运算方法。按照这种逆运算程序,我们在量度超常价值的代数式中,设置了三项必要量,即"三个价值总量":一是创新成果,包括原生性创新成果和继发性创新成果所具有的超常价值的价值总量,我们将其设为 A;二是创新成果在多次性实现总过程中所形成的各种价值的价值总量,也就是一定创新成果从创新劳动中产生到最终被淘汰的生存期,即生命周期中,通过重复劳动过程释放、生产、转移和实现的全部标准化、批量化、商品化产品的正常价值的价值总量,我们将其设为 B;三是超常价值在由潜在状态向实现状态、由超常价值向正常价值释放的总过程中,所有重复劳动者及其生产资料追加和转移的正常价值的价值总量,也就是在一定创新成果所有标准化、批量化、商品化生产,包括运输、仓储、维修、信息等各项生产性服务中,各种重复劳动和相关生产资料追加和转移的正常价值的价值总量,我们将其设为 C。那么,这个超常价值的价值总量量度的等式就为:$B = A + C$,而从这个等式的得数 B 中,求解超常价值的价值总量 A 的逆运算代数式,则为 $A = B - C$。

　　须说明的是,由于这种代数式中的 B 项和 C 项都是正常价值,即以社会必要劳动时间为价值尺度的价值总量,因而 B 项与 C 项之间的差,即 A 项也必然是正常价值。因此,我们得出的答案,就是创新成果已转变为以社会必要劳动时间为价值尺度的"超常价值",即正常价值的价值总量。

　　这个等式的 A 项,作为我们量度的目标和结果,之所以既包括原生性创新成果的超常价值,又包括继发性创新成果的超常价值,是因为任何原生性创新成果,即人类完全尚未有新质使用价值产生以后,都必将随着它所面对并须解决的新矛盾、新问题、新挑战的不断发展变化,与时俱进、因地制宜,由一系列继发性创新成果,即人类部分尚未有新质使用价值对其进行补充、丰富和发展,才能不断地解决其发展变化着的新矛盾、新问题、新挑战,因而也就在原生性创新成果超常价值及其承担者人类完全尚未有新质使用价值的基础上,不断地追加和创造出了一系列超常价值及其承担者人类部分尚未有新质使用价值。因此,我们在研究和量度创新成果超常价值的价值总量时,必须把这种情况考虑进去。

这样,就带来了一个新问题,即怎样从这种原生性创新成果和继发性创新成果混含的价值总量中,把其各自的价值总量分离开来,从而分别量度出原生性创新成果即人类完全尚未有新质使用价值和各代继发性创新成果即人类部分尚未有新质使用价值具有的超常价值。为此,我们必须对 A 项,即原生性创新成果超常价值实现总过程中的价值总量进行分解。实际上,这个 A 项本来就是由原生性创新成果具有的超常价值的价值总量和继发性创新成果追加的超常价值的价值总量共同构成的,因而我们可以设原生性创新成果超常价值的价值量为 a,分别设一系列继发性创新成果的超常价值的价值量为 $a^{(1)}$、$a^{(2)}$、$a^{(3)}$、$\cdots$、$a^{(n)}$,那么 $A = a + a^{(1)} + a^{(2)} + a^{(3)} + \cdots + a^{(n)}$。

同样,对于这个等式的 C 项,即创新成果超常价值在由潜在状态向实现状态转变过程中,所有重复劳动者及其生产资料追加和转移的正常价值的价值总量,我们也可以进行相应的分解,分别设原生性创新成果的标准化、批量化、商品化生产和服务过程中所有重复劳动者和相关生产资料追加和转移的正常价值的价值总量和一系列继发性创新成果的超常价值在由潜在状态向实现状态转变过程中,所有重复劳动者和相关生产资料向其标准化、批量化、商品化产品追加和转移的正常价值的价值总量分别为 c、$c^{(1)}$、$c^{(2)}$、$c^{(3)}$、$\cdots$、$c^{(n)}$,那么,$C = c + c^{(1)} + c^{(2)} + c^{(3)} + \cdots + c^{(n)}$。

　　对于这个等式的 B 项,即在创新成果从产生到淘汰的整个生命周期中,通过重复劳动释放、生产、转移和实现的所有标准化、批量化和商品化产品的正常价值的价值总量,其中包括原生性创新成果所具有的超常价值最后实现的价值总量和其一系列继发性创新成果所追加的超常价值最后实现的价值总量,也包括原生创新成果和其一系列继发性创新成果标准化、批量化、商品化产品的各种生产和服务过程中,所有重复劳动及其生产资料追加和转移的价值总量。由于 B 项就是 A 项和 C 项的和,因此对于它我们同样也可以进行分解。如果原生性创新成果超常价值的实现总量及其在标准化、批量化和商品化产品的各种生产和服务、销售过程中重复劳动及其生产资料追加和转移的正常价值的价值总量的和设为 b,把一系列继发性创新成果追加的超常价值的实现总量与其在标准化、批量化、商品化产品的各种生产、服务、销售过程中,由所有重复劳动及其生产资料追加和转移的正常价值的价值量的和分别设为 $b^{(1)}$、$b^{(2)}$、$b^{(3)}$、$\cdots$、$b^{(n)}$,那么就可得出:$B = b + b^{(1)} + b^{(2)} + b^{(3)} + \cdots + b^{(n)}$。

　　至此,$B = A + C$ 这个等式,就可以分解为:$b + b^{(1)} + b^{(2)} + b^{(3)} + \cdots + b^{(n)} = (a + a^{(1)} + a^{(2)} + a^{(3)} + \cdots + a^{(n)}) + (c + c^{(1)} + c^{(2)} + c^{(3)} + \cdots + c^{(n)})$。而从这个等式中,求出 A 项数值的逆运算的代数式 $A = B - C$,则可分解为:$a + a^{(1)} + a^{(2)} + a^{(3)} + \cdots + a^{(n)} = (b + b^{(1)} + b^{(2)} + b^{(3)} + \cdots + b^{(n)}) - (c + c^{(1)} + c^{(2)} + c^{(3)} + \cdots + c^{(n)})$,或 $A = B - C = (b + b^{(1)} + b^{(2)} + b^{(3)} + \cdots + b^{(n)}) - (c + c^{(1)} + c^{(2)} + c^{(3)} + \cdots + c^{(n)})$。

　　由此,我们可以从上述逆运算的等式中,分别通过具体的逆运

算等式求出 a、$a^{(1)}$、$a^{(2)}$、$a^{(3)}$、$\cdots$、$a^{(n)}$ 的数值：$a = b - c$、$a^{(1)} = b^{(1)} - c^{(1)}$、$a^{(2)} = b^{(2)} - c^{(2)}$、$a^{(3)} = b^{(3)} - c^{(3)}$、$a^{(n)} = b^{(n)} - c^{(n)}$。这样，我们就可以分别得到原生性创新成果本身所具有的超常价值的价值总量和其第一代、第二代、第三代和第 n 代继发性创新成果所追加的超常价值的价值总量。

当量度超常价值的公式设计出来以后，须进一步研究的就是这个公式的可行性问题。而决定这个公式是否可行的关键在于，作为求解 A 项，即创新成果超常价值的价值总量的前提条件 B 项和 C 项，也就是创新成果超常价值在多次性实现总过程中所形成并实现的各种价值的价值总量和创新成果超常价值转变为正常价值及其实现总过程中所有重复劳动及其生产资料追加和转移的正常价值的价值总量，究竟能否在总体上确定并测算出来，如果能够将其确定并测算出来，此代数式就成立，A 项就可以求出，这个公式也就可行；反之，如果 B、C 两项或其中一项不能确定并测算出来，则此代数式就不成立，A 项也就不能求出，这个公式当然也就不可行。

就 B 项来说，即创新成果超常价值在多次性实现总过程中所形成并实现的各种价值的价值总量，也就是该原生性创新成果和其各代继发性创新成果从创新劳动中产生到被淘汰的整个生命周期中，通过重复劳动释放、生产、转移和实现的所有标准化、批量化、商品化产品的价值总量。由于其中的原生性创新成果和其各代继发性创新成果的超常价值已经通过重复劳动转化成为正常价值，而其中重复劳动及其生产资料追加和转移的本来就是正常价值。因此，它不仅在理论上是可统计的，而且在实践上也是可做到的。

就 C 项来说，即创新成果超常价值在转化为正常价值并最终完全实现的整个过程中,所有重复劳动及其生产资料追加和转移的正常价值的价值总量。由于这个总量本来就属于正常价值范畴,因而在理论上更是可统计的,在实践上也更是可做到的。

同时,由于 B 项总量中,原生性创新成果和其各代继发性创新成果的超常价值,不仅已经在各种不确定性因素的基础上最终形成了确定性的产出总量,而且也已在其多次性实现总过程中各个不确定性具体实现过程的基础上,形成了确定性的实现总量。至于其中含有的 C 项总量本来就属于重复劳动和正常价值范畴,因而不仅可统计性是本来具有的,而且其确定性也是本来具有的。

可见,在量度创新成果超常价值总量的公式,即 A = B - C 的代数式中,B 项和 C 项都既具有确定性,又具有可统计性。因此,由确定并可统计的 B 项减去确定并可统计的 C 项,二者之差当然也不能不成为一个可量度的确定性数值。在这里,对于创新劳动价值论来说,重要的是量度创新成果超常价值的这一公式的可行性,获得了可靠的根据。

按照 A = B - C 这个代数式,假设 B 项为 1000 亿元人民币,而 C 项为 700 亿元人民币,那么 A 项,即创新成果,包括原生性创新成果和其各代继发性成果的超常价值则为:A = B - C = 1000 亿元 - 700 亿元 = 300 亿元人民币。

如果我们要量度原生性创新成果本身具有的超常价值的价值总量 a, 根据上述 A = B - C 这个总公式中第一个分公式,即 a = b - c 这个代数式,假设 b 项为 150 亿元人民币,c 项为 100 亿元人民币,那么 a 项,即原生性创新成果本身具有的超常价值的价值总量则为:a = b - c = 150 亿元 - 100 亿元 = 50 亿元人民币。

如果我们要量度其第一代继发性创新成果追加的超常价值的价值总量 $a^{(1)}$,根据上述总公式中第二个分公式,即 $a^{(1)} = b^{(1)} - $

$c^{(1)}$这个代数式,假设$b^{(1)}$为 120 亿元人民币,$c^{(1)}$为 80 亿元人民币,那么第一代继发性创新成果超常价值的价值总量$a^{(1)}$,则为$a^{(1)} = b^{(1)} - c^{(1)} = 120$亿元 $- 80$亿元 $= 40$亿元人民币。

如果我们要量度其第二代继发性创新成果追加的超常价值的价值总量$a^{(2)}$,根据上述 A = B - C 这个总公式中第三个分公式,即$a^{(2)} = b^{(2)} - c^{(2)}$这个代数式,假设$b^{(2)}$为 110 亿元人民币,$c^{(2)}$为 75 亿元人民币,那么第二代继发性创新成果追加的超常价值的价值总量$a^{(2)}$,则为$a^{(2)} = b^{(2)} - c^{(2)} = 110$亿元 $- 75$亿元 $= 35$亿元人民币。

如果我们要量度其第三代继发性创新成果超常价值的价值总量$a^{(3)}$,根据上述 A = B - C 这个总公式中第四个分公式,即$a^{(3)} = b^{(3)} - c^{(3)}$这个代数式,假设$b^{(3)}$为 100 亿元人民币,$c^{(3)}$为 70 亿元人民币,那么,第三代继发性创新成果超常价值的价值总量$a^{(3)}$,则为$a^{(3)} = b^{(3)} - c^{(3)} = 100$亿元 $- 70$亿元 $= 30$亿元人民币。

以此类推,不一而足。

根据模糊理念和创新成果超常价值的特殊复杂性所研究和提出的量度公式,足以完成对于任何物质性创新成果,包括原生性创新成果和继发性创新成果超常价值价值总量的确定性量度。因此,这个量度创新成果超常价值价值总量的公式,在理论上是站得住脚、在实践上是行得通的,其科学性和可行性都是确定无疑的。

当然,这种量度创新成果超常价值的模糊理念和具体公式,主要是根据量度人类创新劳动中物质性创新成果超常价值的价值量提出来的,难以量度精神性和精神与物质互相渗透的融合性创新成果超常价值的价值总量。况且,人类精神性和物质与精神互相渗透的融合性创新成果的超常价值,具有更加复杂的特殊性,因而应当研究和提出更加别具特殊性的量度理念、量度路径和量度方法。

　　由此可见,我们对人类创新成果超常价值的量度和整个创新劳动价值论的研究,充其量也只是迈出了第一步,更多课题还在等待着我们。这正如在人类现在认识的物质世界里,光的速度最快,然而无论光的速度多么快,黑暗却总是在其前面静静地等候着它。速度最快的光的任务尚且如此,况我们乎! 这需要我们更加广泛、深入并更加多维地继续向创新劳动价值论前进。

第十三章 超常价值率

第一节 超常价值率的内涵与计算

超常价值量度的模糊理念和公式,研究的是创新成果超常价值的总量,只是回答超常价值是多少的问题,而不能说明它同一定复合型创新劳动过程,乃至一个国家或一个企业所创造的总价值量的比率。要回答这个问题,我们还必须进一步提出和研究超常价值率的问题。超常价值率也是一种量度,它量度的是超常价值的贡献率。

所谓超常价值率,就是小到一个复合型创新劳动过程、中到一个企业、大到一个国家发现、发明和创造的人类尚未有或部分尚未有新质使用价值的超常价值,同其所创造的总价值量的比率。因此,同超常价值一样,超常价值率不是在研究重复劳动及其正常价值基础上形成的,而是我在研究创新劳动价值论的过程中提出来的又一个新概念。

就一定复合型创新劳动过程,我在其创新成果超常价值模糊量度的公式中,设置了 A、B、C 三个必要数值:A 是创新成果超常价值的价值总量;B 是创新成果超常价值多次性实现总过程中所释放、形成和转移的所有价值的价值总量;C 是在创新成果超常价值转化为正常价值并最终实现的总过程中,所有重复劳动及其生产资料追加和转移的正常价值的价值总量。而且,在这三个价值总量中,B 总量和 C 总量都是可确定并可统计的,而 A 总量在 B 总量和 C 总量确定并统计出来以后,根据超常价值的量度公式,即 A = B − C 这一代数式,也是能够确定并计算出来的。可见,计算超常价值率的要件是充分的。

在这里,我们将 A,即创新成果超常价值的价值总量除以 B,即该创新成果超常价值在其多次性实现总过程中所释放、形成和转移的所有价值的价值总量,也就是 A/B 或 A ÷ B。这二者之间的比值,或前项除以后项所得的商,就是超常价值率。这也就是一个复合型创新劳动过程发现、发明和创造的新质使用价值的超常价值同该过程所创造的价值总量的比率,即该过程的超常价值率。

当然,我们在计算超常价值率时,绝不能用以个别必要劳动时间为价值尺度的创新成果超常价值的价值总量 A,直接与超常价值多次性实现总过程中所释放、形成和转移的以社会必要劳动时间为价值尺度的所有价值的正常价值总量 B 相比,而必须用把个别必要劳动时间换算成为以社会必要劳动时间为价值尺度的 A,即已通过重复劳动释放或转变为正常价值并已完全实现的创新成果"超常价值"的价值总量与其 B 总量相比。只有这样,才能形成科学的超常价值率。这是因为生产和决定超常价值的个别必要劳动时间的劳动价值率与生产和决定正常价值的社会必要劳动时间的劳动价值率,即二者的单位必要劳动时间的价值含量不同,创新劳动的个别必要劳动时间的劳动价值率要高于并大大高于重复劳动的社会必要劳动时间的劳动价值率。可见,以创新劳动创造超常价值的个别必要劳动时间为价值尺度的 A 与以重复劳动生产正常价值的社会必要劳动时间为价值尺度的 B 之间,难以形成可比性,也难以形成科学的超常价值率。

同时,我们在计算超常价值率时,也绝不能以创新成果超常价值的价值总量 A,无论是以创新劳动的个别必要劳动时间为价值尺度的 A,还是已换算成为以重复劳动的社会必要劳动时间为价值尺度的 A 与 C,即创新成果超常价值转化为正常价值并最终实现过程中,所有重复劳动及其生产资料追加和转移的正常价值的价值总量相比。这也就是说,超常价值率绝不能等于 A/C 或 A÷C 所得比率或商值。如果马克思在阐述剩余价值率时,把其公式科学地确定为 m/v,即剩余价值率由剩余价值同可变资本的比率来决定,指出把剩余价值率的公式认定为 m/v+c,是由于把剩余价值率错误地确定为由剩余价值同包括不变资本与可变资本在内的整个资本 C,即 c+v 的比率来决定,因而降低了剩余价值率和资本主义剥削率;那么我们在研究超常价值率时,不把其确定为 A/B,而确定为 A/C,则是由于把超常价值率错误地确定为由创新成果超常价值的价值总量同其在转化为正常价值,并且最终实现过程中所有重复劳动及其生产资料追加和转移的价值总量的比率来决定,因而则是提高了超常价值率和超常价值的贡献率。比较剩余价值率的错误数学表达 m/v+c 和超常价值率的错误数学表达 A/C,前者是由于扩大了比率式的分母而缩小了其比值,降低了剩余价值率;后者则是由于缩小了比率式的分母,而扩大了比值,提高了超常价值率。

十分清楚,剩余价值率的正确比率式 m/v 与其错误比率式 m/v+c 之间,分子没有变化,不同的是分母由 v,即可变资本变为 v+c,即包括可变资本与不变资本在内的整个资本,因而比值缩小,达到了降低剩余价值率,掩盖资本主义剥削程度的政治目的。显然,这是不可取的。而超常价值率的正确比率式 A/B 与其错误比率式 A/C 之间,分子并没有变化,在于分母的变化。不同的是它不是扩大分母,而是缩小了分母,使其分母由 B 变成了 C,而 B = A + C,显然 B 大于 C,因而是由于把分母由 B 变成了小于 B 的 C 而使分母缩小,使比率提高,进而出现了提高超常价值率,扩大超常价值贡献率的社会效果。显然,这也是不可取的。

在这里,两个分母不同的实质是,在 m、v、c,即剩余价值、可变资本、不变资本中,c 既不创造价值,也不增殖价值。因此,对于剩余价值没有直接意义,不应进入剩余价值率的分母中;而在 A、B、C,即超常价值总量、所有价值总量和重复劳动及其生产资料追加和转移的正常价值总量,对于决定一个复合型创新劳动过程乃至一个国家、一个企业创造和形成的总价值量都是有意义的。因此,必须以 B 为超常价值率的分母,而不能单以 C 为超常价值率的分母。

当然,计算一个国家或一个企业的超常价值率的比率式,要比计算一个复合型创新劳动过程的超常价值率的比率式复杂得多。不仅其比率式的分子、分母都要分别加上全国或整个企业其他复合型创新劳动过程超常价值率的分子、分母(由于单一创新劳动过程的超常价值率为百分之百,因而只加其分子),还要把全国或整个企业所有重复劳动创造的正常价值加到其总分母中。

须说明的是,我对于创新成果超常价值率的计算,同关于创新成果超常价值模糊量度的理念和方法一样,也主要是根据计算物质性创新成果超常价值率的特点和需要提出来的,因而只适用于对物质性创新成果超常价值率的计算,而难以适用于对精神性创新成果和精神与物质相互渗透的融合性创新成果超常价值率的计算。因此,对于精神性创新成果和精神与物质相互渗透的融合性创新成果超常价值率的计算,必须从其更加复杂的特殊性出发,进行更深入的研究,进而提出适合于精神性和物质与精神互相渗透的融合性创新成果超常价值率的计算方法,以适应人类知识经济,特别是包括科学技术文化在内的知识创新的发展需要。

我在研究创新劳动理论时,曾把新质使用价值作为一个核心概念和整个创新劳动理论的逻辑起点,把能否发现、发明和创造人类尚未有或部分尚未有新质使用价值界定为人类创新劳动与重复劳动的一个根本区别,并且把劳动创新率作为创新劳动理论中的一个量化概念和逻辑延伸,把劳动创新率的高低确定为原生性创新劳动与继发性创新劳动在使用价值意义上的一个标志性界限。当研究工作深入到创新劳动价值理论时,我则把超常价值作为创新劳动价值理论的一个核心概念和逻辑起点,把能否创造超常价值界定为人类创新劳动与重复劳动的一个根本区别,并且把劳动价值率作为创新劳动价值理论的一个量化概念和逻辑延伸,把劳动价值率的高低确定为创新劳动与重复劳动和创新劳动中的原生性创新劳动与继发性创新劳动、重复劳动中的复杂劳动与简单劳动之间的一个标志性界限。

现在,当研究工作进一步深入到创新成果超常价值的价值定位时,我则把超常价值率作为创新劳动价值论的又一个量化概念和逻辑延伸提了出来,并且把超常价值率的高低确定为衡量创新成果超常价值的价值总量在大到一个国家、中到一个企业、小到一个复合型创新劳动过程,在一定时间内所创造的总价值量中贡献率的尺度。

由于超常价值无论是在一个产品、一个产业,还是在一个国家,乃至整个世界的价值链条中,都处于顶级位置。因此,超常价值率不仅是一个复合型创新劳动过程发展的重要标准,也不仅是一个产业或企业发展的重要标准,而且是一个国家,特别是一个创新型国家或以创新型国家为目标模式国家的生产力和国民经济发展的重要标准。对于我国来说,不断提高超常价值率,则是实践科学发展观,坚持创新发展道路,建设创新型国家,变中国制造为中国创造的决定因素和关键环节,也是其根本途径。

由于在商品经济或市场经济条件下,超常价值率的高低能够标志超常价值及其承担者人类尚未有或部分尚未有新质使用价值创造、应用、实现得多少和革命性综合价值形成的大小。因此,超常价值率应作为人类生产力和整个社会发展与进步,特别是超常发展和革命性进步的一个根本标准,切实提到创新劳动价值论这一人类创新发展理论的议程上,并且应作为世界创新型国家建设的重要标准,列入其标准体系中,以使其在世界创新型国家建设和我国建设创新型国家以及整个国民经济发展,特别是超常发展中发挥应有作用。

可以说,在牙买加体系废除黄金的货币地位,采用不受价值总量限制的信用货币的条件下,超常价值率作为建设当代创新型国家的又一条价值标准,不仅具有货真价实的标志作用,而且比科技对经济发展贡献率、对外科技依存度和科技研发费用占国民生产总值的比例等现行世界创新型国家建设标准,能够更加确切、直接、钢性地反映科技创新本身对经济发展的贡献。

第二节 超常价值率提高的规律

超常价值率的极端重要性,要求我们从规律的层面,研究其怎样提高的问题。

根据我对人类创新劳动史,特别是近现代国内外创新劳动实践的考察,发现超常价值率首先与劳动创新率成正比。劳动创新率越高,其超常价值率就越高;反之,劳动创新率越低,其超常价值率则越低。这是因为超常价值率,就是创新劳动发现、发明和创造的新质使用价值具有的超常价值同一个国家、一个企业、一个复合型创新劳动过程所创造的总价值量的比率。而劳动创新率,则是创新劳动创造的新质使用价值同一个复合型创新劳动过程,乃至一个国家、一个企业所创造或生产的使用价值或社会财富的比率。由于超常价值只是人类尚未有或部分尚未有新质使用价值才具有的一种价值,因此劳动创新率的高低直接决定着超常价值率的高低。可见,超常价值率与劳动创新率成正比,这一关系是成立的。

同时,超常价值率不仅与劳动创新率成正比,而且还与其劳动价值率,即单位必要劳动时间的价值含量成正比。创新劳动的劳动价值率越高,其超常价值率就越高;反之,创新劳动的劳动价值率越低,其超常价值率则越低。

劳动价值率,是一个适用于市场经济条件下各种人类劳动的普遍性概念。这就是说各种人类劳动形态及其内部不同具体劳动形式的劳动价值率,即其单位必要劳动时间的价值含量都是不同的。劳动价值率的普遍适用性,首先集中表现在人类的创新劳动形态与重复劳动形态之间。这是由于任何创新劳动的单位个别必要劳动时间所创造的价值量都大于并远远大于重复劳动,包括重复劳动形态中复杂劳动的单位社会必要劳动时间所创造的价值量,因而其劳动价值率都要高于并大大高于重复劳动的劳动价值率。同时,它还典型地表现在创新劳动形态内部不同的创新劳动之间,因为各种创新劳动发现、发明或创造人类尚未有或部分尚未有新质使用价值的单位个别必要劳动时间价值含量的差别空间,往往也是很大的。特别是原生性创新劳动发现、发明和创造人类完全尚未有新质使用价值的单位个别必要劳动时间的价值含量,一般都要高于，甚至大大高于其继发性创新劳动发现、发明和创造人类部分尚未有新质使用价值的个别必要劳动时间的价值含量，因而原生性创新劳动的劳动价值率，往往高于甚至大大高于继发性创新劳动的劳动价值率。不仅如此，而且不同的原生性创新劳动之间、不同的继发性创新劳动之间的劳动价值率仍然各不相同。由此，又形成了创新劳动形态内部各种具体创新劳动形式之间在劳动价值率上的差别。

正因为不同创新劳动之间的劳动价值率，即其单位个别必要劳动时间的价值含量不同，因而决定了它们在同样时间的创新劳动中所创造的超常价值的价值量不同；正因为它们在其同样时间的创新劳动中所创造的超常价值的价值量不同，因而决定了它们的超常价值率，即超常价值的价值量同其复合型创新劳动过程，乃至一个国家或企业所创造和形成的总价值量的比率不同。其中，劳动价值率越高，超常价值率也必然越高；反之，劳动价值率越低，其超常价值率则必然越低。其根据就在于，在决定单位必要劳动时间价值含量的诸因素中，价值量超大的超常价值在其中的占比最具决定意义。因此，劳动价值率越高本身就说明其超常价值率越高。可以说，"劳动价值率越高，超常价值率就越高"与"超常价值率越高，劳动价值率就越高"，这两句话不过是同义而语。因此，在一般情况下，创新劳动的超常价值率不仅与其劳动创新率成正比，而且也与其劳动价值率成正比。

另据正比例原理，在三个量（a、b、c）中，如果在两个互成正比的量中有一个量与第三个量成正比，那么另一个量与第三个量也成正比。这就是说，如果 a 与 b 成正比，b 又与 c 成正比，那么 a 与 c 也一定成正比。这也就是说，在三个量中，第三个量必然与互成正比的两个量中的任何一个量成正比。可见，在创新劳动的超常价值率、劳动创新率和劳动价值率之间,由于创新劳动的超常价值率与劳动创新率成正比,而劳动创新率又与劳动价值率成正比,因此创新劳动的超常价值率必然与劳动价值率成正比。

至此,创新劳动的超常价值率、劳动创新率和劳动价值率三者之间,分别互成正比。由此,一个创新劳动价值论中的"三率正比"定律,已经出现在我们面前。

实际上,在自进入商品经济以来的人类创新劳动史和当代国内外创新劳动实践中,这一"三率正比"定律在反复发挥着不以人们主观意志为转移的客观作用。能够充分体现并足以证明这一定律的一个不争的事实就是:在同一领域或同一事物并在同一复合型创新劳动过程中进行的创新劳动,其劳动创新率高的原生性创新劳动发现、发明和创造的人类完全尚未有新质使用价值的超常价值率和劳动价值率往往都高于甚至大大高于其劳动创新率低于原生性创新劳动的继发性创新劳动发现、发明和创造的人类部分尚未有新质使用价值的超常价值率和劳动价值率。而足以支撑和解释这一规律性现象的理论根据则是:由于只有创新劳动才能创造超常价值,只有创新成果,即新质使用价值才具有超常价值,因而原生性创新劳动发现、发明和创造的人类完全尚未有新质使用价值所具有的超常价值大于甚至远远大于其继发性创新劳动发现、发明和创造的人类部分尚未有新质使用价值所具有的超常价值,因此它们与其同一复合型创新劳动过程所创造的总价值量的比率也就必然不同。其中,原生性创新成果发现、发明和创造的人类完全尚未有新质使用价值的超常价值率高于甚至大大高于继发性创新劳动发现、发明和创造的人类部分尚未有新质使用价值的超常价值率,也就不仅是一个不争事实,而且是一种客观必然性。

在这里,为了保持论述的连续性和典型性,我们还是以微软

（Microsoft）公司为例加以说明。到 2006 年,微软的总资产为 2476 亿美元,其中无形资产占 90% 以上[1]。它所以能够以如此惊人的速度发展成为迄今世界高科技领域致力于 PC 软件开发的最富有公司,其秘密就在于创新,特别是通过原生性创新不断扩大的新产品队伍。尽管,我们不能把高达 2476 亿美元中 90% 以上的无形资产完全认定为创新产品的超常价值,但是将其主要认定为创新产品的超常价值,是可以站得住脚的;尽管,我们也不能把其创新产品的超常价值完全认定为原生性创新产品的超常价值,但是将其主要认定为原生性创新产品的超常价值,同样是可以站得住脚的。对此,我们仅以微软最知名的原生性创新产品 MS-DOS（微软磁盘操作系统）为例就可具体说明。自 1981 年被美国国际商业机器公司（IBM）等许多跨国大公司将其采纳为个人计算机操作系统后,每年它都以百万件销售量的价值累计。至于微软的第二代创新品牌视窗（Windows）为微软创造的惊人超常价值,特别是从视窗（Windows95）电脑软件上市"给全球带来破天荒的震撼"[2]中,人们已经不能不从微软的创新实践中确认:超常价值率与劳动创新率之间的正比例关系,是无疑的。

其实,只要我们深入剖析一下当代的跨国公司,特别是那些高科技领域以原生性创新为发展主动力、以其自主知识产权为核心竞争力、以原创产品专利收入为主要专利收入的企业集团,它们迅速发展的路径和轨迹清晰地表明,在其背后起决定作用的恰恰就是:以创新劳动,特别是原生性创新劳动为超常价值主要来源,以劳动创新率、劳动价值率与超常价值率"三率正比"为基本形态的

---

① 　参见中国科学院副院长施余晨:《在 2007 年第九届浙江投资贸易洽谈会"开放与发展国际论坛"上的讲话》。

② 　侯书雄主编:《伟人百传》第十九卷,远方出版社 2002 年版,第 92 页。

这一创新劳动价值论定律。

在创新劳动的超常价值率、劳动创新率和劳动价值率这"三率正比"定律中，决定性的是劳动创新率。由于劳动创新率与超常价值率成正比，同时劳动创新率又与劳动价值率成正比，因而超常价值率就与劳动价值率成正比。从根本上说来，劳动创新率在"三率正比"定律中的决定性地位是由于使用价值与价值、新质使用价值与超常价值之间的辩证关系决定的。因为使用价值是其价值的物质承担者或实际承担者，新质使用价值则是超常价值的物质承担者或实际承担者，因而使用价值决定着价值、新质使用价值决定着超常价值。可见，在一个复合型创新劳动过程中，劳动创新率的高低不仅直接决定着超常价值率的高低，而且同时决定着劳动价值率的高低。这是"三率正比"定律的核心内容，失去了这一核心或这一核心不成立，整个"三率正比"定律就失去了合理性，也就不能成立。

"三率正比"定律，是超常价值率提高的一条根本规律，是决定生产力和人类社会实现创新发展的关键环节，也是创新劳动价值论的一条核心定律。虽然，此前它尚未以这一定律出现，也未形成概念形态，但在实际上，它所反映的客观规律早已在一切自觉不自觉走创新发展道路的国家、民族和产业、企业的超常发展中发挥着应有作用。我们要落实科学发展观，走创新发展道路，建设创新型国家，就必须自觉地认识它，掌握它，应用它，促进人类尚未有或部分尚未有新质使用价值及其超常价值的创造与实现，并且形成革命性综合价值。这是我们在当代地球物质资源和生态能力挑战以及世界金融危机的冲击下，实现生产力超常、持续发展和整个社会及其各领域革命性进步，并且保证将来最终完成中国特色社会主义历史任务的必由之路。

第十四章　价格在超常价值量度中

第一节　超常价值的价格运行轨迹

由于超常价值的量度不仅必须在创新成果,即人类尚未有或部分尚未有新质使用价值及其超常价值发现、发明和创造以后,而且必须在其多次性实现总过程结束以后,因此价格在超常价值的量度过程中,扮演着更加重要的角色。

价格作为价值的货币表现,决定于价值,又表现价值。任何价值的量度和交换或实现,都离不开价格。价格对于超常价值,更是这样。任何创新成果超常价值的实现与量度,都必须通过其价格来完成。离开了价格,超常价值不仅不能够实现,而且也不能够量度并使市场配置资源的机制失去作用,进而影响生产力和整个经济社会的发展,特别是全面协调可持续发展。可见,价格不仅在超常价值的实现与量度中,而且在市场配置资源乃至生产力和整个经济社会发展中,是须臾不可离开的。

在商品交换出现后的人类创新劳动史上,价格凭借货币舞台,上演了无数震撼商品生产者和消费者身心的戏剧。尽管这些戏剧曲折多变、表演婀娜多姿,但是在价格表现价值的意义上,它却在创新成果,特别是原生性创新成果超常价值的多次性实现及其总量量度的过程中,经历了一个低—高—低的倒∪型轨迹。这是由于"随着价值量转化为价格,这种必然的关系就表现为商品同在它之外存在的货币商品的交换比例。这种交换比例即可以表现商品的价值量,也可以表现比它大或小的量,在一定条件下,商品就是按这种较大或较小的量来让渡的。可见,价格和价值量之间的量的不一致的可能性,或者价格偏离价值量的可能性,已经包含在价格形式本身中"①。因此,价格对于价值的偏离性,是市场经济运行中一条不以人们主观意志为转移的规律,并且形成了一种资源配置的有效机制。

具体说来,在创新成果,即人类尚未有特别是完全尚未有新质使用价值产生的初期或生命周期的开始阶段,由于它所应对和解决的人类生存发展进程中新矛盾、新问题、新挑战尚未尖锐化和普遍化,人们对其感觉和认识尚未进入迫切和深刻阶段,这种新质使用价值的技术和功效及其市场需求,也尚未得到进一步提高和开发,因而其市场供求态势尚在平衡线以下,甚至处于供大于求的状态。在这种情况下,价格偏离价值往往表现为低于,甚至大大低于其当时的实际价值。因此,形成了其价格运行的倒∪型轨迹的起笔低线。

在人类创新劳动史上,很多创新成果在生命周期开始阶段,都出现过这种情形。打开诺贝尔奖的百多年史册,在创新成果及其标准化产品生命周期的开始阶段,这种价格低向偏离当时价值的现象,几乎无一例外。例如,人类免疫学的创始人、德国细菌学家、免疫学家贝林(Emil von Behring,1854—1917 年),早在 1889 年就根据实验结果提出了"抗毒素免疫"的新概念。但是,当这一原生

---

① 马克思:《资本论》第一卷,人民出版社 2004 年第 2 版,第 122—123 页。

性创新成果的价值尚未形成价格形态时,就被批评为"杜撰医学名词"。后经300多次试验,到他把证明曾感染过破伤风杆菌而依然存活的动物血清,注射给刚感染破伤风杆菌的动物能够预防破伤风病症发作,进而创立"抗毒素的被动免疫"理论,成为免疫学创造人;再到1891年12月,他在柏里格医院进行了用动物的白喉抗毒素血清成功治疗儿童的白喉病;最后直到白喉抗毒素的进一步问世,挽救了成千上万白喉病儿时,这项济世成就的超常价值才结束了在价格上的低线,开始走上价格倒∪型轨迹的高线。

至于人们熟悉的蒸汽机、发电机和电动机、电脑和整个信息技术等人类重大创新成果,作为当时人类完全尚未有新质使用价值,无不具有巨大的超常价值。尽管它们的价格机制具有不同时代的特殊性,但是其问世初期的价格低于,甚至大大低于当时实际价值的现象已司空见惯。

可见,任何创新成果,特别是原生性创新成果在其生命周期或超常价值释放期的初始阶段,其价格低于,甚至大大低于当时的实际价值,也是一种反复出现的现象。

在创新成果,即人类尚未有,特别是完全尚未有新质使用价值产生的中期或其生命周期的发展阶段,由于它所应对和解决的人类生存发展进程中新矛盾、新问题、新挑战日趋尖锐化和普遍化,人们对其感觉和认识日益迫切和深刻,这种新质使用价值的技术和功效及其市场需求进一步得到提高和开发,因而其市场供求态势已突破了平衡线,甚至处于供不应求状态。在这种情况下,价格偏离价值则往往表现为高于,甚至大大高于当时的实际价值。因此,形成了价格运行倒∪型轨迹的峰线。

这在人类的创新劳动史上,同样是一种规律性现象。曾被誉为使人类平均寿命增加了10岁的青霉素,早在1928年就已被英国细菌学家弗莱明（Alexander Fleming，1881—1955 年）作为一种青霉菌发现并经反复试验证明，从这种青霉菌中提取的分泌液即青霉素，具有强大的杀菌力，而且对动物体没有损害。这是当时一种人类完全尚未有新质使用价值，具有巨大的超常价值。然而，在相当时期内，这一巨大超常价值却没有被价格形态充分反映出来。直到 1945 年，经过弗莱明与英籍德国病理化学家钱恩（Evnst Boris Chain，1906—1979 年）和英籍澳大利亚病理学家弗洛里（Howard Walter Florey，1898—1968 年）共同试验，反复研制，特别是继 1943 年确定青霉素的分子结构并于 1957 年完成人工合成，使其作为人类的杀菌良药不断进入标准化、批量化、商品化生产，综合成本也已大大降低以后，价格才以高于价值，甚至大大高于价值的角色出现在货币舞台上，开始登上了其运行倒 U 型轨迹的峰线。至今，青霉素这一当时人类完全尚未有新质使用价值的一代一代继发性创新成果，即人类部分尚未有新质使用价值的价格，恐怕仍在其运行倒 U 型轨迹的峰线上手舞足蹈吧。

其实，在人类的创新劳动史上，很多创新成果，特别是物质性创新成果都是这样。它们的价格往往都不是在产生初期或生命周期的开始阶段，而是在其产生的中期或生命周期的发展阶段高于其价值的。造成这种情形的原因是多层面的，除这种创新成果所应对和解决的新矛盾、新问题、新挑战日益尖锐化、普遍化，其市场需求已向高潮攀升、市场态势出现供不应求等原因以外，随着这种创新产品技术的成熟和生产工艺的简化及其标准化、批量化、商品化生产规模的不断扩大等，使这种创新产品包括劳动力、生产资料和运输、服务、汇率等综合成本的不断降低，甚至大大降低，也是其价格高于价值的一个决定性原因。

这就是说，在创新成果标准化、批量化、商品化生产规模不断扩大,其产品价格不断降低的同时,则是创新产品综合成本的降低,而且往往是以大于价格降低的幅度而降低。足以说明这种现象的是,对于创新成果标准化产品的批量化、商品化生产的商品生产者,这是其获取利润,特别是超额利润的黄金时段。可以说,他们之所以从创新劳动者手里购买创新成果标准化产品批量化、商品化生产的许可权并投入足够的不变资本和可变资本,一批又一批、一代又一代地对其进行批量化、商品化生产,其商业动机就在这里。试想:如果在其价格运行倒∪型轨迹的峰线时段,其创新产品的价格仍然低于价值,其销售收入仍然低于综合成本,其销售总额仍然低于成本总额,那么他们投入的资本如何收回,他们的利润,甚至是平均利润怎样实现,他们生产和经营的商业冲动力又从何而来?!

在创新成果,特别是人类完全尚未有新质使用价值产生的末期,或其生命周期的最后阶段,由于它所应对和解决的新矛盾、新问题、新挑战日趋缓和,逐步解决并即将被新的创新成果代替,因而其产品的市场空间日趋缩小,以至出现供过于求的态势。在这种情况下,价格偏离价值也往往表现为低于,甚至大大低于价值,因而形成了价格运行倒∪型轨迹的落笔低线。可以说,任何创新产品,无论是原生性创新产品还是继发性创新产品,也无论其生命周期多么久长、适用范围多么宽广,它们最终都必将在其价格运行倒∪型轨迹的落笔低线谢幕。

在人类创新劳动史和近现代国内外创新劳动实践中,足以说明创新产品价格运行倒∪型轨迹中落笔低线的典型例证,同样比比皆是。考虑到广大非专业读者朋友阅读方便,这里我们还是用瑞士化学家米勒(Paul Hermann Muller,1899—1965年)发明的高效有机杀虫剂DDT(双氯苯基三氯乙烷)来说明。1947年,他们由于合成了这一高效有机杀虫剂而被授予诺贝尔生理学及医学奖以后,DDT虽又经过了多年价格高于价值的倒∪型运行轨迹的峰线阶段,其高效杀虫的新质使用价值及其超常价值在人类创新劳动史上,创立并留下了不可磨灭的功绩。但是,由于后来农药的空前发展,DDT被更新型的杀虫剂代替,不仅随之进入了价格低于价值的倒∪型运行轨迹的落笔低线,而且最终被淘汰,完全退出了杀虫剂的价格舞台。

可是,如果打开DDT的整个历史,我们会惊讶地发现,这个杀虫"英雄"也曾有过高潮迭起、波峰壮阔的价格运行轨迹。早在1935年,米勒就为这种杀虫剂设计了对节肢动物有剧毒、速效、长效,对动植物无毒、无害,对人无刺激、无不愉快感受等七条标准,而且一一兑现。此外,他还特别提出一条要求:价格便宜、经济实惠。然而,就是在DDT的触杀效力被初步承认后,由于开始阶段的制造工艺复杂、成本居高不下,因而即使是当时的昂贵价格,也没有突破高额成本下的价值。其价格对于价值的突破,仍发生在简化生产工艺、降低综合成本和大规模、连续性地批量化、商品化生产的条件下。特别是1943年10月,斑疹伤寒在意大利南部港口那不勒斯流行前后,由于大面积使用了DDT,彻底消灭了虱子,制止了斑疹伤寒的蔓延。同年,在日本也收到了同样的防治效果。从而有力地证明了DDT由于触杀虱子等节肢动物,而能够同时防治斑疹伤寒以及由其他节肢动物传播的疾病的重大功效。在这种情况下,才使DDT的价格在降低的条件下高于其价值并走上了其价格运行倒∪型轨迹的峰线。

可见,DDT这一创新产品的价格运行轨迹,完整地说明了人类创新成果,特别是原生性创新成果价格运行倒∪型轨迹的客观普遍性。

价格作为价值的货币表现,在超常价值实现和量度过程中的倒∪型运行轨迹,不仅具有客观性和普遍性,而且具有合理性和积极性。马克思在分析价格偏离价值的可能性时深刻提出:"这并不是这种形式的缺点,相反地,却使这种形式成为这样一种生产方式的适当形式。"①在这里,马克思揭示了市场经济条件下,市场通过价格杠杆进行资源配置的一条客观规律和有效机制。

实际上,在创新成果生命周期的开始阶段,即价格运行倒∪型轨迹的起笔低线,市场通过价格低于价值为自己开辟道路,为价格运行从倒∪型轨迹的低线走上峰线做准备;在创新成果生命周期的发展阶段,即价格运行倒∪型轨迹的峰线上,市场通过价格高于价值,进行资源配置,推动创新成果超常价值及其承担者新质使用价值的大批生产和充分实现,促使人类生存发展进程中新矛盾、新问题、新挑战的普遍解决,进而形成并实现革命性综合价值,以推动生产力和整个人类社会及其各领域的发展与进步,特别是超常发展和革命性进步;在创新成果生命周期的最后阶段,即价格运行倒∪型轨迹的落笔低线,市场则通过价格低于价值来调整资源配置,以适应人类应对和解决其生存发展进程中继续出现的新矛盾、新问题、新挑战,促使旧创新成果让位于新创新成果,推动新的人类尚未有或部分尚未有新质使用价值及其超常价值的生产和实现。

可见,在超常价值的价格倒∪型运行轨迹中的各个具体时段,价格对于其价值量的表现都具有相对性的一面。在其起笔低线上,价格虽未必是整个运行轨迹的最低线,但由于创新产品的综合成本尚未降低或尚未大幅度降低,因而价格仍低于其价值量;在其峰线上,价格虽未必是整个运行轨迹的高线,但由于创新产品的综

---

① 马克思:《资本论》第一卷,人民出版社 2004 年第 2 版,第 123 页。

合成本已经降低,甚至大幅度降低,因而价格仍高于其价值量;在其落笔低线,创新产品的价值量虽已呈下降趋势,但由于其市场需求大幅度降低,甚至供过于求,致使其生产规模空前萎缩、综合成本相对增高,因而价格仍将低于其价值量。所以,我们在对超常价值的价格倒∪型运行轨迹的绝对性的理解中,要有相对性的理解;而在对其相对性的理解中,又要有绝对性的理解。只有这样,才能科学、全面、深刻地把握创新成果超常价值的价格倒∪型运行轨迹,充分发挥市场通过价格杠杆进行资源配置机制的功效。

可能有人会问,在价格运行倒∪型轨迹的起笔、落笔低线和峰线上,价格都没有能够准确表现创新成果超常价值的价值量,不是小于其价值量,就是大于其价值量,那么我们据此量度的创新成果超常价值的价值总量何以正确? 对此,我们在前面已原则上做出了肯定性回答。根据我们量度超常价值的模糊理念,创新成果超常价值无论是在生产过程还是在实现过程中,都体现了总体上的确定性和具体上的不确定性的对立统一。尽管在超常价值的实现和量度中,价格运行倒∪型轨迹的起笔和落笔低线以及其峰线都没有能够实现价格与价值量的一致性,但是这种价格与价值在运行具体时段上的不一致性,不仅没有根本改变其在整个运行倒∪型轨迹上的一致性,而且在这种运行轨迹呈现的低—高—低的总趋势中,价格的平均数与价值的平均数大体上是一致的。正如马克思所说:"规则只能作为没有规则性的盲目起作用的平均数规律来为自己开辟道路。"① 因此,超常价值的价格与其价值量在整个倒∪型运行轨迹中的一致性,是通过各个具体时段的不一致性之间的平均数规律来实现的。这就是说,超常价值的价格与其价值量在

---

① 马克思:《资本论》第一卷,人民出版社 2004 年第 2 版,第 123 页。

总体上的一致性是在具体上的不一致性基础上形成的,因而体现了总体上的确定性与具体上的不确定性的对立统一。这也同时说明,我们根据总体上的确定性与具体上的不确定性这一模糊理念的核心思想,对于超常价值的价值总量进行的模糊量度是科学的。

可以说,在创新成果超常价值的实现与量度的整个过程中,价格运行倒U型轨迹的客观性、普遍性和合理性、积极性,都能够在总体上的确定性与具体的不确定性的模糊理念中,找到自己的科学根据和理论归宿。

第二节 价格的疯狂性

在价格对价值的背离中,有一种背离叫疯狂。价格的这种疯狂性可以使价格下面没有或几乎没有价值,甚至还有负价值。

正如马克思所说:"价格形式不仅可能引起价值量和价格之间即价值量和它的货币表现之间的量的不一致,而且能够包藏一个质的矛盾,以致货币虽然只是商品的价值形式,但价格可以完全不是价值的表现。"他还说:"没有价值的东西在形式上可以具有价格。在这里,价格表现是虚幻的,就像数学中的某些数量一样。"①可以说,当前这场席卷全球的金融危机,就是人类历史上一场空前的金融产品,包括其衍生品价值的大贬降、价格的大疯狂。当然,对于这场金融危机人们正在从不同层面进行剖析,无论是从制度层面、体制机制层面,还是从道德层面、文化层面以及金融领域、机构和整个体系自身演变的层面,都提出了一些颇有见地的概括。

在这里,如果我们用手术刀直接剖开那些造成这场危机的金

---

① 马克思:《资本论》第一卷,人民出版社 2004 年第 2 版,第 123 页。

融"创新产品"及其衍生品的胚胎,闯入我们眼帘的就是一些价格怪物,已完全背离了其价值,呈现出人类历史上从未有过的金融产品价格的大疯狂。加之金融杠杆的作用,几乎使其陷入了虚幻状态。特别是那一包又一包、包一层又包一层的金融"烂葡萄",买到手以后,不仅价值已经蒸发,而且还要接受和消化它们带来的价值亏损,甚至巨额亏损。可见,这些金融产品,包括衍生品不仅不表现价值,而且还表现为负价值。只要看看那些由于买这类打包后的金融创新产品及其衍生品而导致破产的企业,包括金融企业,就可深刻领悟到金融产品价格疯狂,特别是那些打着创新旗号的金融产品价格疯狂的政治经济学含义。一时间,由它们所散发的浊气,不仅使"华尔街牛"奄奄一息、不再"牛",而且使全世界都感到透不过气来并大面积杀伤实体经济,造成无数企业,乃至某些国家破产或危临破产。实质上,金融产品,包括其衍生品价格的大疯狂,对于广大投资者,特别是中小投资者"就是一场公开的金融大掠夺!"这句精辟口号,是由德国广大投资者在抗议金融危机的大游行中喊出来的。

　　就金融潜危由来已久的美国来说,自尼克松总统废除布雷顿森林金融体系中 35 美元与 1 盎司黄金兑换约束、美联储主席保罗·沃尔克放弃美元供应量管制而改用利率作为调控宏观经济的货币手段以来,美国印钞机超负荷运转,在其铸币收入不断入库的同时,美国债台也随之高筑。① 更加令人担心的是,为应对金融危

---

　　① 据美国国债协会(SIFMA)统计,到 2007 年,美国的实际债务总额已升至 53 万亿美元(当年全球 GDP 仅为 54.3 万亿美元),加上"两房债券"之类抵押债券、美国各大财团发行的债券等 20 万亿美元债务,美国总债务达 73 万亿美元。若按当年市场公允价格统计,美国全国资产的总市值大体不过 76 万亿美元。可见,在财务理论上,即使不算缩水,美国作为一个国家究竟处于何种状态? 是不言自明的。

机仍然大量抛印美元票子,继续投入"无奈钞票"。

在这种情况下,可能出现的后果有两个:一是商品价格提高,甚至引发通胀;二是劳动价值下降,甚至失业率攀升。这正如与马克思所说:"货币价值下降1/10。这时,商品价格在其他条件相同的情况下就会提高1/10。""在货币价值下降时,如果劳动价格不按同一比例提高,那末,劳动价格就会下降"①。对此,如不采取得力措施,如何保证金融产品价值贬降、价格疯狂的下一步将不以通货膨胀和劳动者失业的形式再现,甚至由金融危机转化为信用危机、债务危机呢?

特别是今天仍一批又一批地增发国债,继续充当世界最大国债大国,那真是应当请教马克思了。如果感到对于马克思的态度转弯过急、过大,也可先请教亚当·斯密。对此,不仅马克思在《资本论》中,已经天才地指出了解决虚拟资本疯狂的根本路径,就是亚当·斯密在《国富论》中,也预见性地给出了对策:解决投机资产贬值的办法,就是降低它们的价格。只有这样,才能让疯狂的金融产品从"虚幻"的价格中清醒过来,撕下"纸币的美妙翅膀",落到实体经济上。

不过,要根本解决这个问题,人类现在还离不开马克思。解决资本主义经济危机,包括这次金融危机,仍然必须从实体经济入手,解决传统落后产能过剩问题。这次经济危机,虽表现在金融领域,但根源仍在生产领域;虽危机形态是金融产品价值贬降、价格疯狂,但实质上仍是传统过剩产能与有支付能力的需求之间的矛盾。具体说来,这次不是房地产品销售不出去,而是通过房贷使到手的房地产品消费者无力还贷;不是房地产品积压在房地产商手

---

① 马克思:《马克思致恩格斯》(1868年4月22日),《马克思恩格斯〈资本论〉书信集》,人民出版社1976年版,第261页。

里,而是转移到无支付能力的消费者手里。这些过剩产能无法实现的价值,犹如井煮虾蟹无鲜可饮,被虚幻在疯狂的金融产品价格里。这场空前的世界金融危机能够形成并反过来破坏实体经济的事实本身,进一步暴露了资本主义社会形态和世界金融体系在制度层面的先天不足和根本缺陷。这才是问题的关键。

无须论证,价格作为价值的货币表现,不仅决定于价值,而且表现价值。当然,超常价值只有将其劳动价值率极高的个别必要劳动时间转换成为平均劳动价值率的社会必要劳动时间,才能形成市场接受的价格。但是这改变不了价格与价值的关系。因此,任何价值的实现与量度都必须通过价格来完成。可见,如果价格表现或在总体上表现价值,那么价值的实现与量度就能够科学地完成;反之,如果价格不表现或在总体上也不表现价值,甚至完全背离价值,那么不仅不能完成价值的实现与量度,而且其结果也必将走向疯狂,破坏实体经济。

由于创新成果超常价值的超常性并不改变价格与价值的根本关系,因此超常价值的实现与量度不仅也离不开价格,而且更加需要价格这座桥梁。这不仅是由超常价值的价值量的超大性决定的,而且主要是由于超常价值的潜在性及其实现的间接性与多次性和量度的模糊性与总体性决定的。具体说来,就是超常价值是以创新劳动的个别必要劳动时间为价值尺度,而正常价值则是以重复劳动的社会必要劳动时间为价值尺度的,只有把劳动价值率极高的个别必要劳动时间通过重复劳动转换成为具有平均劳动价值率的社会必要劳动时间并经过多次性实现的总过程,才能够最终完成对超常价值的实现。而根据模糊量度的理念和公式,只有超常价值多次性实现总过程最终完结,才能完成对超常价值的总量量度。可见,在整个超常价值多次性实现总过程中的任何一个环节上,无一能够离开价格来实现,更无一能够在价格疯狂的基础上来实现;在实现对超常价值总量量度的过程中,允许价格在对超常价值的具体表现中出现或大或小的不确定性,但不允许出现价格疯狂背离价值的"虚幻"性。只有这样,才能实现其总体上的确定性,进而完成对超常价值的总量量度。

当然,价格问题远不只是一个价值的实现和量度的问题。说到底,价格是市场用来进行资源配置的有力杠杆或有效手段。因此,无论是通过价格实现对正常价值的量度与实现,还是通过价格实现对超常价值的实现与量度,都关系到市场对资源的配置这一根本问题。可见,如果能够允许价格在表现价值过程中的具体不确定性通过"平均数规律"加以解决,那么绝对不能怂恿靠"平均数规律"无法解决的价格疯狂。如果怂恿了这种价格疯狂,就意味着怂恿了价值总量的不确定性,而怂恿了价值总量的不确定性,就必将误导市场对资源的配置并进而干扰,甚至破坏经济社会的全面协调可持续发展。

价格的疯狂性,不仅是一种经济现象,而且是一种长期、复杂的社会现象,具有深刻的社会制度、体制机制、道德文化和生产力发展状况等多层面的根源。

从社会制度的层面上来看,私有制是价格疯狂的制度根源,当然这只是它的一个根本原因,并不是其全部成因。由价格的偏离性走向价格的疯狂性,还必须在私有制的基础上加上其他层面的因素。马克思在分析价格偏离价值的可能性时曾明确指出,这种偏离的可能性"已经包含在价格形式本身中。但这并不是这种形式的缺点,相反地,却使这种形式成为这样一种生产方式的适当形式"。[①]

---

① 马克思:《资本论》第一卷,人民出版社 2004 年第 2 版,第 123 页。

可见,在以私有制为基础的资本主义生产方式的条件下,价格偏离价值是一种必然性的现象,但是这种偏离性并不都表现为价格的疯狂性。即使在市场这只无形手的作用下,也存在避免价格由对价值的偏离走向疯狂的可能性。实践证明,要把这种可能性变成为现实性,还必须有另一只手的作用,那就是国家,包括资本主义国家的经济管理职能这只手的监管调控作用。资本主义生产方式自身发展正反两个方面的历史经验也已反复证明,有"两只手"比只有"一只手"要好,而且要好得多。好在哪里? 在价格表现价值的意义上,好就好在"两只手"的作用,当然必须是协调的作用,能够在一定发展阶段和历史条件下,防止资本主义私有制条件下的价格由对价值的偏离走向疯狂。人们在总结这次世界性金融危机的严重教训时,几乎不约而同地把国家和世界金融体系对金融监管和调控职能的缺失问题严肃地提了出来。这其中,人类不仅已经付出了巨大的价值损失,而且有的还为此而殉葬。对此,许多资本主义国家的开明学者也纷纷从马克思那里受到了启示。最近,加拿大约克大学教授、《社会主义文摘》编者之一利奥·巴尼奇撰文《现代社会印证了马克思的预见》指出:马克思远远领先于其所处的时代,预见资本主义的发展会不可避免地"为更深广的危机铺平道路"[①]。

不仅如此,造成价格疯狂的还有其深刻的道德、文化根源。马克思说:"价格可以完全不是价值的表现。有些东西本身并不是商品,例如良心、名誉等等,但是也可以被它们的占有者出卖以换取金钱,并通过它们的价格,取得商品形式。"[②]在这次世界性金融

---

① 参见美国《外交政策》双月刊 5—6 月号文章:《十足现代的马克思》。转引自《参考消息》2009 年 5 月 24 日,第 4 版。

② 马克思:《资本论》第一卷,人民出版社 2004 年第 2 版,第 123 页。

危机中,人们不约而同地提出来的又一严重教训,就是人们,特别是金融领域有关高管的道德和信誉缺失问题。他们在对那些疯狂背离价值的金融"创新"产品及其衍生品层层打包时,首先包进去的恰恰是自己的良心和信誉等道德底线和文化形象。

当然,价格背离价值的疯狂性作为一种复杂的社会现象,更深厚的根源还是生产力和整个人类社会自身的发展问题。概括起来,就是由于当代人类社会既未发展到不用价格偏离价值的形式来解决现在用价格偏离价值的形式解决的矛盾,也未发展到不用价格疯狂的形式暴露现在用价格疯狂的形式暴露的问题。随着生产力和整个人类社会的不断发展与进步,特别是新的超常发展和革命性进步,人类社会将逐步达到通过更加自觉、更加科学、更加完整的体制机制配置资源、形成价格,以保证生产力和整个人类社会及其各领域在历史发展的更高境界实现可持续发展。

现在看来,由美国引发的这场世界性金融危机,虽表现为其金融产品价值贬降、价格疯狂,反过来破坏实体经济,但根源仍在于实体经济传统产能,特别是落后产能过剩,违背了当代世界经济发展历史性转型的客观要求。这种历史性转型是一个大趋势,它要求经济发展重创新驱动,抑重复扩张;增知识(科学技术文化)投入,减物质消耗;多价值产出,少碳气排放;高综合(经济社会生态)效益,低综合成本,从而实现由传统工业经济向信息化知识化拉动的新型工业经济转变,并促进知识经济发展,推动当代生产力和整个经济社会的超常性、可持续发展。

可见,我们只有顺应当代生产力和世界经济发展的这种历史性转型的大趋势,把科学发展观落到实处,继60年前实现社会制度更替、30年前实现经济体制转换,进而实现经济发展方式转变,在积极参与世界金融体系改革,发展必要劳动密集产业的同时,进一步立足于实体经济的科学发展,特别是要坚持创新发展道路,推进创新型国家建设,不失时机地调整、提升、更新经济、产业、产品和技术、资本、劳动力结构,逐步把国民经济,特别是核心部位和骨干产业,提高到一个新的层级和境界。同时还要规范发展股票市场、债券市场,适时推出股指期货、融资融券等,把虚拟经济纳入科学发展轨道。至于人民币是正在并将进一步走向国际化的、中华人民共和国的主权货币,具有不以人们主观意志为转移的特殊发展规律。我们应按其特殊规律,瞄准结算、投资、储备货币战略目标,创新汇率形成机制,使其随着我国经济质量和规模不断提高与扩大,而自主、扎实、健康发展。

总之,我们只有全面落实科学发展观,坚持实体经济和虚拟经济的创新发展,才能从根本上赢得这场挑战,并且在后金融危机时代,占据全球实体经济和虚拟经济的制高点。

第 五 篇

超常价值的分配

重复劳动创造剩余价值，创新劳动则创造超常剩余价值。

第十五章　创新劳动者应得价值

第一节　创新劳动力的生产再生产

超常价值的分配,主要是研究创新劳动者应得价值与其创造的超常剩余价值之间的关系问题。

在创新劳动者应得价值中,理论上应该包括创新劳动力,即从事创新劳动的劳动力生产再生产所需生存资料、发展资料、享受资料的价值和其创新成果知识产权价值以及风险、奖励价值。其中,最基本的是创新劳动力生产再生产价值。我们的研究就从这里开始。

马克思在研究资本主义条件下重复劳动力,即从事重复劳动,包括重复劳动形态中复杂劳动的劳动力的生产再生产价值时,曾入木三分、淋漓尽致地进行过分析:"同任何其他商品的价值一样,劳动力的价值也是由生产从而再生产这种独特物品所必要的劳动时间决定的。就劳动力代表价值来说,它本身只代表在它身上对象化的一定量的社会平均劳动。劳动力只是作为活的个人的能力而存在。因此,劳动力的生产要以活的个人的存在为前提。假设个人已经存在,劳动力的生产就是这个个人本身的再生产或维持。活的个人要维持自己,需要有一定量的生活资料。因此,生产劳动力所必要的劳动时间,可归结为生产这些生活资料所必要的劳动时间,或者说,劳动力的价值,就是维持劳动力占有者所必要的生活资料的价值。"这种"生活资料的总和应当足以使劳动者个人能够在正常生活状况下维持自己。"同时,"生产劳动力所必要的生活资料的总和,包括工人的补充者即工人子女的生活资料,只有这样,这种独特的商品占有者的种族才能在商品市场上永远延续下去"①。马克思还进一步指出:"为改变一般人的本性,使它获得一定劳动部门的技能和技巧,成为发达的和专门的劳动力,就要有一定的教育或训练,而这又得花费或多或少的商品等价物。劳动力的教育费用随着劳动力性质的复杂程度而不同。因此,这种教育费——对于普通劳动力来说是微乎其微的——包括在生产劳动力所耗费的价值总和中。"②

虽然,马克思研究和分析的是资本主义条件下,又是重复劳动力的生产再生产问题,但是对于社会主义,特别是社会主义初级阶段的劳动力,包括创新劳动力的生产再生产,仍然具有现实指导意义。这是由于在社会主义,特别是其初级阶段,尽管公有制经济已占主体地位,但仍处在发展中;尽管私有制经济已失去主体地位,但仍以不同形式存在与发展;尽管实行了社会主义市场经济体制机制,但能更科学地发挥市场经济自身所具有的活力和效率;尽管生产力已得到空前发展,但远未达到社会主义应有高度。因此,劳动力虽已失去了资本主义社会完整的商品形态,但仍具有相当的商品性。

同时,由于在社会主义市场经济条件下,创新劳动力与重复劳

---

① 马克思:《资本论》第一卷,人民出版社 2004 年第 2 版,第 198—200 页。
② 马克思:《资本论》第一卷,人民出版社 2004 年第 2 版,第 200 页。

动力除都具有相当的商品性外,它们的生产再生产费用仍然都表现为生活资料的价值,而且在它们这种生活资料中,都既包括生存资料,又包括发展资料。特别是作为活的个人劳动力的生产,不仅本身就包括其再生产,而且在以人为本的宗旨下,随着生产再生产支出的不断增多,它们的收入也必然相应增多,以使其不断维持和发展下去并不断实现社会主义主人的地位。因此,它们还具有其他任何商品并在其他任何社会条件下所不具备的特殊性。

可见,马克思主义关于劳动力生产再生产理论的现实指导性,是由社会主义,特别是社会主义初级阶段劳动力的商品性和劳动力商品的特殊性决定的。

然而,由于马克思研究和分析的毕竟是典型资本主义生产方式下,具有完整商品形态的重复劳动力的生产再生产问题,因而得出的结论反映的是关于劳动力,特别是重复劳动力商品生产再生产的普遍规律。然而,社会主义市场经济条件下创新劳动力的生产再生产,还具有自己的特殊规律。

在这里,我重点研究社会主义市场经济条件下创新劳动力的生产再生产问题。无论是比较资本主义条件下重复劳动力的生产再生产,还是比较社会主义市场经济条件下重复劳动力的生产再生产,创新劳动力的生产再生产最集中、最普遍的特征就是综合性的高投入。

关于劳动力的生产再生产投入问题,马克思在比较重复劳动形态中复杂劳动力和简单劳动力之间的成本时,曾精辟地分析道:"比社会的平均劳动较高级、较复杂的劳动,是这样一种劳动力的表现,这种劳动力比普通劳动需要较高的教育费用,它的生产要花费较多的劳动时间,因此它具有较高的价值。既然这种劳动力的价值较高,它也就表现为较高级的劳动,也就在同样长的时间内对象化为较多的价值。"①既然在重复劳动中,复杂劳动力比较简单劳动力的生产再生产要花费较多的劳动时间,即投入较高的生产成本,因而才能在同样长的时间内对象化或创造较多的价值;那么,创新劳动力比重复劳动力,包括重复劳动形态中复杂劳动力更加高级、更加复杂,因而需要比生产包括复杂劳动力在内的重复劳动力更多的劳动时间或更高的生产成本。只有这样,创新劳动力才能发现、发明或创造人类尚未有或部分尚未有新质使用价值及其超常价值。

的确,创新劳动力的生产再生产需要比重复劳动力的生产再生产更多并多得多的劳动时间,或更高并高得多的生产成本;但是,更多的劳动时间或更高的生产成本,并不等于就能实际地把创新劳动力生产和再生产出来。尽管,生产再生产创新劳动力的再大的价值量最终也要换算为社会必要劳动时间,再多的社会必要劳动时间最终也要归结为价值量。然而,对于创新劳动力的生产再生产投入,并非更多社会必要劳动时间或更大价值量的简单相加,而必须从生产再生产创新劳动力所需领域、所需层面、所需途径并以其所需方式进行投入。可见,创新劳动力的生产再生产投入不仅高于并大大高于重复劳动力的生产再生产投入,而且还必须具有综合性,也就是需要综合性的高投入。

创新劳动力生产再生产的这种高投入的综合性,一个重要层面表现为广泛、深入的社会性。这并不是说创新劳动力生产再生产成本都是社会投入的,不需要从小学、中学到大学乃至研究生阶段的系统正规教育,而是说学校的正规系统教育并不是创新劳动力生产再生产投入的全部成本。对此,人类创新劳动史上那些虽

---

① 马克思:《资本论》第一卷,人民出版社 2004 年第 2 版,第 230 页。

未经学校正规系统教育,但在社会大学校教育的基础上,仍做出了创新成果,甚至是重大成果的史实就是有力的证明。这也不是说在重复劳动力的生产再生产中,就不需要任何社会性投入,只需要经过学校或其他机构的正规教育和系统培训,而是说在一般社会成本的基础上,就可能完成重复劳动力的生产再生产。

所谓创新劳动力生产再生产投入的社会性,并非一般意义上的社会性,而是一种广泛、深入的社会性。在创新劳动力生产再生产或创新劳动者孕育、诞生和成长的过程中,这种社会性投入是其总成本中一个极为重要的组成部分。包括他们基本的思想、道德品质和心理、生理素质以及阅历、经验积累,乃至知识、能力形成,特别是那种献身真理、献身祖国、献身人类的价值取向和惊世骇俗、敢为人先的革命精神以及勇担风险、不怕失败的执着态度和持久的心理冲动与极佳的动机状态等。正如马克思所说:"和其他商品不同,劳动力的价值规定包含着一个历史的和道德的要素。"①这些创新主体必备的主观要素及其产生与成熟的客观条件,现在相当一部分都是他们进入学校正规系统教育的前、后或同时,由包括家庭在内的社会从不同层面、通过不同途径并以不同方式提供和投入的,特别是在创新型教育体制尚未形成的情况下,尤其是这样。尽管这些投入有的有形、有的无形,有的从正面、有的从反面,有的震撼身心、有的潜移默化,有的令人心旷神怡、有的使人痛苦不堪等等。而且这些社会性投入的价值往往并不直接以价格的形式出现,难以用社会必要劳动时间加以计算,也不是创新劳动力生产再生产成本的全部,并且大面积、长时期地分散在社会时空中,因而人们常常不予重视。但是人类的创新劳动史已经反复

---

① 马克思:《资本论》第一卷,人民出版社 2004 年第 2 版,第 199 页。

证明,这些社会性投入却是合格的创新劳动力之所以合格、成功的创新劳动者之所以成功的不可或缺的成本,特别是对于那些发现、发明或创造出人类完全尚未有重大新质使用价值的创新者来说,更是如此。

对此,孟子有一段至今不被忘怀的遗训:"天将降大任于是人也,必先苦其心志,劳其筋骨,饿其体肤,空乏其身,行拂乱其所为,所以动心忍性,增益其所不能。"①在一定意义上,可以说这是对创新劳动力生产再生产投入社会性的一种别致诠释。只要打开人类创新劳动史,无论是科学、技术领域的发现、发明和创造,还是文化、艺术领域的创作、神韵、鬼斧,都雄辩地证明了社会性投入的不可或缺性。从牛顿的万有引力定律到爱因斯坦的相对论,从爱迪生发明的一生到达尔文进化论的形成,从曹雪芹血泪铸成《红楼梦》到歌德毕生创作《浮士德》,从贝多芬的《英雄交响曲》到冼星海的《黄河大合唱》等等。社会性投入,特别是以实践方式的投入,不仅给他们创新思想,而且给他们创新内容;不仅给他们创作激情,而且给他们创作源泉。请看,这些鲜活的史实,哪一件不是对社会性投入在劳动力生产再生产,特别是在那些做出重大创新成果的创新劳动者成长过程中决定性作用的有力佐证!

为什么至今诺贝尔奖相当一个多数的自然科学奖项落在美国科学家,包括其外裔科学家头上?虽然原因是多层面的,但是其社会性投入不能不是一个重要因素。其中,不仅有物质性的硬投入,而且也有非物质性的软投入。否则,不仅不能产生那么多诺贝尔奖获得者,而且也不可能吸引那么多来自世界各国的创新劳动者。在这里,不说那些已载入诺奖史册的知名科学家,只说一个刚刚浮

---

① 《孟子》,《告子》(下),故宫博物院紫禁城出版社1998年版,第130页。

出水面的华籍年轻女科学家俞君英。10 年前北大毕业后,她直奔美国宾夕法尼亚大学,2003 年在该校毕业后又一头扎进美国威斯康辛大学麦迪逊分校汤姆森实验室,进行干细胞研究。她仅用两年时间就完成了该项的前期研究,利用胚胎干细胞分化出血液细胞,再将血液细胞"退化"或"还原"为干细胞,以证明人体细胞通过 DNA 改组可转化为干细胞。在此基础上,她又全身心地扑在筛选皮肤细胞的特殊基因组合上。到 2007 年 11 月 20 日,俞君英领军的创新成果已发表在美国《科学》杂志上,她以雄厚的科学根据和精确的实验结果宣布,成功地把普通人体的皮肤细胞转化成具备胚胎干细胞功能的新型"万能细胞"! 这一被科学界誉为现代生物科学里程碑意义的重大创新成果,能够帮助科学家们绕过克隆技术的伦理与道德纷争,为人类器官再造等医学应用的滚滚波涛,打开一泻千里的闸门。

在俞君英的成功中,美国的社会性硬件投入,特别是"汤姆森实验室"的先进实验设备和以汤姆森为首的干细胞项目创新劳动者团队,在世界上都是一流的。同时,更加不可忽视的是体现在汤姆森实验室的美国社会性软件投入,包括知识产权法制化的市场经济环境和崇尚创新劳动并赋予创新劳动者以实际上包括"失败权"在内的"创新劳动自主权"①氛围等。尤其值得提出的是,以汤

---

① 赵培兴:《创新劳动论》(中央文献出版社、黑龙江人民出版社 2006 年版,第 196—206 页)提出:"创新劳动自主权"是创新劳动者在创新劳动全过程中具有的完整的合法权利,其中包括创新劳动者在创新劳动开始的"创新目标选择权",在创新劳动过程中间包括"失败权"在内的"创新实践探索权",在创新劳动完成时的"创新成果财产权"。对于创新劳动者及其创新劳动与创新成果来说,这"三权"都是不可缺失的。现在,国内外得到法律保护的主要是"创新成果财产权",即知识产权一项权利,而对于"创新目标选择权"和包括"失败权"在内的"创新实践探索权"则尚未形成专门的成文法保护与激励,人们最多只是在实际上自觉不自觉地这样做。因此,我曾特别提出制定一部独立、集中、完整的《创新劳动自主权法》,以完整系统地保障创新劳动者的"创新劳动自主权"。这是一桩人类早晚都要做,而晚做不如早做好的大事。

姆森为首的团队在科学面前人人平等的理念和风范,使俞君英这名中国籍的年轻女助理科学家承担了这个项目的领军重任,从研究思路的确立到主体实验的完成,都由她挂帅,而包括汤姆森在内的实验室研究人员都主动当助手,因而使整个团队坦诚合作、同舟共济,在与同时研究这一项目的日本京都大学教授山中伸弥领导的小组的竞争中,抢先"撞线",夺得了人类关于这一项目的第一创新权。

人类对创新劳动力生产再生产的社会性投入本来就应当是无国界的。如果在俞君英发明由人的皮肤细胞转化成新型"万能细胞"的创新劳动过程中,其冲刺阶段的社会性投入是美国汤姆森实验室提供的,那么在其成长阶段的社会性投入则是其祖国完成的。她在祖国正规系统教育完成基础知识和基本素质学习与培养的基础上,改革开放、自主创新的社会环境又使她作为一个未来的创新劳动者接受了各种其他形式的社会性投入,特别是其后来表现出来的那种追求真理、报效祖国,认定理想、睿智选穴,忘我奋斗、倾劳必成的价值取向和执着态度,正是中国特色社会主义祖国对她的原始性社会投入。没有这种社会投入,她那种出国 10 年不回家、攻坚两年不与家里通电话,以至成功后第一件事就是睡上一觉……。没有这种以祖国的社会性投入为根基的疯狂式创新劳动,就没有她四年铸就一生理想的奇迹。

可见,社会性投入在创新劳动力生产再生产中的决定性意义,已不言自明。能够说明这一点的还有一种反复可见的现象,就是在基本知识、基本素质、基本能力等诸层面条件大体相仿的人们中间,有机遇并能抓住机遇,得到社会性投入的与没有机遇或有机遇未能抓住机遇,而没有得到社会性投入的,往往出现两种截然不同的情况:前者,常常获得成功,能够把应对和解决人类生存发展进程中新矛盾、新问题、新挑战的新质使用价值发现、发明或创造出来,成为完成这一历史任务的成功创新劳动者;后者,则常常失败,不仅不能把应对和解决这种新矛盾、新问题、新挑战的新质使用价值发现、发明或创造出来,甚至难以置身于这种创新劳动的环境和氛围中,又何谈发现、发明和创造这种人类尚未有或部分尚未有新质使用价值呢?在某些情况下,社会性投入往往集中表现在为创新劳动者创造一种可供不断吸取能量并使之充分释放的软硬环境与氛围,让其有一种为实现创新目标而不能不忘我打拼的不竭动力,并且有一条方向准确、坚实通畅的跑道,创新劳动者能够凭借这种社会性投入形成的平台,实现"好风凭借力,送我上青天",切实把这种新质使用价值发现、发明或创造出来。

同时,创新劳动力生产再生产高投入的综合性,不仅表现为广泛、深入的社会性,而且表现为不间断的长期性。任何创新劳动力,包括原生性创新劳动力即从事原生性创新劳动的劳动力和继发性创新劳动力即从事继发性创新劳动的劳动力的生产再生产时间,都要长于并大大长于重复劳动力,包括复杂劳动力的生产再生产时间。而且,创新劳动力生产再生产时间的这种长期性还表现出不间断性。

创新劳动力生产再生产的这种不间断的长期性,当然要表现在正规教育的连续性和系统性上,使其完整地学习并具备从事创新劳动必须的基础知识、基本素质、基本技能并能树立和增强正确的价值取向和自觉的创新意识等,以完成创新劳动力生产再生产的基础投入。

然而,形成创新劳动力生产再生产的不间断长期性的远非于此。这是由于任何创新成果,特别是原生性创新成果,都是为应对和解决人类生存发展进程中不断出现的新矛盾、新问题、新挑战而产生的。可以说,人类历史上既没有不为应对这种新矛盾、新问题、新挑战而产生的新质使用价值,也没有不依靠新质使用价值解决的新矛盾、新问题、新挑战。因此,任何创新劳动者究竟是否具有并真正成为这种能够发现、发明和创造新质使用价值的创新劳动力,不仅是在他们学习和提高基础知识、基本素质、基本能力的时候,而更是在他们选定创新课题并经创新劳动把人类应对新矛盾、新问题、新挑战的新质使用价值发现、发明和创造出来的时候。在这个意义上,创新劳动力的生产再生产过程,也是应对和解决这种新矛盾、新问题、新挑战的新质使用价值发现、发明或创造的过程。所以,所谓创新劳动力生产再生产投入的不间断长期性,也是由人类发现、发明和创造这种新质使用价值的不间断长期性决定的。

特别是人类认识其生存发展进程中的新矛盾、新问题、新挑战并发现、发明和创造新质使用价值应对和解决它们的过程,不仅会形成一般意义上的长期性,而且会由于这些新矛盾、新问题、新挑战关系到超长、超大的时空范围而形成不同的时代性和国际性。正如马克思所说:"人类始终只提出自己能够解决的任务,因为只要仔细考察就可以发现,任务本身,只有在解决它的物质条件已经存在或者至少是在生成过程中的时候,才会产生。"①在解决人类生存发展进程中新矛盾、新问题、新挑战的各种物质条件中,一个极其重要的因素,就是选择和造就能够发现、发明和创造应对和解决它们的新质使用价值的创新劳动力或创新劳动者。在一定意义上,这种选择和造就的过程,也就是能够完成这一历史使命的创新

---

① 马克思:《〈政治经济学批判〉序言》,《马克思恩格斯全集》第31卷,人民出版社1998年第2版,第413页。

劳动力的生产再生产过程。因而,创新劳动力,特别是作出重大历史性贡献的创新劳动力的生产再生产过程,往往表现出一定的时代性和国际性。

在人类的创新劳动史上,这种选择往往是双向的。一方面,面对这些新矛盾、新问题、新挑战,人类某些具有时代性和国际性眼光的创新劳动者必将研究、探索并努力发现、发明和创造应对和解决这些新矛盾、新问题、新挑战的新质使用价值;另一方面,时代和国际社会也必将选择和造就能够发现、发明和创造这种新质使用价值的创新劳动者。实际上,在创新劳动者能够选择这种时代性和国际性创新课题之前,这种创新课题已经选择了他们;在创新劳动者成功发现、发明和创造解决这些新矛盾、新问题、新挑战的新质使用价值的过程中,过程本身已对其创新劳动力实现了生产再生产,即把他们创造了出来。

可见,创新劳动力生产再生产过程与重复劳动力生产再生产过程的又一区别在于,重复劳动力的学习、培训等生产再生产过程一般主要是在正式进入劳动过程之前,而且在传统工业经济条件下,有些重复劳动者在学会和掌握了某种技术以后,可以在该行业、该工种、该工序干上数年、数十年,乃至一辈子。然而,创新劳动力的生产再生产则不同,特别是其对知识、信息的学习与更新,对素质、修养的培育与提高,对创新精神、创新能力的充实与增强等,一般是贯穿创新全程的,而且既是长期的,又是不间断的。这是因为创新劳动力生产的是人类尚未有或部分尚未有新质使用价值,只要创新目标锁定,就将进入程序严密、连贯,机制钢性、和谐的不间断的长期创新劳动过程。

实际上,这种创新劳动力的生产再生产过程与其新质使用价值的发现、发明和创造过程之间,是互相依赖、互相渗透,你中有我、我中有你地全面协调进行的。

在这里,我们还是以相对论的创立和发展为例加以说明,因为它不仅说明了人类发现、发明和创造新质使用价值与创新劳动力生产再生产过程的长期性,而且说明了这一过程的不可间断性。实际上,第一个挑战经典力学的法国物理学家彭加勒(J. Poincare,1854—1912 年),早在 1895 年,他就在电动力学中提出了相对性原理,1898 年他还提出了光速在真空中不变原理,并且于 1904 年把相对性原理扩展到其他物理现象。这样,彭加勒已经冲到了相对论门前。但是,由于他在向牛顿绝对时空观发起最后冲锋时停顿下来,未能最终摆脱其束缚,完成这"临门一脚",出现了创新劳动过程的间断。于是,历史就把最终突破经典物理学理论并创立相对论的使命交给了爱因斯坦。他于 1905 年,发表了《论动体的电动力学》,全面提出了相对性原理、光速不变原理等狭义相对论的基本原理,一举宣告了狭义相对论的诞生,解决了人类关于相对论创新劳动过程的暂短中断,使其得以持续地发展下去。

但是,这时人类关于相对论的创新劳动过程走到了又一个容易中断的时刻。由于狭义相对论虽然使人类的时空观发生了革命性进步,但由于它只是考虑了在惯性参考系的真理性,而尚未考虑在非惯性参考系是否普遍适用的问题,因而把相对论从惯性参考系扩大到非惯性参考系,就成为了相对论作为革命性理论必须继续解决的关键问题,也是人类关于相对论创新劳动过程能否继续下去的一个决定性阶段。特别是由于相对论的超前性,使当时物理学界能够跟上爱因斯坦步伐,在狭义相对论基础上继续向广义相对论推进的人极少,于是爱因斯坦没有坐享狭义相对论带来的荣耀,而是继续进行创新劳动,并且于 1906 年发表了《广义相对论的基础》,全面阐述出一种与牛顿引力理论所描述的静态引力场根本不同的以新的引力理论支持的变化引力场,主张空间引力场的时空特性取决于物质的质量和空间几何分布,物质分布不均必然引起空间发生弯曲,质量越大、分布越密,空间曲率越大、时间流逝越慢。这样,爱因斯坦又解决了人类关于相对论创新劳动过程中的第二次可能性中断。

可是,广义相对论的理论提出后,又出现了一个验证问题。于是,爱因斯坦又一次把人类关于相对论理论的创新劳动过程推进到科学验证阶段。他通过水星近日点的移动、光线在引力场中的弯曲以及光谱线频率的引力红移等,初步验证了广义相对论原理的正确性,从而使人类关于相对论理论的创新劳动过程得以不间断地发展下去。当然,整个相对论理论的真理性验证本身也需要一个相当长的创新劳动阶段。到 1974 年,诺贝尔物理学奖获得者、美国物理学家、射电天文学家泰勒(Toseph Hooton Taylor,1941—　)和美国物理学家赫尔斯(Rrssell Alan Hulse,1952—　)首次发现了脉冲双星并发现双星互相绕转的轨道周期在不断变短。这一发现,又一次验证了爱因斯坦广义相对论关于引力辐射的预言。尽管相对论理论的验证和应用路途还相当漫长,但重要的是人类关于相对论理论,包括广义相对论原理的创新劳动过程不仅没有间断,而且正在持续地进行下去。

对于人类发现、发明和创造新质使用价值及其超常价值的过程和创新劳动力生产再生产过程的不间断的长期性,俄罗斯杰出的化学家门捷列夫有一个简明的概括:"终身努力,便成天才。"

创新劳动力生产再生产的综合性高投入,不仅具有广泛深入的社会性和不间断的长期性等后天性,而且具有不以人的意志为转移的先天性。

所谓创新劳动力生产再生产综合性高投入的先天性,是指创新劳动力作为创新劳动主体的先天禀赋,即与生俱来的生理解剖特征,主要体现在感觉器官、运动器官和包括神经与脑在内的传导、思维系统的结构形态与生理机能上。根据现代遗传学和解剖学,作为生物因素,它是遗传信息通过其载体 DNA 与环境长期进行交互作用而形成的,是其彼此融合的产物。因此,这种现象本身就是一种特殊形态的物质运动现象。古今中外的创新劳动者及其创新劳动和创新成果,特别是那些做出重大原生性创新成果的创新劳动者及其成功经验反复证明,这早已是一个不争的事实。在这里,仅以被称为当代数学奇才、法国智能学博士生、世界有记载以来心算速度纪录多次打破者、现年仅 27 岁的亚历克西·勒迈尔为例加以说明。2007 年 11 月 15 日,他在美国纽约科学厅现场演示了仅用 72.4 秒算出 200 位数字的 13 次方根的心算过程。他随机选取了一个 200 位的数字并当场给出了一个共 16 位数字的精确结果 2397207667966701,即用他选取的 16 位数自乘 13 次,从而打破了由他本人保持的求 200 位数字 13 次方根用 77 秒的世界记录。英媒体称他为“历史上最伟大的活计算器”。他的心算成果足以证明,创新劳动力生产再生产投入先天性的客观真实性。此类事实,古今中外皆有。对于创新劳动者,特别是那些做出重大原生性创新成果的创新劳动者,这种先天性投入不是有没有的问题,而是什么先天性投入和先天性投入多少以及作用大小的问题。

对于创新劳动力发现、发明和创造人类尚未有或部分尚未有新质使用价值这一认识世界和创造世界的整个过程来说,无论是实现从物质到精神、实践到认识,认识新质使用价值的本质和规律,还是从精神到物质、认识到实践,按其本质和规律发现、发明和创造这种新质使用价值,都须臾离不开创新劳动者的感觉、运动器官和包括神经、脑在内的传导、思维系统的结构形态和生理机能。

正如马克思所说:"劳动力的发挥即劳动,耗费人的一定量的肌肉、神经、脑等等。"[1]如果创新劳动者这些感觉、运动器官和传导、思维系统具有最佳或较佳结构形态和最强或较强生理机能,那么无论是实现从物质到精神、实践到认识,掌握新质使用价值的本质和规律,还是实现从精神到物质、认识到实践,把新质使用价值发现、发明或创造出来,他们都可能先知先觉、先行先河,又好又快并更好更快地实现;反之,则没有这种可能,或可能性极小。

特别是创造性思维进程中的"三级跳",即三大关键环节,究竟能否实现突破,在其他条件具备的情况下,创新劳动力的这种先天性投入具有决定性作用。具体说来,一是当反映新质使用价值的本质、规律和整体的现象与偶然性出现在面前时,能否突发灵感并实现顿悟,使其成为认识和掌握新质使用价值的本质、规律和整体的入门向导;二是得到灵感和顿悟后,能否独立想像,合理推测,把新质使用价值的本质、规律和整体大体勾勒出来;三是在想像和推测的基础上,能否科学抽象,严密概括,实现对新质使用价值本质、规律和整体的正确或基本正确的认识并形成科学或基本科学的思想、概念、理论,或路径、方案、步骤,抑或方法、模式、工艺等,以最终把新质使用价值发现、发明和创造起来。

只要打开人类的创新劳动史,在这些突破性环节背后,无一没有经典例证。在澡盆里洗浴,是自古以来人们,包括物理学家的一种习惯做法,为什么只有阿基米德才从中发现了王冠工匠偷金换银并进而揭示出沉浸在液体里的物体浮力?熟苹果落地,有多少物理学家熟视无睹,为什么只有牛顿从中发现了万有引力定律?物体总是沿着阻力最小轨道运动,在许多物理学家那里司空见惯,

---

[1] 马克思:《资本论》第一卷,人民出版社 2004 年第 2 版,第 199 页。

为什么只有在爱因斯坦头脑里唤起了相对论奇想？等等，不一而足。请看，在其他因素大体相同的前提下，创新劳动力生产再生产的这种先天性投入难道不正是决定性因素吗?!

实质上，对于创新劳动力的生产再生产来说，如果社会性是其投入在空间意义上的扩大，长期性是其投入在时间意义上的延长，那么先天性则既是内向扩大的社会性，又是前向延长的长期性，是一种在时空交错意义上的前"原始投入"。创新劳动力先天性的投入或投入的先天性，作为创新劳动力在自身器官和传导、思维系统的遗传信息与客观环境交互作用的产物，本来就具有物质性，其作用本质上也源于一种物质性运动。因此，夸大天才及其作用当然是唯心论，而否认天才及其作用，也不是唯物论。

当然，在创新劳动力的生产再生产投入中，先天性投入与后天性投入是相辅相成、缺一不可的。如果这种先天性投入，能够为创新劳动者发现、发明或创造人类尚未有或部分尚未有新质使用价值提供一定的可能性，那么后天性投入，则不仅能够为其增加新的可能性，而且能够把可能性变成现实性。

我在研究创新劳动力生产再生产投入时，特别强调了其社会性、长期性和先天性投入的重要性，但这并不意味着小学、中学、大学以及研究生等学校正规系统教育就不重要。然而，对于创新劳动力的培养来说，学校正规系统教育的应有作用，只有在创新型教育体制机制的框架下才能充分发挥出来；否则，除基础性知识投入外，不但不能在创新劳动力的生产再生产中充分发挥应有作用，而且还会在价值取向、发展导向和心理倾向等决定性因素上，与创新劳动者的培养与造就发生扭曲。

由于任何对创新劳动力的生产再生产投入，包括学校正规系统教育，都必须通过其主观能动性和实践活动，包括科学实验，才能充分发挥作用。因此,当年恩格斯在批评英国爱比斐特理科中学的错误倾向时,曾尖锐地指出:"经济非常充足,因此可以招聘最好的教员,开设比较完整的班次。但这个学校流行着一种非常可怕的背书制度,这种制度半年的时间就会使一个学生变成傻瓜。"①由此可见,创建创新型教育体制机制,不死读书本,不硬背教条(包括教师讲稿和导师著作),加强批判性思维和创造性思维教育,充分发挥学生的主观能动性和实践活动的应有作用,对创新劳动力生产再生产的极端重要性。

　　对于我国目前的教育体制机制状况,钱学森在温家宝总理于2005 年 7 月 29 日到医院看望他时说:"现在中国没有完全发展起来,一个重要原因是没有一所大学能够按照培养科学技术发明创造人才的模式去办学,没有自己独特创新的东西,老是'冒'不出杰出人才。"②因此,必须从根本上改革我国目前的教育体制机制。在一定意义上,可以说目前的教育体制机制,不仅不利于培养创新劳动者,而且有利于培养不创新劳动者,无论如何难以培养创新劳动者。这并不是说经过我国现行正规系统教育的学生中没有出现过创新劳动者,也不是说我国教育领域的领导和教师不愿意培养创新劳动者,更不是说广大学生不想成为创新劳动者,而是说这种教育体制机制本身就不是一种培养创新劳动者的体制机制。只有在创新型教育体制机制下,中国特色社会主义事业关于培养创新劳动者的要求,教育领域的领导和教师培养创新劳动者的愿望和广大学生成为创新劳动者的理想,才能够实现。

　　从小学、中学到大学和研究生教育实行根本改革,建立一种系

---

① 恩格斯:《马克思恩格斯全集》第 1 卷,人民出版社 1956 年版,第 510 页。
② 转引自《经济时报》2005 年 7 月 31 日,第 2 版。

统、完善的创新型教育体制机制,把创新劳动力生产再生产的社会性投入、长期性投入和先天性投入与学校的正规系统教育有机结合起来,才能使我国由一个人口大国变成一个人才强国,特别是创新人才强国。只有这样,我们才能落实科学发展观,走创新发展道路,建设创新型国家。这是一个关系到我们国家和整个中华民族前途命运的战略问题,也是中国特色社会主义理论和实践必须解决的重大问题。如果我们党抓经济改革的一条成功经验,是从抓经济体制机制改革入手并建立社会主义市场经济体制机制;那么,目前我国教育改革也必须从改革教育体制机制入手,切实把我国自小学、中学、大学到研究生教育,从领导、教师和学生虽然都想培养创新人才,但却难以培养创新人才的体制机制中解放出来。我们需要的创新型教育体制,是一种教育和培养学生能够批判思维,挑战权威,追求真理的体制;是一种引导和保证学生能够通识人类文明,个性选择专业的体制;是一种激励和保护学生能够不怕探索失误,享有失败权力①的体制;是一种结果能够产生创新人才,特别是原生性创新人才的体制。

尽管,中国特色社会主义事业从产生到发展,总体上是在创新中实现的,但是并非我们在各领域做自己所有尚未做过或尚未成功做过的事情都是创新,只有做人类尚未做过或尚未成功做过的事情才是创新②;也并非所有创新都是原生性创新,只有发现、发

---

① 赵培兴:《创新劳动论》,中央文献出版社、黑龙江人民出版社 2006 年版,第 212 页。

② 根据近日召开的中国首届卫星导航学术年会提供的资料,我国正在研发的北斗卫星导航系统,到 2020 年建成覆盖全球的卫星导航系统时,届时世界将出现四大卫星导航系统,即美国的 GPS(全球定位系统)、俄罗斯的"格洛纳斯"、欧盟的"伽利略"和我国的"北斗"。那么,与它们比较,我国北斗卫星导航系统创新在哪里呢? 主要就在于它把导航与通信紧密结合起来。也就是"既能知道'我在哪里',又能知道'你在哪里'"。凭借这一点创新,无论是在军事上还是民用上,都将发挥制胜的作用。由此可见真正创新的威力。

明和创造人类完全尚未有新质使用价值才是原生性创新。对于创新，特别是原生性创新，最具决定意义的是必须具有创新人才，特别是足够的创新人才。我国在盛世坚持创新发展道路，建设世界创新型国家，重要的在于培养和造就宏大、合格并可世代承续的创新人才队伍，特别是原生性创新人才队伍。十年树木，百年树人。只有每一代都培养创新人才，才能使代代都不乏创新人才。

可以说，没有足够创新人才难有创新型国家，没有创新型教育难有足够创新人才。只有当我国由一个人口大国变成创新人才强国之时，才是变中国制造为中国创造之日。

第二节　创新劳动者所得的历史考察

创新劳动者所得①劳动或价值，是我研究创新劳动价值论提出的一个颇具现实意义的历史性模糊概念。虽然在商品经济或市场经济条件下，它才以价值，即交换价值的形式出现，但是我们仍须对其进行必要的历史考察。

对于创新劳动价值论，重要的问题不在于创新劳动者在人类创新劳动史上，具体得到什么和得到多少，而在于创新劳动者所得劳动或所得价值同其创造的超常剩余劳动或超常剩余价值的比率，始终保持悬殊性，而且随着人类创新劳动的不断发展其悬殊性呈现出越来越大的趋势。而且，各个历史时代的区别，不是它们之

---

① "创新劳动者所得"和"创新劳动者应得"，本来是两个既有相同点，又有一定不同点的概念。虽然，二者都是对属于创新劳动者的劳动或价值的反映，而"创新劳动者应得"更符合创新劳动价值论的要求。但在实际上，往往难以全面实现创新劳动者应得劳动或价值，而实现的只是其所得劳动或价值。这个问题，在知识产权国家成文法产生前后的主要区别，集中表现在能否得到创新成果的知识产权价值上。出于对实际情况的考虑，我在对其进行历史考察时，主要还是使用创新劳动者所得劳动或价值这个模糊概念。

间的比率状态是不是悬殊的问题,而是悬殊大小及其趋势发展快慢的问题。尽管,这种同其超常剩余劳动或超常剩余价值的比率悬殊,并且越来越悬殊的属于创新劳动者的劳动或价值,在历史上往往表现为创新劳动者"所得劳动或所得价值",并不是其全部的"应得劳动"或"应得价值"。然而,即使是其"应得劳动"或"应得价值"也远远改变不了这种悬殊状态和越来越悬殊的趋势。当然,这种创新劳动者所得,既包括物质性所得,又包括非物质性所得。

但是无论如何,创新劳动者所得劳动或价值同其创造的超常剩余劳动或价值比率的悬殊性和越来越悬殊的发展趋势,是我们对"创新劳动者所得"进行历史考察所得出的一个可靠的基本结论。

在人类创新劳动史上,"创新劳动者所得"的演进过程大体可分为三个发展阶段或历史时代。

第一阶段,主要是在人类处于原始社会形态的漫长历史中间。

有人类劳动就有创新劳动,有创新劳动就有创新劳动者和创新成果,有创新劳动者和创新成果就有创新劳动者所得,也就会发生创新劳动者所得劳动或价值与其创造的超常剩余劳动或超常剩余价值之间的分配关系。只不过是当时的创新劳动者所得劳动与其创造的剩余劳动之间的分配关系,同样处于原始状态,是自发的而不是自觉的,是萌芽的而不是完整的,特别是不具备私有制、阶级和国家产生后那种私有财产观念、权利性质和法律意义,因而导致了创新成果的公有性及其与创新主体的分离性,以及创新劳动者与其他劳动者和社会或部落成员在所得分配上的按需性。根据人类学、考古学和古代史学现在提供的资料,整个社会或部落成员的分配,包括创新劳动者所得,大体上是公开、公推、公平的。

尽管这样，但由于超常剩余劳动与创新劳动者所得劳动始终是一对孪生兄弟，而在原始社会创新劳动成果与重复劳动成果在相当一段漫长时间里又具有特殊的区别：重复劳动成果不仅没有剩余，而且有时满足不了劳动者的自身需要；创新劳动成果不仅始终有剩余，而且剩余部分也始终大于创新劳动者所得部分。在这个意义上，可以说创新劳动者创造的超常劳动或超常价值与生俱来，始终由创新劳动者所得劳动或所得价值与超常剩余劳动或超常剩余价值两部分构成。因此，即使在当时也存在着一个二者之间的分配问题。从人工取火这一当时决定人类生存发展前途命运的巨大创新成果的分配来看，创新劳动者所得劳动比较其超常剩余劳动，不仅显然处于低比率状态，而且已经相差悬殊。人类这项创新劳动成果，极有可能是在旧石器时代末期，特别是由于钻孔技术的发明而创造出来的，但其普及却是在新石器时代随着磨制工具的创造和使用而实现的。我国《庄子·外物篇》载有"燧人氏钻木取火，造火者燧人氏也"的说法，并且明文写道：他"因此为名"。可见，传说中的燧人氏由于发明了钻木取火这一当时人类完全尚未有新质使用价值，不仅得到了相应的物质回报，而且还名声大振。在作为原生性创新劳动者的燧人氏所得中，还不只是这些。韩非在《五蠹》中写道："钻木取火以化腥臊，而民悦之，使王天下"。这就是说燧人氏由于发明了钻木取火，解决了当时人类急需解决的"化腥臊"问题，不再"茹毛饮血"，使人民喜悦、信任和拥戴，因而不仅名誉天下，而且被公推为首领，领导天下。这说明就是在原始社会形态，创新劳动者所得也不仅是物质性的东西，而且也已包括了非物质性的东西。

然而，即使是像燧人氏这样丰厚的创新劳动者所得与其创造的超常剩余劳动相比，也依然处于悬殊状态。特别是这一超常劳动,即超常生产价值与其承担者人类完全尚未有新质使用价值的反复实现所形成的革命性综合价值,不仅使人类从此由生食到熟食、从陆地食物到水生食物,特别是鱼蚌类,提高了营养,促进了大脑发育,加快了进化;而且带来了光明、缩短了黑夜、增加了活动时间并由野居变洞居,增强了抵御野兽、开垦荒地的能力;进而使人类能够发展到烧制石、木、陶制器皿和武器、工具以至冶炼、锻铸金属,由石器时代进入青铜时代、铁器时代,实现了生产力和人类社会的一种超常发展和革命性进步。在欧洲,普罗米修斯①把火从天上带给人间的神话故事,也生动地反映了发明人工取火的创新劳动者对人类生存发展的巨大贡献和人们给予他的所得,这也算是一种创新劳动者的非物质性所得吧!对于人工取火这一创新劳动成果的巨大贡献和伟大意义,恩格斯曾做过科学的评估:"在人类历史的初期,发现了从机械运动到热的转化,即摩擦生火;在到目前为止的发展的末期,发现了从热到机械运动的转化,即蒸汽机。而尽管蒸汽机在社会领域中实现了巨大的解放性的变革——这一变革还没有完成一半,——但是毫无疑问,就世界性的解放作用而言,摩擦生火还是超过了蒸汽机,因为摩擦生火第一次使人支配了一种自然力,从而最终把人同动物界分开。"②

可见,创新劳动者所得劳动在其超常剩余劳动中的悬殊性,早在人类的原始时代就已表现得如此淋漓尽致了。

第二阶段,主要是在从私有制、阶级和国家产生到人类第一部

---

① 普罗米修斯是希腊宗教中的提担之一,是善于运用诈术的火神,其名字意为"先知"。传说他曾盗取天火,把它送给人类使用,因而被称为把天火与文明带给人类的人(《简明不列颠百科全书》第6卷,中国大百科全书出版社1986年版,第555页)。

② 恩格斯:《反杜林论》,《马克思恩格斯选集》第3卷,人民出版社1995年第2版,第456页。

知识产权国家成文法诞生以前这段历史中间。

在这一阶段，一方面创新劳动者所得价值已经失去了原始阶段那种按照创新成果并通过公开、公推实现公平的社会条件；另一方面，创新劳动者不仅与其他劳动者一样，没有取得人的独立性，处于人身依附状态，而且其创新成果也没有国家成文法律的支持和保护。因此，这是一个创新劳动者所得无保障的不确定性时代。

当时的创新劳动者及其创新劳动和创新成果，不仅要有利于生产力发展和社会进步，而且必须符合包括奴隶主和封建统治者在内的统治阶级的利益与意志。只有这样，创新劳动者及其创新劳动和创新成果才能得到其"恩准"或"特许"，创新劳动者所得劳动或价值也才能得到一定的实现。反之，如果创新劳动者及其创新劳动和创新成果违背了统治阶级，包括中世纪欧洲反动教会的利益与意志，即使是科学真理，有利于生产力和社会的发展与进步，也不仅得不到这种"特许权"的承认、支持和保护，而且还要遭到它们的打击、制裁和迫害。

然而，这不等于这种"特许权"没有权威性。事实上，我国从春秋战国，特别是秦朝开始建立中央集权国家以来，包括"四大发明"在内的许多创新成果的产生都得益于这种中央集权的政治结构并服务于治理、发展好这个国家。因此，形成了我国创新劳动史上著名的春秋战国、秦汉、唐宋三次古代科学技术的发展高峰。①对此，英国科学史家李约瑟做过公正的评估："中国从公元 3 世纪到 13 世纪，科学技术水平为西方望尘莫及，各种重大发现、发明、创造远远超过了同时代的欧洲，推动西方走向近代文明的科学技

---

① 李思孟、宋子良主编：《科学技术史》，华中理工大学出版社 2000 年版，第 102 页。收入了中国古代到清朝为止的科学技术创新成果，共 192 项，春秋占国 26 项，秦汉 36 项，唐宋 47 项。仅这三次高峰就产生了 109 项，占这段历史上创新成果的 57%。

术成果约一半是从中国传入的。"①当然,封建统治者在对这些创新劳动者及其创新成果实施"特许权"保护时,对其巨大价值,特别是革命性综合价值是始料不及的。马克思曾把火药、指南针、印刷术称为预告资产阶级社会到来的三大发明。面对这些创新成果如此巨大的价值,包括人类尚未有新质使用价值及其形成的革命性综合价值,当时的封建统治者除了从其本阶级利益与意志所及范围的认识以外,不可能产生更高的见识,因而也不可能给予创新劳动者以应得价值。在这种历史条件下,创新劳动者所得价值同其创造的超常剩余价值的比率,也就必然呈现出悬殊性状态和越来越悬殊的发展趋势。

更有甚者,那些违反反动统治阶级利益与意志的创新劳动者,包括做出重大创新成果的伟大创新劳动者所得,同其创造的超常剩余劳动或超常剩余价值的比率状态远非一个"悬殊性"所能概括,有的还要倒搭上自己的生命或人身自由。创立"日心说"、挑战"地心说"的波兰天文学家哥白尼②的"所得",竟是被反动教会绞杀。奠定经典力学基础、捍卫"日心说"的"近代科学之父"伽利略的"所得",则是被罗马宗教法庭判处终身监禁,等等,不一而足。虽然,在当时的历史条件下,他们不可能得到作为创新劳动者的应得。然而,他们为人类做出的重大创新却得到了历史给予的非物质性补偿——作为伟大的创新劳动者,他们被永远镌刻在人类的创新劳动史上!

---

① 李思孟、宋子良主编:《科学技术史》,华中理工大学出版社 2000 年版,第 39 页。
② 哥白尼从 1503 年开始集中精力观测和研究天文现象,到 1512 年完成巨著《天体运行论》初稿,后又经 20 年的不懈努力完成了这部巨著,提出并初步论证了"日心说"。虽然,《天体运行论》是他逝世后的 1543 年公开出版的,但其"日心说"的思想早已击中了反动教会的致命穴位,从此自然科学就开始从神学中解放出来。因此,哥白尼这位人类伟大的创新劳动者也就遭到了反动教会的迫害。

第三阶段,主要是在人类第一部国家知识产权成文法诞生以来,并且将延续一个相当长的历史阶段中间。具体是从 1623 年英国颁发《垄断法规》(*The Statute of Monopolies*)至今和今后相当一段时间。

这一阶段的特点,一是创新劳动者同其他劳动者共同摆脱了人身依附关系,获得了"以物的依赖性为基础的人的独立性"①;二是创新劳动者应得价值中关于知识产权价值得到了国家成文法的承认和保护。因此,创新劳动者所得价值由一个无保障、不确定的时代进入了一个以创新成果为基础、以市场为平台、以国家成文法律为根据的有保障的确定性时代。同时,包括创新劳动力生产再生产价值在内的创新劳动者所得价值,也呈现出一种日益增加的发展趋势。

在这段时间,各种知识产权法律、法规相继在发达国家产生,特别是 1967 年在斯德哥尔摩签订《建立世界知识产权组织公约》和随后世界贸易组织(WTO)的《与贸易有关的知识产权协议》(TRIPS)产生的一个世纪来,在工业领域相继产生了 15 个国际性公约,在版权或著作权领域先后产生了 10 个国际性公约。在美、英、法、德等发达国家的带动下,在包括我国在内的相当一些国家知识产权法律、法规纷纷发布。因此,知识产权保护范围越来越广,保护力度越来越大,保护标准界定越来越明确。同时,对违反知识产权法律和国际公约的争端处理机制越来越有效。所以,这一阶段开始至今的创新成果,不仅分别大大超过一二阶段的创新成果,而且也超过了前两个阶段创新成果的总和。特别是现代人

①　马克思:《政治经济学批判》,《马克思恩格斯全集》第 30 卷,人民出版社 1995 年第 2 版,第 107 页。

类的创新成果一日千里、日新月异地空前发展,越来越显示了创新成果和创新劳动者应得价值法律保护的巨大成效。根据目前世界对科技创新成果的统计,人类在自然科学领域有重要价值的发现、发明和创造的总数,16 世纪不过 26 项、17 世纪已有 106 项、18 世纪升为 756 项、19 世纪为 546 项,仅 20 世纪前 50 年就达到 961 项,而近 30 多年的科技成果比过去 2000 年的总和还要多。[①] 在这个过程中,创新劳动力生产再生产费用或价值,也都随之不断提高。在创新劳动者所得中,不仅生存资料不断增加,而且发展资料也不断增加,甚至也增加了一定的享受资料,特别是创新成果的财产权,即知识产权得到了实现。

　　总结迄今创新劳动者所得劳动或价值发展的三个阶段历史进程,尽管随着创新成果,即人类尚未有或部分尚未有新质使用价值被发现、发明和创造得越来越多,创新劳动者所得劳动或价值也越来越多,但是创新劳动者所创造的超常剩余劳动或超常剩余价值则更加越来越多,即以比创新劳动者所得劳动或价值更大幅度地增加而增加。因此,在创新劳动者所得劳动或价值与其创造的超常剩余劳动或超常剩余价值之间,不仅仍然处于悬殊和越来越悬殊的状态,而且还表现出更加越来越悬殊的发展趋势。

　　足以说明这一趋势的经典例证比比皆是。从蒸汽机到发电机和电动机,再到微机等整个信息技术等,无一例外。在这里,我们仅以人类从改变物质分子结构,利用原子反应获取化学能到改变原子核结构,利用核反应获取核能的创新劳动发展过程为例来说明。据科学测算,一个铀原子核在分裂过程中释放的裂变能竟是一个碳原子反应释放的化学能的 5000 万倍,而核聚变反应释放的

---

① 参见李思孟、宋子良主编:《科学技术史》,华中理工大学出版社 2000 年版,第 354 页。

聚变能又比核裂变反应释放的裂变能大4倍,那么一个铀原子核在聚变反应中释放的核聚变能则是一个碳原子反应释放的化学能的2亿倍。如果按照这个幅度,发现和开发核能的创新劳动者们将创造的超常价值包括超常剩余价值,比较发现和开发碳原子反应释放化学能的创新劳动者们所创造的超常价值包括超常剩余价值,大体上也应当是5000万到2亿倍。与此相比,有哪一位或哪些发现和开发核能的创新劳动者所得价值是按照或将按照比发现和开发碳原子反应释放化学能的创新劳动者所得高达5000万到2亿倍的幅度增加的呢?!可以说,此例一证封喉,无须争论。

纵观整个人类的创新劳动史,在迄今创新劳动者所得劳动或所得价值发展三阶段的更替中,创新劳动者所得劳动或价值同其创造的超常剩余劳动或超常剩余价值的比率,不仅无一不寡处悬殊状态,而且随着创新成果,即新质使用价值及其超常价值被发现、发明或创造得越来越多和创新劳动者所得劳动或价值增加得越来越多,这种比率的悬殊度不仅没有越来越降低,而且还越来越提高。这就是说,在人类发现、发明和创造的新质使用价值及其超常劳动或超常价值越来越多、越来越大的历史进程中,创新劳动者所创造的超常剩余劳动或超常剩余价值始终是以多于、大于并远远多于、大于其所得劳动或所得价值增加的幅度而不断增加的。这也是一种不以人们主观意志为转移的必然趋势。

创新劳动者所得劳动或所得价值同其创造的超常剩余劳动或超常剩余价值比率状态的悬殊性并越来越大的悬殊性,是创新劳动者之所以是创新劳动者的一种基本根据。尽管,任何创新劳动者无一不是在其特定社会历史条件下从事创新的,因而难以想像他们能够超越历史进程,在人类尚未进入劳动者能够把劳动作为人生第一需要的社会历史条件下,就已做到或几乎做到了把创新劳动作为其人生的"第一需要"。但是,当我们对创新劳动者所得进行了深入的历史考察以后,发现人类的创新劳动者,特别是那些做出重大创新的成功创新劳动者的核心价值取向,正在于他们或已把自己从事的创新劳动当做了人生的"第一需要"。他们对于维持其创新劳动力生产再生产以外的创新劳动者所得,似乎视为"可得、可不得"。得,固然要实现其创新目标;不得,也要实现其创新目标。可见,支撑他们实现创新目标的还有一种来自于心灵深处的非物质动力。这就是他们的那种献身真理、献身革命、献身人类的价值取向。这是一种支撑创新劳动者拼命创新、终生创新、成功创新的取之不竭、用之不尽的核心动力。这是由于任何创新劳动者,特别是那些做出重大创新的成功创新劳动者,如果没有这种核心动力,他们就会面对创新劳动者所得劳动或所得价值同其创造的超常剩余劳动或超常剩余价值比率状态的悬殊并越来越悬殊的必然趋势,失去内在支撑,难以实现其创新目标,特别是那种需要长期,甚至终生付出的重大创新目标。

从人类社会历史发展的层面上来看,创新劳动者所得劳动或所得价值同其创造的超常剩余劳动或超常剩余价值比率状态的悬殊性和越来越大的悬殊性,是生产力和整个人类社会及其各领域发展与进步,特别是超常发展和革命性进步的一个决定性因素;没有这种悬殊性和越来越大的悬殊性,生产力和整个人类社会及其各领域,就不可能发展与进步,特别是不可能实现超常发展和革命性进步。

这一历史"悬殊性",是对创新劳动者,特别是做出重大成果的创新劳动者之所以可爱、可敬,乃至伟大的政治经济学诠释。在推动生产力和人类社会及其各领域超常发展和革命性进步的舞台上,他们是主角、英雄和历史创造者。因此,决定一个时代和社会、一个国家和民族、一个产业和企业实现超常发展和革命性进步的因素,虽有诸多层面,但其中一个最具决定意义的是:在物质和精神上,对创新劳动者及其创新劳动与创新成果实现科学的价值定位并使其成为执政党决策、国家法律和社会公德。

这是我在"创新劳动者所得"历史考察的结论中,最具战略意义的内涵。

第十六章　超常剩余价值

第一节　超常剩余价值的产生

　　研究超常价值的分配,不仅要研究创新劳动者所得或应得价值,而且还必须研究创新劳动力创造的超常剩余价值。

　　根据超常价值的有机构成,减去了创新劳动者所得或应得价值以后的超常价值,就是创新劳动力创造的超常剩余价值。马克思在研究实际上的重复劳动力创造的剩余价值时,曾明确指出:"劳动力的价值和劳动力在劳动过程中的价值增殖,是两个不同的量。资本家购买劳动力时,正是看中了这个价值差额。"[①]他发现"具有决定意义的,是这个商品独特的使用价值,即它是价值的源泉,并且是大于它自身的价值的源泉"[②]。马克思在认定劳动力价值与劳动力在劳动过程中的增殖价值是两个不同量的同时,进一步明确劳动力既是它自身的价值的源泉,又是大于它自身的价值的源泉。他在此基础上科学地界定:"如果我们现在把价值形成过程和价值增殖过程比较一下,就会知道,价值增殖过程不外是

---

① 马克思:《资本论》第一卷,人民出版社 2004 年第 2 版,第 225 页。
② 马克思:《资本论》第一卷,人民出版社 2004 年第 2 版,第 226 页。

超过一定点而延长了的价值形成过程。如果价值形成过程只持续到这样一点,即资本所支付的劳动力价值恰好为新的等价物所补偿,那就是单纯的价值形成过程。如果价值形成过程超过这一点而持续下去,那就成为价值增殖过程。"①

虽然,这是马克思在研究重复劳动力创造自身价值和大于它自身的价值的过程中所做出的科学论断,但是由于创新劳动力与重复劳动力在创造价值的意义上,并没有质的根本区别,因此马克思的这一科学论断,对于我们研究创新劳动力创造其自身价值或创新劳动者所得价值和创造大于其自身价值的价值之间的关系问题,依然具有重要的现实指导意义。对于这一点,马克思为了使人们不产生任何歧义,早已预见性地指出:"对于价值的增殖过程来说,资本家占有的劳动是简单的、社会的平均劳动,还是较复杂的、比重较高的劳动,是毫无关系的。"②这是因为决定性的问题在于,劳动力创造的价值是否超过了劳动力自身价值的"必要点",即资本所支付的劳动力价值恰好为新的等价物所补偿这样一点。可以说,无论是重复劳动力还是创新劳动力,或马克思所说的简单劳动力还是复杂劳动力,它们创造的价值只要不超过这一"必要点",就是劳动力包括创新劳动力的自身价值;但是只要超过这一"必要点",无论是超过的少还是超过的多,也无论是重复劳动力价值创造过程中的"必要点"还是创新劳动力价值创造过程中的"必要点",都已经由价值形成过程进入了价值增殖过程,因而都属于剩余价值范畴。

可见,创新劳动力和重复劳动力在价值增殖问题上的区别,不

①　马克思:《资本论》第一卷,人民出版社 2004 年第 2 版,第 227 页。

②　马克思:《资本论》第一卷,人民出版社 2004 年第 2 版,第 230 页。

是创造还是不创造剩余价值的问题,而是创造的剩余价值多还是少的问题。

我们在超常价值的生产中,已经明确提出创新劳动者创造的是以其个别必要劳动时间为价值尺度的超常价值,重复劳动者创造的则是以社会必要劳动时间为价值尺度的正常价值。而创新劳动者创造超常价值的个别必要劳动时间的劳动价值率高于并大大高于重复劳动者创造正常价值的社会必要劳动时间的劳动价值率。因此,创新劳动者用同样长,甚至更短的个别必要劳动时间创造的价值量远大于重复劳动者所创造的价值量。同样,创新劳动者用同样长,甚至更短的个别必要劳动时间创造的剩余价值量也必将远大于重复劳动者所创造的剩余价值量。这是无疑的。

所以,如果重复劳动力在其价值创造过程中的"必要点"以后,所创造的大于它自身价值的价值属于以社会必要劳动时间为价值尺度的剩余价值;那么,创新劳动力在其价值创造过程中的必要点以后创造的大于它自身价值的价值,则是其以个别必要劳动时间为价值尺度的剩余价值,即超常剩余价值。

在这里,我们还须再回到马克思关于重复劳动形态中复杂劳动与简单劳动所创造价值的区别的论断上:"比社会的平均劳动较高级、较复杂的劳动,是这样一种劳动力的表现,这种劳动力比普通劳动力需要较高的教育费用,它的生产要花费较多的劳动时间,因此它具有较高的价值。既然这种劳动力的价值较高,它也就表现为较高级的劳动,也就在同样长的时间内对象化为较多的价值。"①而创新劳动力比重复劳动形态中的复杂劳动力更复杂、更

---

① 马克思:《资本论》第一卷,人民出版社 2004 年第 2 版,第 230 页。

高级,它需要的教育费用更高并更高得多,它的生产花费的劳动时间更多并更多得多,因而它也就具有更高并更高得多的价值,表现为更高级并更高级得多的劳动。这样,创新劳动力在同样长,甚至更短时间内,比重复劳动力创造或对象化为更多、更大并更多得多、大得大的剩余价值,也就理所当然,不足为怪了。

由此,我们就把创新劳动力以其个别必要劳动时间创造的超常剩余价值远大于重复劳动以其社会必要劳动时间创造的剩余价值这一结论,锁定在科学的根据上了。

至此,我们研究了创新劳动者所得价值,又研究了其创造的超常剩余价值。这样,超常剩余价值率的提出就水到渠成了。

马克思在研究人类重复劳动及其创造的剩余价值时,曾明确提出:剩余价值率"由剩余价值同可变资本的比率来决定,或者用 $\frac{m}{v}$ 来表示"[1]。虽然,创新劳动力创造的剩余价值如同其创造的整个价值是超常价值一样,也是一种超常的剩余价值,但这并改变不了决定剩余价值率的基本关系,即剩余价值同可变资本之间的比率。如果有什么不同的话,无非是比率的前项由超常剩余价值代替了剩余价值,其剩余的价值量发生了超常的扩大,至于比率的后项则由创新劳动者所得或应得价值代替了可变资本,不仅增添了创新成果知识产权等价值,而且其生产再生产创新劳动力的价值由于成本的扩大而相应扩大,但是比率前、后项在量上的扩大,包括超常地扩大并不能改变或影响这种比率关系的正确性。因此,超常剩余价值率仍然由超常剩余价值同创新劳动者所得或应得价值的比率来决定,即:

---

[1]　马克思:《资本论》第一卷,人民出版社 2004 年第 2 版,第 249 页。

$$超常剩余价值率 = \frac{创新劳动者创造的超常剩余价值}{创新劳动者所得价值}，或$$

$$= \frac{创新劳动者创造的超常剩余价值}{创新劳动者应得价值}$$

在这里,如果设在一个复合型创新劳动过程中,创造的剩余价值总量为 M,可变总资本为 V;而参与创新劳动过程的重复劳动者创造的剩余价值为 m,用于重复劳动力的可变资本为 v。那么,创新劳动者创造的超常剩余价值为 M - m,创新劳动者所得价值为 V - v,而超常剩余价值率则应当为:M - m/V - v。

这是由于在一般情况下,任何复合型创新劳动往往都不仅由创新劳动者参加,而且还会有一定的重复劳动者参与。因此,其剩余价值总量常常是由创新劳动者创造的超常剩余价值与重复劳动者创造的追加剩余价值共同构成;同时可变总资本也就必将由创新劳动者所得价值与重复劳动力的生产再生产价值共同构成。所以,在复合型创新劳动的过程中,创新劳动者所创造的超常剩余价值,应当是从剩余价值总量中减去重复劳动者创造的追加剩余价值,即 M - m。而创新劳动者所得价值,则应当是从可变资本总量中减去重复劳动者的生产再生产价值,即 V - v。可见,超常剩余价值率 = M - m/V - v,是完全成立的。这可为超常剩余价值率的一般公式。

超常剩余价值率 = M - m/V - v,不仅是完全成立的,而且也是切实可行的。在这个比率式中,创新劳动者创造的超常剩余价值是可求的。这是因为我们在超常价值的量度中,已经完成了对它的模糊量度,而在超常价值的实现中,也已完成了对创新劳动者所得价值的确定,即其创新成果知识产权的市场价格加上创新劳动力生产再生产价值等。这样,创新劳动者创造的超常剩余价值,也就是超常剩余价值率的比率前项,即 M－m 的价值量差额也是可求的,等于创新劳动者创造的超常价值减去创新劳动者所得价值。同时,由于创新劳动者所得价值在超常价值的实现中,也以其创新成果知识产权的市场价格加上创新劳动力生产再生产价值等确定下来,因而超常剩余价值率的比率式后项,即 V－v 的价值量差额同样是可求的。因此,整个超常剩余价值率的各项都已进入可求范围。

其实,在一定的创新劳动过程中,只要是完成了对创新劳动者创造的超常价值的量度,又通过其创新成果的知识产权市场价格和创新劳动力生产再生产价值等得到了创新劳动者所得价值。这样,计算超常剩余价值率的这盘棋就已经走活了。这是因为一旦得到创新劳动者创造的超常价值并得到了创新劳动者所得价值,那就等于实际进入了超常剩余价值率的可计算程序。具体说来,超常剩余价值率＝超常价值－创新劳动者所得价值/创新劳动者所得价值＝创新劳动者创造的超常剩余价值/创新劳动者所得价值。于是,我们就进入了一般情况下的创新劳动,即不仅包括创新劳动,而且包括一定的重复劳动的复合型创新劳动过程中的超常剩余价值率的计算程序,即超常剩余价值率＝整个复合型创新劳动过程的剩余价值总量－重复劳动追加剩余价值/全部可变资本－重复劳动力生产再生产价值＝M－m/V－v。

当然,在特殊的创新劳动过程,即只有创新劳动者自己成功进行的所谓单一型创新劳动过程中,由于没有重复劳动者参与,那么该创新劳动过程中创造的剩余价值 M,也就全部属于创新劳动者创造的超常剩余价值,而该创新劳动过程中的可变资本也就全部属于创新劳动者所得价值。在这种条件下,该创新劳动过程的超常剩余价值率,就应为 M/V。这可为超常剩余价值率的特殊公式。

　　根据超常剩余价值率的一般公式,如果我们设一定创新劳动过程中创造的剩余价值总量 M 为 115 亿元人民币,重复劳动者创造的追加剩余价值 m 为 15 亿元人民币;可变资本 V 为 5 亿元人民币,其中重复劳动力的价值 v 为 4 亿元人民币,而创新劳动者所得价值则就为 1 亿元人民币。那么,该创新劳动过程的超常剩余价值率 = M − m/V − v = 115 − 15/5 − 4 = 100/1 = 10000/100 = 10000%。

　　如果该创新劳动过程是一个单一型的创新劳动过程,即整个创新劳动过程只有创新劳动者参加,而没有重复劳动力参与。如果我们设超常剩余价值 M 为 100 亿元人民币,而可变资本 V 为 1 亿元人民币,那么该创新劳动过程的超常剩余价值率 = M/V = 100/1 = 10000/100 = 10000%。

　　可见,如果我们在创新劳动者所得的历史考察中,已经揭示出其所得劳动或所得价值同其创造的超常剩余劳动或超常剩余价值的比率状态的悬殊性和越来越大的悬殊性,那么超常剩余价值率则是对这种悬殊性和越来越大的悬殊性的数学表达。它最大限度地浓缩了人类创新劳动者对于生产力和整个人类社会及其各领域的发展与进步,特别是超常发展和革命性进步的伟大贡献及其政治经济学内涵。

第二节　剩余价值的二重性理念

　　发现剩余价值,戳穿资本主义剥削的秘密,创立剩余价值学说,为马克思主义政治经济学说奠定基石,揭示资本主义社会形态的规律,是马克思一个划时代的伟大贡献。正如恩格斯所说:"马克思还发现了现代资本主义生产方式和它所产生的资产阶级社会的特殊的运动规律。由于剩余价值的发现,这里就豁然开朗了。"①而先前都只是在黑暗中摸索。从此,使无产阶级革命理论建立在科学的基础上。

剩余价值"以从无生有的全部魅力引诱着资本家"②。这种魅力就在于其空前的剥削性,剩余价值率则是劳动力受资本剥削的程度。资本主义剩余价值,不仅其剥削性是空前的,而且剩余价值率还将随着劳动生产率的不断提高而提高。特别是由于它通过价值交换的形式来进行,因而还为其带有了平等、自由、合理的外观。

可见,剩余价值的剥削性不仅是一个不争的事实,而且早已形成了马克思主义者、共产党人和无产阶级以及广大劳动者的共识。那么,又何以说剩余价值的二重性理念呢?

我所说的剩余价值的二重性理念,主要是指在生产关系的层面上,它反映的是其剥削性;而在生产力发展的层面上,它则反映了其先进性。在一定意义上,它是一个生产关系的剥削性与生产力发展的先进性的对立统一体。这是我在创新劳动价值论中提出的关于剩余价值的一个新理念。

实际上,这种剩余价值二重性理念的思想渊源来自马克思和恩格斯,马克思在揭穿剩余价值剥削性的同时,曾明确指出过它代表生产力发展先进性的一面:"一切剩余价值,不仅相对剩余价值,而且绝对剩余价值,都是以一定的劳动生产率为基础的。如果劳动生产率只达到这样的发展程度:一个人的劳动时间只能维持他本人的生活,只够生产再生产他本人的生活资料,那就没有任何

---

① 恩格斯:《在马克思墓前的讲话》,《马克思恩格斯选集》第 3 卷,人民出版社 1995 年版,第 776 页。

② 马克思:《资本论》第一卷,人民出版社 2004 年第 2 版,第 251 页。

剩余劳动和任何剩余价值,就根本没有劳动能力的价值和这个劳动能力的价值增殖之间的差额了。因此,剩余劳动和剩余价值的可能性要以一定的劳动生产力为起点,这个生产力使劳动能力能够再创造出超过本身的价值的价值,能够生产比劳动能力的生活过程所要求的必需物品更多的东西。"①恩格斯也做过这种论断。可见,所谓剩余劳动或剩余价值的"剩余"本身,就是对人类社会发展史上生产力和劳动生产率先进性的一种具体体现,而"剩余"多少,又是对劳动生产率先进程度的一种实际标志。至于"剩余"所采取的形式,则进入了生产关系领域,成为了人类社会发展史上不同社会形态的一种区别。劳动力的剩余劳动普遍采取剩余价值的形式,说明人类进入了资本主义社会形态。

事实上,资本主义条件下剩余价值的空前剥削性,不仅没有改变它同时是对生产力和劳动生产率先进性的具体体现,而且其剥削程度和剥削价值量的空前性,在反映资本主义生产关系剥削性的空前性的同时,也反映了资本主义时代劳动生产率和整个社会生产力发展先进性的空前性。特别是其相对剩余价值的生产本身,就是对剩余价值在代表资本主义生产关系剥削性的同时,代表资本主义时代劳动生产率和整个社会生产力发展先进性的一面镜子,是对剩余价值二重性理念的一种典型证明。

对此,马克思也曾作过精辟的分析:"对于由必要劳动转化为剩余劳动而生产剩余价值来说,资本占有历史上遗留下来的或者说现存形态的劳动过程,并且只延长它的持续时间,就绝对不够了。它必须变革劳动过程的技术条件和社会条件,从而变革生产

①　马克思:《剩余价值理论》,《马克思恩格斯全集》第33卷,人民出版社2004年第2版,第22页。

方式本身,以提高劳动生产力,通过提高劳动生产力来降低劳动力的价值,从而缩短再生产劳动力价值所必要的工作日部分。"①在此基础上,马克思还做出了一个科学的论断:"相对剩余价值与劳动生产力成正比。它随着生产力提高而提高,随着生产力降低而降低。"②相对剩余价值的生产过程本身,不仅充分说明,即使在资本主义条件下剩余价值也是其劳动生产率和整个社会生产力发展先进性的一种体现,而且也进一步揭示了现代资本主义剩余价值率的提高和剩余价值量的扩大,主要是依靠劳动生产率的不断提高,即通过相对剩余价值的生产来实现。

请看,剩余价值率,一方面同剥削率成正比,另一方面又同劳动生产率成正比。这两个"正比",已经把剩余价值的二重性一头锁定在生产关系的剥削性上,一头锁定在劳动生产率和社会生产力的先进性上。这就是资本主义条件下剩余价值的二重性,这就是剩余价值二重性理念的基本含义。剩余价值二重性的两个方面,既是相互对立的,又是相互依存的,可以说剩余价值是生产关系剥削性与生产力先进性的对立统一体。在生产关系层面不代表或丝毫不代表剥削性的剩余价值和在生产力发展层面不代表或丝毫不代表先进性的剩余价值,同样是不存在的。可见,剩余价值的二重性理念,是一种符合实际的科学理念。

剩余价值的二重性作为一种理念,在社会主义市场经济条件下也是适用的。由于社会生产力发展的实际状况、社会主义公有制的不成熟状态和私有制与不同所有制经济的存在,特别是劳动力仍具有一定的商品性,因而其创造的剩余劳动必然继续采取剩

---

① 马克思:《资本论》第一卷,人民出版社 2004 年第 2 版,第 366 页。

② 马克思:《资本论》第一卷,人民出版社 2004 年第 2 版,第 371 页。

余价值的形式。并且，它仍然具有二重性，既反映生产关系层面的某些剥削性，又反映生产力发展层面的先进性。然而，由于社会主义实行的是公有制为主体、多种所有制经济共同发展的基本经济制度，因而劳动力已经失去了资本主义私有制条件下完整的商品形态，剩余价值也就失去了完整形态的剥削性，并且出现了非剥削性。具体说来，社会主义市场经济条件下的剩余价值不再完全为剥削者占有，而主要由全社会劳动者和最广大人民共同占有，或者说这种剩余价值主要是为全社会提供的，一部分用于积累、扩大再生产，一部分用于全社会成员的消费。

可见，社会主义市场经济条件下的剩余价值，不仅在一定意义上延续了资本主义条件下剩余价值的二重性，也就是既反映和代表了生产力发展层面的先进性，又反映和代表了生产关系层面的某些剥削性；而且，在生产关系层面，它既反映了仍然存在的剥削性，又反映了已经出现的非剥削性。因此，它在对生产关系层面的反映上，又形成了剥削性与非剥削性的二重性。在这一点上，如果说资本主义条件下的剩余价值具有二重性，那么社会主义市场经济条件下的剩余价值，则不仅具有"二重性"，而且具有"二重性"中的"二重性"。因此，在社会主义市场经济条件下，剩余价值的二重性理念不仅仍然适用，而且具有新的内容。

这其中，最具决定意义的因素是资本的私有制和劳动力的商品性。剩余价值及其剥削性，之所以在资本主义社会形态形成并达到登峰造极，就是由这两种因素及其发展决定的；它之所以在社会主义市场经济条件下仍然存在，但失去了完整的剥削形态，并出现和存在非剥削性，也主要是由于这两种因素发生的变化决定的。

具体说来，在社会主义市场经济条件下，私有制或私有资本虽然失去了主体地位，但却仍以不同形式存在；劳动力虽然失去了完整的商品形态,但却仍有一定的商品性。这就为剩余价值及其剥削性的产生和存在提供了基本条件和现实可能性。在这种社会历史条件下,私有资本出于其自身的性质与职能,必然要寻求并实现与商品性劳动力相结合。这种结合的结果,不仅实现了劳动过程和价值形成过程的统一,而且实现了劳动过程与价值增殖过程的统一;不仅生产价值,而且生产剩余价值,从而实现其作为资本的内在性能。否则,一旦失去这种性能,它就会名存实亡,退出历史舞台。实践,特别是中国特色社会主义实践证明,即使在社会主义市场经济条件下,私有资本也不会甘于这种命运。更何况对于社会主义,特别是初级阶段生产力的发展,私人资本及其内在性能不仅是必要的,而且是不可或缺的,因而它仍然具有存在的合理性与合法性。

同时,在社会主义市场经济条件下,由于劳动力的生产再生产投入主要是由个人及家庭承担,因而决定了其劳动者个人所有,而私有资本或生产资料私有制的存在与发展,恰为商品性劳动力或劳动力商品提供了相应的市场需求。

在这种社会历史条件下,社会主义市场经济体制机制就为私有资本雇佣商品性劳动力的内在冲动和商品性劳动力实现自身价值的内在冲动的碰撞与结合,提供了平台,也为实践中的社会主义,特别是初级阶段生产力的发展创造了空间。

可见,在社会主义市场经济条件下,剩余价值及其剥削性不仅具有客观现实性,而且具有历史必然性;剩余价值的二重性理念不仅具有一定适应性,而且具有客观必然性。

至于社会主义市场经济条件下的劳动力,之所以已不具备完整的商品形态,是由于私有制虽仍存在,但已失去主体地位,公有制虽处于发展中,但却具有了主体地位。这样,广大劳动者作为社会主义国家的主人,已不仅是自己劳动力的所有者,而且已成为法律意义上公有制生产资料的所有者。因此,在公有制经济中,劳动者已成为劳动力和生产资料的同一所有者,其劳动力也就失去了原生态的商品性。

即使劳动者被雇用到私有资本或外国资本的企业或经济体中,这种微观的雇佣关系也难以改变其作为社会主义国家主人的宏观地位和根本性质。"一个人要出卖与他的劳动力不同的商品,他自然必须占有生产资料"①。反过来讲,作为社会主义公有制生产资料的宏观占有者,即使将其劳动力的一定时间"让渡"给社会主义市场经济条件下私有资本或外国资本的占有者,同资本主义条件下一无所有的劳动者把其劳动力出卖给资本家之间,在劳动力的商品性上,也已发生了形态的变化。因为他们在占有自己劳动力价值的同时,还将通过社会主义国家对其所劳动企业缴税的再分配,部分地享有自己创造的剩余价值,因而他们已不仅是自己劳动力的占有者,而且也已是其创造的剩余价值的部分占有者。可见,无论是在劳动力的商品性上,还是在剩余价值的剥削性上,社会主义历史阶段都已发生了不同于资本主义社会形态的变化。

特别是随着社会生产力的不断发展,公有制的不断成熟、社会主义文明的不断提升以及社会主义市场经济体制机制的不断完善,那种"重新建立个人所有制"②步伐和"社会主义财产人格化、社会主义主人财产化"进程将日益加快,劳动者的无产状态将进一步改变,代之出现的必将是"劳动者有产、有产者劳动"的社会

---

① 马克思:《资本论》第一卷,人民出版社2004年第2版,第196页。
② 马克思:《资本论》第一卷,人民出版社2004年第2版,第874页。马克思在亲自校订《资本论》法文版时,把"重新建立个人所有制"改为"重新建立劳动者的个人所有制"(见《资本论》法文版,第一卷,第826页)。

格局。在这种社会主义的社会格局下,难道劳动力的商品性和剩余价值的剥削性,还能够继续保持资本主义社会的原生态吗?

其实,在社会主义市场经济条件下,私有资本,包括引进的外国资本自身也已失去了资本主义社会的原生态。正如马克思所说:"在一切社会形式中都有一种一定的生产支配着其他一切生产的地位和影响,因而它的关系也支配着其他一切关系的地位和影响。这是一种普照的光,一切其他色彩都隐没其中,它使它们的特点变了样。"①中国特色社会主义实践充分证明,并且进一步发展了这一科学论断。尽管,私有资本在社会主义条件下也难以根本改变其内在性能,但它们在社会主义的基本经济制度和市场经济条件下,却要纳入社会主义市场经济体制机制的轨道,纳入社会主义国家法律、法规和政策的轨道,纳入国家宏观调控和监管的轨道,纳入占主导或主体地位的国有经济和公有制经济指导和影响的轨道,按照有利于而不是不利于发展社会主义社会的生产力、有利于而不是不利于增强社会主义国家的综合国力、有利于而不是不利于提高人民的生活水平的基本方向与路径投入、运营和发展。实践证明,总体上它们不仅仍能获得剩余价值,而且外国资本还可能由于包括劳动力资源等全球资源不平衡和社会主义经济的发展潜力与不断增长而获得或在相当时间内获得,比本国或其他发达国家更加可观的剩余价值。同时,由于这些私有资本不仅脱离了资本主义私有制的直接支配,而且进入了社会主义公有制的支配空间,有的与公有资本或社会资本构成合资企业或股份制企业,形成各种混合经济。在这种经济模式中,由于私有资本往往不占主

①　马克思:《〈政治经济学批判〉导言》,《马克思恩格斯全集》第30卷,人民出版社1995年第2版,第48页。

体地位,劳动者面对的不仅是或主要不是私有资本,因而他们既是一个"被雇佣者",同时又是一个"占有者",可以说是一个具有或部分具有资本占有者地位的"被雇佣者"。因此,其劳动力及其创造的剩余价值的商品性和剥削性,都已失去了资本主义私有制条件下的原生态。

即使在社会主义市场经济条件下的纯粹私有资本企业或外国独资企业里,这种微观雇佣关系也改变不了劳动者作为社会主义国家主人和公有制生产资料占有者的政治地位和宏观经济关系。况且,这些劳动力无论是进行绝对剩余劳动还是进行相对剩余劳动,原则上都在社会主义根本制度允许的范围内,他们所创造的剩余价值也将在社会主义国家的二次分配中部分地回到劳动者手中。可见,在社会主义的基本经济制度和市场经济体制机制的条件下,劳动力的商品性和剩余价值的剥削性都会失去资本主义社会的原生态,这不仅是一个不争的客观事实,而且具有历史发展的必然性。

至于社会主义国家的国有或公有资本走出去,进入资本主义或其他私有制国家的产业资料中,由当地劳动力,包括创新劳动力创造的剩余价值和超常剩余价值,仍然是二重性的。当然,其中的剥削性,将由于其整个社会的私有制性质和本地劳动力的完全商品性质,而出现某些更加复杂的特殊性。但是,其总体上的二重性是可以肯定的。

须特别指出的是,无论是在资本主义条件下还是在社会主义市场经济条件下,创新劳动力及其创造的超常剩余价值与重复劳动力及其创造的剩余价值,不仅共具作为劳动力及其创造的剩余价值的普遍性,而且还有其一定的特殊性。首先,对于创新劳动力来说,它不仅属于创新劳动者个人占有,而且在一定意义上还属于社会占有,因为在其生产再生产过程中,有相当部分属于长期、广泛、深入的社会性投入；同时，在创新劳动力，特别是从事知识创新的创新劳动力创造人类尚未有或部分尚未有新质使用价值及其超常价值，包括超常剩余价值的过程中，其生产资料不仅包括雇佣者的不变资本，而且还包括创新劳动者个人占有和社会占有的生产资料，特别是知识性生产资料。因此，创新劳动者，特别是知识性创新劳动者创造的超常剩余价值，本来就具有二重性和二重性中的二重性，既是整个社会形态中生产力先进性和生产关系剥削性的对立统一，又是生产关系中剥削性和非剥削性的对立统一。可见，无论是在资本主义条件下还是在社会主义市场经济条件下，创新劳动力，特别是知识性创新劳动力及其创造的超常剩余价值，都是商品性与非商品性和生产关系剥削性与生产力先进性以及生产关系中剥削性与非剥削性的对立统一。

劳动者创造的剩余价值，是生产力发展的根本基础，也是人类社会及其各领域进步的物质条件。对此，恩格斯曾做过透辟的分析："人类社会脱离动物野蛮阶段以后的一切发展，都是从家庭劳动创造出的产品除了维持自身生活的需要尚有剩余的时候开始的，都是从一部分劳动可以不再用于单纯消费资料的生产，而是用于生产资料的生产的时候开始的。劳动产品超出维持劳动的费用而形成剩余，以及社会生产基金和后备基金靠这种剩余而形成和积累，过去和现在都是一切社会的、政治的和智力的发展的基础。"[①]特别是创新劳动者创造的超常剩余价值，不仅是生产力和人类社会发展与进步的根本基础和物质条件，而且是生产力实现超常发展和人类社会及其各领域实现革命性进步的根本基础和物质条件。

---

① 恩格斯：《反杜林论》，《马克思恩格斯选集》第 3 卷，人民出版社 1995 年第 2 版，第 537—538 页。

总之,在社会主义市场经济条件下,不仅整个剩余价值是二重性的,而且在生产关系层面它又体现了剥削性与非剥削性的二重性。因此,根据社会主义市场经济条件下这种剩余价值二重性的理念,我们要从剩余价值是"吸血鬼",只有剥削性的形象与理念中解放出来,全面而深邃地认识并完整而充分地发挥它既是生产力发展结晶,又是生产力发展和社会进步基础的历史性地位与作用。地球人皆知,苏联仅用20(1917—1937)年,就创造出战胜德国法西斯的物质基础和社会条件。我国仅用60(1949—2009)年,就以中华民族前所未有的质量和速度创造出前所未有的巨大社会生产力和社会主义文明,把中国特色社会主义祖国铸造成当今世界第三大经济体,并且即将成为第二大经济体。难道这不都是社会主义国家各民族广大劳动者,包括创新劳动者用其创造的剩余价值和超常剩余价值积累和铸造起来的吗?!特别是我国改革开放30年生产力和整个经济社会发展奇迹,是对剩余价值,包括超常剩余价值二重性理念的一种实践证明,而剩余价值二重性理念,则是对改革开放30年生产力和整个经济社会发展奇迹的一种政治经济学概括。

由此可见,根据剩余价值的二重性理念,为保证广大劳动者,包括创新劳动者,既能又好又快地创造剩余价值和超常剩余价值,又能按其劳动,包括创新劳动的贡献分配应得价值,不断提高和扩大其劳动收入①,而创立和建设最佳制度、体制、机制,这是社会主

---

① 扩大劳动者,包括创新劳动者的劳动收入,不仅关系到以人为本宗旨的进一步发展,而且关系到社会的进一步和谐稳定。有关部门的统计说明,切实提高劳动收入在初次分配中的比重,已经刻不容缓。我国居民劳动收入占 GDP 的比重已连续下降,而其资本收入占 GDP 的比重,却连续上升。因此,提高劳动者和最广大人民的收入,特别是扩大其劳动收入,已越来越变成一个战略问题提到了我们的日程上来。

义解放和发展生产力优越性的一个集中体现,也是完成中国特色社会主义历史使命的一种基本制度安排。

特别是在当前我国经济日益资本化的条件下,我们必须进一步树立剩余价值二重性的新理念,进一步从剩余价值只有剥削性的理念中解放出来,进一步发挥资本,尤其是私有资本在国民经济生产和科技创新领域的应有作用,甚至形成"异军"突起之势,为广大劳动者包括创新劳动者进一步放手创造剩余价值和超常剩余价值搭建广阔平台,以完成我国社会主义初级阶段生产力发展任务。

第 六 篇

超常价值的使命

正常价值的使命是推进生产力和人类社会及其各领域发展与进步，超常价值的使命则是推进生产力和人类社会及其各领域超常发展和革命性进步。

第十七章　价值发展的历史
长久性和曲折性

第一节　价值发展历程的否定之否定

在人类社会发展史上，以人类抽象劳动为实体的价值形式[①]必将走出一条否定之否定的路径。

价值作为人类社会历史发展长河中各种经济形式和社会形态人与人之间的社会关系，是一个价值实体与价值形式的对立统一体。因此，价值实体与价值形式之间是相辅相成，缺一不可的。不仅没有离开价值实体的价值形式，而且也没有离开价值形式的价值实体。没有价值实体的价值形式和没有价值形式的价值实体，都是不存在的。

对此，马克思曾精辟地阐述："如果把商品体的使用价值撇开，商品体就只剩下一个属性，即劳动产品这个属性。"[②]在这里，"各种劳动不再有什么差别，全都化为相同的人类劳动，抽象人类

---

① 此处的价值形式，并非专指交换价值一种形式，而是泛指以人类抽象劳动为实体的反映性质根本不同的社会关系的价值表现形式。

② 马克思：《资本论》第一卷，人民出版社 2004 年第 2 版，第 50—51 页。

劳动"①。"作为它们共有的这个社会实体的结晶,就是价值——商品价值"②他还说:"形成价值实体的劳动是相同的人类劳动,是同一的人类劳动力的耗费。"③即"人的脑、肌肉、神经、手等等的生产耗费"④。这就是说,价值实体就是人类的抽象劳动,也就是同一的人类劳动力,包括脑力和体力的耗费。马克思把价值实体这一概念定位为人类抽象劳动,这在人类历史上,是包括资产阶级古典政治经济学家在内的所有经济学家都没有做到的事情。虽然,资产阶级古典政治经济学家也提出了劳动创造价值的思想,但是因为他们不懂得劳动的二重性,因而不知道价值究竟是由什么劳动创造出来的,更不可能提出价值实体的科学概念。只是由于马克思首次提出了劳动的二重性,掌握了这一理解政治经济学的枢纽,才首次科学地界定了具体劳动创造使用价值,包括新质使用价值,抽象劳动形成价值,包括超常价值并天才地概括出"人类抽象劳动是价值实体"这一科学概念。这是马克思主义劳动价值论一条重要原理,为剩余价值学说奠定了理论前提。

马克思在科学地确立价值实体的同时,对价值形式也进行了系统的研究和科学的概括,将其界定为性质根本不同的经济形式和社会形态中人与人之间的社会关系。在这里,马克思是把交换价值当做价值的一种表现形式来考察的。他说:"商品形式和它借以得到表现的劳动产品的价值关系,是同劳动产品的物理性质以及由此产生的物的关系完全无关的。这只是人们自己的一定的社会关系,但它在人们面前采取了物与物的关系的虚

①　马克思:《资本论》第一卷,人民出版社2004年第2版,第51页。
②　马克思:《资本论》第一卷,人民出版社2004年第2版,第51页。
③　马克思:《资本论》第一卷,人民出版社2004年第2版,第52页。
④　马克思:《资本论》第一卷,人民出版社2004年第2版,第57页。

幻形式。"①实质上,价值形式是一定的社会关系。具体说来,如果一般意义上的价值形式是人类社会发展史上各种经济形式和社会形态中人与人之间的社会关系,那么具体意义上的价值形式则是特定经济形式和社会形态中人与人之间的社会关系。这正如"水果"与苹果、梨、葡萄等之间的关系一样,也是一种普遍与特殊、抽象与具体的关系。

马克思关于价值形式的概括和界定,同样具有极其重要的理论价值和实践意义,是马克思主义劳动价值论的又一条重要原理。如果马克思关于价值实体的概括和界定是打开马克思主义劳动价值论的钥匙,那么马克思关于价值形式的概括和界定,则是开启价值实质的密码。

价值形式作为一定的社会关系,与价值实体作为人类的抽象劳动之间一个重要区别在于,价值实体具有稳定性,它不会随着经济形式和社会形态,包括性质根本不同的经济形式和社会形态的变化而改变自己的性质与内容;而价值形式则具有可变性,它将随着经济形式和社会形态的根本变化,特别是产品经济形式与商品经济形式和公有制社会形态与私有制社会形态之间的更替而改变自己的表现形式。

在人类社会发展史上,以人类抽象劳动,即人类劳动力的耗费为价值实体的价值走过了一条由原始生产价值到交换价值,再到发达生产价值的否定之否定的历史路径。

所谓原始生产价值,是在生产力和社会分工不发展的自然经济,即生产是为了直接满足生产者个人或经济体的需要,而不是为了交换的经济形式下一种价值形式。这种原始生产价值的典型形

---

① 马克思:《资本论》第一卷,人民出版社 2004 年第 2 版,第 89—90 页。

态,产生在人类的原始社会。

为了研究原始生产价值,我们须把以人类抽象劳动为实体的价值还原或模拟为私有制产生以前和消亡以后的状态。恩格斯早已率先做过这种思考,他曾提出"价值是生产费用对效用的关系。价值首先是用来决定某种物品是否应该生产,即这种物品的效用是否能抵偿生产费用"①。在对价值做出这一科学定位的基础上,恩格斯天才地断定:"私有制一旦被消灭,就无须再谈现在这样的交换了。到那个时候,价值概念的实际运用就会越来越限于决定生产,而这也是它真正的活动范围。"②在这里,恩格斯不仅回答了什么是价值和价值所解决的问题,而且回答了什么是生产价值和生产价值所解决的问题,以及生产价值与交换价值之间的关系问题。

在恩格斯看来,价值是生产费用对效用的关系。在生产费用对效用,特别是社会效用的关系的层面上,恩格斯把价值的第一内涵定位在社会诸关系中生产的关系上,并且把价值的首要功能确定在决定生产诸关系中一定物品是否应该生产、其社会效用能否抵偿生产费用,回答什么应该生产或应该生产什么的问题,为价值交换打下基础。这就是说如果价值形式是特定的社会关系,那么生产价值这种价值形式,则不仅是特定经济形式和社会形态中生产的关系,而且是其人与人之间的社会关系。而原始生产价值,也不仅是原始状态的社会中生产的关系,而且反映了原始社会人与人的社会关系,其功能是原始地解决一定物品是否应该生产、这种

①　恩格斯:《国民经济学批判大纲》,《马克思恩格斯全集》第3卷,人民出版社2002年第2版,第451页。

②　恩格斯:《国民经济学批判大纲》,《马克思恩格斯全集》第3卷,人民出版社2002年第2版,第451—452页。

物品的社会效用能否抵偿生产费用,即什么应该生产或应该生产什么的问题。当然,在当时的原始状态下,还伴有一个什么能够生产或能够生产什么的问题。在这背后,反映的就是原始自然经济和原始社会形态下,人与人之间以相互依赖为基本特征的社会关系。

尽管在原始社会形态,人类尚未把生产价值这一概念概括出来,但这不等于这种生产价值所反映的社会生产中的原始关系不存在,更不等于人类当时没有自觉不自觉地解决一定物品是否应该生产、其社会效用能否抵偿生产费用,即什么应该生产或应该生产什么、什么能够生产或能够生产什么的问题。相反,考古学、人类学提供的资料则说明,这是当时人类为生存和发展几乎天天碰到并必须解决的问题。而且,那些解决了这类问题的原始人类及其社会或部落就生存下来并进化和发展起来;那些没有解决这类问题的原始人类及其社会或部落,就没有能够生存下来,更谈不到进化和发展了。就是在这种漫长、自发、被动,甚至盲目的生存和生产实践中,人类逐渐萌生并形成了具有生产价值意义的原始思想意识和经济行为。正如恩格斯所说:"人离开动物越远,他们对自然界的影响就越带有经过事先思考的、有计划的、以事先知道的一定目标为取向的行为的特征。动物在消灭某一地带的植物时,并不明白它们是在干什么。人消灭植物,是为了腾出土地播种五谷,或者种植树木和葡萄,他们知道这样可以得到多倍的收获。"[①] 这就是说,人类已经在考虑和权衡生产费用和社会效用关系基础上实施自己的经济行为了。恩格斯还根据路易斯·亨利·摩尔根

---

① 恩格斯:《劳动在从猿到人转变过程中的作用》,《马克思恩格斯选集》第4卷,人民出版社1995年第2版,第382页。

在《古代社会》中的研究成果,明确地指出:"野蛮时代是学会畜牧和农耕的时期,是学会靠人的活动(人类劳动,包括创新劳动和重复劳动——引者)来增加天然产物生产的方法的时期。"①由于人类当时是在生产力极其落后、生产资料原始公有制、物质资源无偿使用并基本上是随迁而采、因地而种的状态,因此生产价值也处于原始状态。

但是,在土地的开垦、庄稼的种植、牲畜的养殖、鱼蚌的打捞和劳动工具的制造等生产活动中,关于一定物品是否应该生产、能否有剩余等生产价值的核心内涵,人类已经自觉不自觉地掌握和应用并取得了使人类得以生存、繁衍和发展的社会历史效果。对此,恩格斯也曾做过精辟的阐述:"原始的土地公有,一方面同眼界极短浅的人们的发展状态相适应,另一方面以可用土地的一定剩余为前提,这种剩余为应付这种原始经济的意外的灾祸提供了某种周旋余地。"②这种建立在原始土地公有制基础上,以能够渡灾的生产剩余为前提,投入足够部落成员即劳动力于种植产业,大力发展农业的生产思维、经济行为和部落成员关系,已经明显地包含了产品效用能否抵偿生产费用的原始思考并形成了这种原始性经济行为。因此,它有力地说明了这种原始生产价值的产生、存在和发展。

对此,可能有人心存疑虑:当时有关于生产价值或原始生产价值的文字资料证明吗? 我们认为大可不必以此为虑。因为历史上任何一种思想、概念、理论等无一不是来源于人类实践的。不是先

---

①　恩格斯:《家庭私有制和国家的起源》,《马克思和恩格斯选集》第4卷,人民出版社1995年第2版,第24页。

②　恩格斯:《劳动在从猿到人转变过程中的作用》,《马克思恩格斯选集》第4卷,人民出版社1995年第2版,第385页。

有思想、概念、理论,后有其实践;而是先有实践,后有其思想、概念、理论。这正如先有万有引力存在后有万有引力定律,先有相对论现象后有相对论学说,先有生物进化现象后有进化论,先有剩余价值规律后有剩余价值理论等等。可见,不必以找不出人类关于生产价值或原始生产价值的概括或说法为据而对其产生疑虑。其实,马克思在阐述交换价值产生时已经生动地强调了这一点:"他们在交换中使他们的各种产品作为价值彼此相等,也就使他们的各种劳动作为人类劳动而彼此相等。他们没有意识到这一点,但是他们这样做了。因此,价值没有在额头上写明它是什么。"①当然,我们也没有理由让生产价值或原始生产价值在额头上写明自己是什么,更没有理由让它写明自己作为人类抽象劳动为什么在交换价值产生以前的历史条件下,须以生产价值,即原始生产价值的形式反映当时的社会关系。

至于交换价值否定原始生产价值,它作为人类抽象劳动这一价值实体在商品经济条件下的产生和在资本主义社会形态的发展,以及在社会主义历史阶段的延续,不仅是不争的事实,而且在跨越若干社会形态的这一历史长河里,是推动生产力发展、促进社会进步和提升人类文明的一种主要价值形式。在马克思看来,交换价值作为以人类抽象劳动为实体的一种价值表现形式,是极不相同的生产方式都具有的现象,它们在范围和作用方面的不同,改变不了这一点。而且这种价值形式本身作为其经历中各种社会形态的社会关系的反映,也有一个从简单到复杂、从低级到高级的历史发展过程,将在最终创造出超过资本主义社会形态所能容纳的最大并足以使生产资料私有制、商品经济或市场经济形式退出历

①　马克思:《资本论》第一卷,人民出版社 2004 年第 2 版,第 91 页。

史舞台的社会生产力以后,而走完其产生、发展和消亡的历史进程。

交换价值作为一个历史范畴,在完成其历史使命以后,取代它的仍将是生产价值,不过已不是原始生产价值,而是高度发达的生产价值。这种发达生产价值产生和发展的历史条件,包括创造资本主义社会形态所能容纳的最大生产力和超过并大大超过这种生产力的生产力,包括私有制的消亡和公有制的成熟,包括商品经济或市场经济的最终消亡和产品经济的高度发达,还包括超越资本主义文明在内的迄今人类一切社会文明的社会文明。在资本主义条件下,交换价值拼命地"去发展社会生产力,去创造生产的物质条件;而只有这样的条件,才能为一个更高级的、以每一个个人的全面而自由的发展为基本原则的社会形式建立现实基础"①。这一现实基础,就是发达生产价值取代交换价值的物质条件。只有这一现实基础,才能从根本上把资本主义私有制赶下历史舞台。"而私有制一旦被消灭,就无须再谈现在这样的交换了"②。从而将使人类社会由交换价值时代发展到发达生产价值时代。这将是一次生产力空前的超常发展和人类社会空前的革命性进步。

纵观以人类抽象劳动为实体的价值形式,由原始生产价值到交换价值,再由交换价值到发达生产价值,这即是它在历史发展进程中的否定之否定,又是其内在逻辑的螺旋式上升,是价值形式的发展进程和其内在结构升级换代之间的辩证统一。在价值形式历史发展的层面上,是先有原始生产价值,中有交换价值,后有发达生产价值;而在价值结构内在逻辑的层面上,则是在生产价值职能

① 马克思:《资本论》第一卷,人民出版社 2004 年第 2 版,第 683 页。
② 恩格斯:《国民经济学批判大纲》,《马克思恩格斯全集》第 3 卷,人民出版社 2002 年第 2 版,第 451—452 页。

的完成,即"某种物品是否应该生产"①的问题解决之后,才能进而去完成交换价值的职能,即"才谈得上运用价值(交换价值——引者)来进行交换"②,再提升一步,即到"无须再谈现在这样的交换"③的时候,价值的职能就会愈来愈只用于解决生产的问题,从而走上发达生产价值时代,进入价值的"真正的活动范围"④。可见,生产价值是始终存在的,除原始公有制条件下为原始生产价值、成熟公有制条件下为发达生产价值外,即使在私有制社会以交换价值为主的条件下,生产价值也是交换价值和价值交换不可或缺的基础。

这就是以人类抽象劳动为实体的价值形式的历史发展进程,这就是以人类抽象劳动为实体的价值结构的内在逻辑演变。

第二节　交换价值发展的人字型曲线

价值,包括超常价值发展的历史长久性和曲折性,不仅表现为以人类抽象劳动为实体的价值形式发展的否定之否定,而且表现为交换价值作为一种价值形式,由产生、发展到消亡的人字型曲线。

交换价值发展的"人"字型曲线,是一种由包括起始点和上行线以及峰点的"撇线"与包括下行线和终结点的"捺线"组成的一

---

① 恩格斯:《国民经济学批判大纲》,《马克思恩格斯全集》第3卷,人民出版社2002年第2版,第451页。

② 恩格斯:《国民经济学批判大纲》,《马克思恩格斯全集》第3卷,人民出版社2002年第2版,第451页。

③ 恩格斯:《国民经济学批判大纲》,《马克思恩格斯全集》第3卷,人民出版社2002年第2版,第452页。

④ 恩格斯:《政治经济学批判大纲》,《马克思恩格斯全集》第3卷,人民出版社2002年第2版,第452页。

种非对称性曲线。其中,"撇线"是从原始社会末期自给自足的自然经济走向消亡,简单商品经济在社会大分工和不同所有制,特别是私有制形成的历史条件下开始,中间随着由奴隶制社会形态经过封建制社会形态发展到资本主义社会形态,简单商品经济发展为资本主义商品经济,直到人类创造出资本主义社会形态所能容纳的最大生产力。届时,这种"撇线"将把交换价值送到其发展的人字型曲线的峰点。"捺线",则是从人类创造出资本主义社会形态所能容纳的最大生产力,资本主义私有制和整个资本主义社会形态已经充分表现出自身对社会生产力进一步发展的桎梏性,而实践中社会主义在达到资本主义社会形态所能容纳的全部生产力的基础上,已进入创造高于、大于、多于这种社会生产力的历史进程开始,中间不仅经过社会主义公有制代替资本主义私有制,而且经过成熟的社会主义公有制代替发展中的公有制,直到世界主要国家都进入社会主义行列,实践中的社会主义国家和由资本主义发展为社会主义的国家共同创造出高于、大于、多于资本主义社会形态所能容纳的最大生产力的生产力,最终完成社会主义历史使命。届时,这种"捺线"将把交换价值送到其发展的人字型曲线的终结点。

在交换价值发展的人字型曲线中,包括起始点、上行线和峰点在内的"撇线"的历史任务主要是:人类社会实现一次历史性大转变,商品经济及其交换价值进行一种历史性大升级,社会生产力将完成一项历史性大跃进。

所谓人类社会实现一次历史性大转变,在生产力和整个人类社会发展与进步的层面上,就是伴随着人类由野蛮时代的生产力向文明时代的生产力、由自然经济向简单商品经济的发展,人类社会实现了由原始公有制向私有制、由无阶级社会向阶级社会的历

史性大转变。这是整个人类社会发展史上的第一次历史性大
转变。

在以人类抽象劳动为实体的价值形式自身发展的层面上,这
次历史性大转变主要是交换价值的产生和形成,并且取代原始生
产价值,走上了价值的历史舞台。考察这次历史性大转变的漫长
进程,我们清晰可见:交换价值在生产力发展,特别是三次社会大
分工中产生,它的产生又推动了生产力发展,催化了人类社会大分
工,特别是第三次大分工的完成;在不同所有制,特别是私有制出
现的基础上产生,它的产生又促进了私有制的形成;在简单商品经
济的萌芽中产生,它的产生又推进了简单商品经济的完成;在原始
社会的解体和奴隶制、封建制社会的出现或萌芽中产生,它的产生
又促进了原始社会的解体和奴隶制、封建制社会形态的发展或
形成。

所谓商品经济及其交换价值进行了一种历史性大升级,在生
产力和整个人类社会发展与进步的层面上,就是:实现了生产力的
超常发展,进入了以蒸汽机为标志的机器大工业时代;实现了生产
资料的资本主义私有制和劳动力的商品化,形成了以生产和剥削
剩余价值为核心的资本主义社会形态。对于这段历史性演进,马
克思恩格斯曾做出高度概括:"资产阶级在它的不到一百年的阶
级统治中所创造的生产力,比过去一切世代创造的全部生产力还
要多,还要大。"[①]自马克思恩格斯做出这一评估至今的一个半世
纪多以来,资本主义新创造的生产力比那时的生产力还要多,还
要大。

① 马克思、恩格斯:《共产党宣言》,《马克思恩格斯选集》第 1 卷,人民出版社 1995 年第
2 版,第 277 页。

在以人类抽象劳动为实体的价值形式自身发展的层面上,正是在这段生产力和人类社会发展进步的历程中间,交换价值和价值交换以及整个商品经济实现了由简单商品经济到资本主义商品经济的历史性大升级。这种历史性大升级,在这段历史进程中进行和实现;而它的进行和实现,又推动了这段历史进程的发展和完成。

资本主义商品经济的核心在于,不仅要生产一般商品,而且要生产劳动力商品;不仅要生产价值,而且要生产剩余价值;不仅要生产资金,而且要生产资本。可见,从简单商品经济到资本主义商品经济的确是交换价值和整个商品经济的历史性大升级。因为"有了商品流通和货币流通,决不是就具备了资本存在的历史条件。只有当生产资料和生活资料的占有者在市场上找到出卖自己劳动力的自由工人的时候,资本才产生;而单是这一历史条件就包含着一部世界史。因此,资本一出现,就标志着社会生产过程的一个新时代"①。这个新时代,就是人类社会发展史上的资本主义时代。

具体来说,以人类抽象劳动为实体的交换价值,从最初的、最简单的交换价值形式,沿着商品交换发展的历史顺序,由简单的、个别的或偶然的交换价值形式到总和的或扩大的交换价值形式,再到一般交换价值形式,直到货币形式。对交换价值的这种历史演进,马克思第一次进行了历史考察和科学分析,深刻揭示了货币形式的谜底。马克思说:"在这里,我们要做资产阶级经济学从来没有打算做的事情:指明这种货币形式的起源,就是说,探讨商品价值关系中包含的价值表现,怎样从最简单的最不显眼的样子一

① 马克思:《资本论》第一卷,人民出版社2004年第2版,第198页。

直发展到炫目的货币形式。这样,货币的谜就会随着消失。"①当然,这种交换价值的形式又在货币形式的基础上,继续向超货币形式、虚拟货币形式,特别是信用货币形式演进。

如上所述,在这段历史进程中,交换价值和价值交换同样扮演了双重角色,其自身的升级既是历史性演进的结果,又是历史性演进的原因。

所谓社会生产力将完成一项历史性大跃进,就是在交换价值发展的人字型曲线的"撇线"段,人类将逐步创造出资本主义社会形态所能容纳的最大生产力。实践中的社会主义则将按照自己的发展道路,在赶上、达到这种生产力的基础上,还要创造高于、大于、多于这种生产力的生产力。在这个历史过程中,人类将逐步由工业经济时代进入知识经济时代,并且将创造出社会主义能够代替资本主义或资本主义能够发展为社会主义的足够物质条件。以人类抽象劳动为实体的交换价值和整个商品经济或市场经济,将伴随并推进这项社会生产力历史性大跃进的整个历程。

实践中的社会主义,特别是中国特色社会主义实践说明,交换价值和整个市场经济在这项社会生产力历史性大跃进的进程中间,表现出来的一个重大特征就是其空间进一步扩大并深化到实践中的社会主义国家,与其公有制为主体、多种所有制经济共同发展的基本经济制度有机结合,在人类历史上第一次创造出社会主义市场经济体制机制,为实践中社会主义完成其在人类这项社会生产力历史性大跃进中的任务,提供不可或缺的动力和活力。

这样,交换价值和整个市场经济,一方面,在资本主义条件下,以应有的方式促进资本主义世界的生产力发展;另一方面,又在实

---

① 马克思:《资本论》第一卷,人民出版社 2004 年第 2 版,第 62 页。

践中社会主义的条件下,以特有的方式促进社会主义国家生产力的发展,使人类在当今这个资本主义和社会主义、发达国家与发展中国家并存、竞争、合作的多元社会时代,从各种不同国家、各个不同层面参与和推动人类这项社会生产力历史性大跃进的实现。

可能有人会问:交换价值以及整个市场经济究竟何以能够继续推进这项历史任务的完成? 虽然,原因是多层面的,但概括起来,一是交换价值,包括剩余价值和超常剩余价值,特别是其包含与体现的价值规律和价值机制,能够继续促进劳动生产率的提高,加速生产力的发展和财富的增长以及资本的积累。剩余价值的二重性理念说明,剩余价值特别是相对剩余价值,不仅是资本家对劳动力剥削的标志,而且是劳动生产率先进性的反映。当时由于它的产生,不仅冲破了实物限制,使财富获得了更为有力的交换与积累手段,极大地促进了生产力发展和财富增长,使资本主义有力地战胜了奴隶制和封建制;而且,随着资本主义社会形态的发展与调整,特别是科学技术创新的不断涌现与深化,使剩余价值率和超常剩余价值率不断提高,剩余价值量和超常剩余价值量不断扩大,进一步提高和扩大了资本主义社会形态对社会生产力发展的容纳预期,进而发挥了其对现代生产力发展的潜力。因此,交换价值和整个资本主义商品经济在创造资本主义社会形态所能容纳的全部生产力的过程中,仍将扮演一个主要角色,进一步发挥历史作用。

二是交换价值为资本主义私有制和存在生产资料私有制条件下不可避免的剥削披上了历史的合理性和合法性。它不仅使剩余价值,包括超常剩余价值能够以越来越扩大的趋势进入资本账下,而且使其披上了自由、公平、合法的色彩。特别是"劳动力的买和卖是在流通领域或商品交换领域的界限内进行的,这个领域确实是天赋人权的真正伊甸园。那里占统治地位的只是自由、平等、所有权和边沁。自由！因为商品例如劳动力的买者和卖者，只取决于自己的自由意志。他们是作为自由的、在法律上平等的人缔结契约的。契约是他们的意志借以得到共同的法律表现的最后结果。平等！因为他们彼此只是作为商品所有者发生关系，用等价物交换等价物。所有权！因为他们都只支配自己的东西。边沁！因为双方都只顾自己。"①然而，"一离开这个简单流通领域或商品交换领域……就会看到，我们的剧中人的面貌已经起了某些变化。原来的货币占有者作为资本家，昂首前行；劳动力占有者作为他的工人，尾随于后。一个笑容满面，雄心勃勃；一个战战兢兢，畏缩不前，像在市场上出卖了自己的皮一样，只有一个前途——让人家来鞣。"②在这里，马克思不仅深刻而生动地戳穿了这种资本主义文明维护资产阶级剥削的本质与宗旨，而且也揭示了交换价值对于资本主义私有制的适应性和不可或缺性。因此，它不仅代替了奴隶制和封建制文明，而且即使是在当代资本主义国家，仍必须继续通过交换价值和价值交换来获取并扩大剩余价值，积累财富，发展生产力，进而创造资本主义社会形态所能容纳的全部生产力。

三是交换价值和价值交换是实践中的社会主义国家实行改革开放，建立社会主义市场经济体制机制的必要条件。社会主义国家实行改革开放，建立社会主义市场经济体制机制，不仅取决于执政党的基本理论、基本路线及其确立并实行的基本经济制度，而且取决于国内外的社会历史条件。其中，交换价值和价值交换就是一种不可或缺的条件。没有这种历史条件，当代实践中的社会主

①　马克思：《资本论》第一卷，人民出版社2004年第2版，第204页。
②　马克思：《资本论》第一卷，人民出版社2004年第2版，第205页。

义国家就不可能建立和实行社会主义市场经济体制机制。可以说,社会主义国家的改革开放和社会主义市场经济体制机制在交换价值和价值交换中产生、发展和完善,而交换价值和价值交换也在社会主义国家的改革开放和市场经济体制机制中扩大、丰富和发展。

中国特色社会主义实践证明,交换价值和价值交换以及在此基础上实行的改革开放和社会主义市场经济体制机制,是实践中的社会主义国家加快生产力发展和社会进步的一种根本动力和基本条件,也是中国特色社会主义理论和实践的重要内容。交换价值,不仅是资本主义创造人类历史上空前巨大生产力和将创造资本主义社会形态所能容纳的全部生产力的价值形式,而且也是实践中社会主义追赶发达国家生产力,参与创造资本主义社会形态所能容纳的全部生产力,并且进一步创造高于、大于、多于这种生产力的生产力,为社会主义代替资本主义或资本主义发展为社会主义创造足够物质条件的价值形式。

可见,在当今这个资本主义与社会主义、发达国家与发展中国家并存、竞争、合作的多元社会发展时代,人类各以其不同的方式,共同把交换价值沿着其人字型曲线的撇线送到发展的峰点,进而完成人类这项社会生产力的历史性大跃进,最终实现资本主义与社会主义在人类历史舞台上的交接。

至于交换价值发展的人字型曲线中的"捺线",在其撇线尚未达到峰点,没有完成人类这项社会生产力历史性大跃进以前,不过是一条预期线,现在难以预测它的具体流年。但是,根据价值形式发展的历史趋势,我们倒有可能提出其主要历史任务并勾勒出发展的大体路径。

包括下行线和终结点在内的整个"捺线"的主要历史任务在

于,在达到资本主义社会形态所能容纳的最大生产力的基础上,在社会主义的条件下,通过在工业经济充分发展基础上导致的知识经济形态,创造出高于、大于、多于资本主义社会形态所能容纳的全部生产力的生产力;在人类历史上,最终实现实践中社会主义的发展中的公有制向成熟的社会主义公有制、私有制或存在私有制社会向公有制社会、阶级社会或存在阶级的社会向无阶级社会和资本主义与社会主义、发达国家与发展中国家并存、竞争、合作的多元社会发展时代向真正的社会主义时代的历史性大转变,这是人类社会发展史上的第二次历史性大转变。

在这个相当长的历史进程中,交换价值自身将由其"撇线"的峰点,沿着"捺线"下行,直至其终结点;而能够取代交换价值的发达生产价值,将由价值形式的非主体地位和非台面位置转变为主体地位,走上人类社会历史发展的台面,进而使以人类抽象劳动为实体的价值形式也实现其第二次历史性大转变,最终使"价值"实际上"越来越限于决定生产",回归到"它真正的活动范围"①,与价值形式在人类历史上走过的否定之否定的第二次否定实现历史性重合。

纵观以人类抽象劳动为实体的价值形式发展的否定之否定路径和交换价值发展的人字型曲线,交换价值和价值交换以及整个商品经济或市场经济,如同人类历史长河上一条跨越漫长时空的桥梁,一头连着人类原始公有制(末期),一头连着社会主义成熟公有制;一头连着原始无阶级社会,一头连着发达无阶级社会;一头连着原始生产价值,一头连着发达生产价值,等等。可见,交换

---

① 恩格斯:《国民经济学批判大纲》,《马克思恩格斯全集》第3卷,人民出版社2002年第2版,第452页。

价值,包括超常交换价值不仅肩负并伴随了人类社会发展的第一次历史性大转变,而且将肩负并伴随人类社会发展的第二次历史性大转变,是人类由原始共产性社会形态向人类的最高理想——共产主义社会形态发展的必由之路。

由此看来,如果说"价值万岁",那么万岁的只能是以人类抽象劳动为实体的"价值",而不是其各种具体形式。交换价值并不是万岁的。我们的前辈孙冶方同志不仅充分肯定了"价值"发展的历史长久性,而且正确区分了价值与交换价值形式,早已在与"交换价值万岁"之间架设了一道防火墙。根据相对论的统一时空观,"交换价值万岁"与"交换价值万能"是相通的。如果由"交换价值万岁"通向"交换价值万能",进而滑入"金钱万能论",那将冲击我们党的指导思想的理论基础,染指社会主义核心价值体系。难道在我们的现实生活中,特别是在市场经济条件下,这种"冲击"和"染指"还少吗?! 因此,从理论上科学界定交换价值在人类社会发展史上和社会主义社会各领域中的时空定位,才能既肯定和发挥其在市场经济,包括社会主义市场经济中不可替代的功能和作用,又否定和防止将其"万岁化"和"万能化",有力坚持党的指导思想的理论基础和社会主义核心价值体系。

甚至,资产阶级古典政治经济学家亚当·斯密都把《国富论》和其《道德情操论》①统一谋篇布局,并且力图使其相互作用、相辅相成。中华民族源长博大的思想、理论、道德、文化和丰富多彩的政治、经济、军事、外交实践,又为我们探索和积累了义利结合的丰

---

① 《道德情操论》是亚当·斯密的巨著。实际上,斯密于1776年完成的《国富论》,即《国民财富的性质和原因的研究》,是其《道德情操论》的续篇。《道德情操论》提出,主要靠"无形的手"来指导个人行为;《国富论》则强调制度的作用,制度能够使由于盲目服从感情而可能发生的混乱得到克服。因此,二者互相作用,就可使经济社会有秩序地运行和发展。

硕成果和深厚经验。难道马克思主义武装起来的中国共产党人还不能把市场经济的交换价值和社会主义的核心价值辩证统一在中国特色社会主义的伟大理论和伟大实践中吗?!

第十八章 最终完成社会主义历史使命的经济形态

第一节 实现人的自由发展是全人类共同的最高奋斗目标

实现"人"的自由发展并达到"每个人的自由发展是一切人的自由发展的条件"①的境界,这是全人类共同的最高奋斗目标,是以人为本的最高结晶,是人性、人道、人权的最高发展,也是人类文明和马克思主义的最高价值。

在这里,决定性的前提在于:实现自由发展的"人",已经既不是作为一定阶级或社会集团的成员,也不是作为一定阶层或社会群体的成员,甚至不是带有任何社会阶级、阶层烙印或影响的人,而只能是那种"各个人都是作为个人"②的人。正如马克思和恩格斯所说:在资本主义私有制或存在私有制和阶级或存在阶级、阶层

---

① 马克思、恩格斯:《共产党宣言》,《马克思恩格斯选集》第 1 卷,人民出版社 1995 年第 2 版,第 294 页。

② 马克思、恩格斯:《费尔巴哈》,《马克思恩格斯选集》第 1 卷,人民出版社 1995 年第 2 版,第 121 页。

的社会条件下,任何人也"不是作为个人而是作为阶级的成员处于这种共同关系中的"①。因此,这里提出的"人"的自由发展的前提,是实现个人能够"作为个人"的人。这是因为在私有制或存在私有制和阶级或存在阶级、阶层的社会条件下,不仅不会存在那种个人能够作为个人的人,而且也不会获得那种"人"的自由,更不能实现那种"人"的自由发展。

人类在劳动中产生时,面对自然界本来是一个不可分割的整体,只是在私有制和阶级形成后,人类才被分化为统治阶级与被统治阶级、剥削阶级与被剥削阶级以及各种不同的阶层。从此,任何人,无论是统治阶级、剥削阶级的成员,还是被统治、被剥削阶级的成员,都已经不能够作为个人的人,而只能够作为阶级或阶层的人,或统治和剥削阶级的人,或被统治、被剥削阶级的人,抑或其他阶层的人。这样,人类在社会中,就不再是一个不可分割的整体,因而个人也就不能够再作为个人的人。当然,更谈不到实现"人"的自由发展了。反过来讲,要实现"人"的自由发展,就必须使人能够成为"人",即成为作为个人的人;而要使人成为作为个人的人,就必须消灭私有制或存在私有制和阶级或存在阶级、阶层的社会形态,使人类重新作为一个不可分割的统一整体而存在。只有这样,才能使人成为作为个人的人并实现"人"的自由发展。

实现"人"的自由发展,是全人类共同奋斗的最高目标,而且只能是全人类共同奋斗的最高目标。这绝不仅仅是一个逻辑推

---

① 马克思、恩格斯:《费尔巴哈》,《马克思恩格斯选集》第1卷,人民出版社1995年第2版,第121页。

理,而是由人类的"本性"①和"天道"②决定的,是人性和天道的有机结合,即"天人合一"③发展的大趋势。在这种大趋势下,人类不仅共同走过了昨天并正在共同走着今天,而且没有任何根据能够说明人类不再共同走向明天。实现"人"的自由发展,就是全人类共同走向进一步发展的明天。人类心理攸同,人性追求自由,天道教人发展。天人合一,则是包括能动性和创造力的人的主观世界与包括自然界和人类社会在内的客观世界之间,通过各种社会实践互相对立、互相统一,互相依赖、互相促进,穿越漫长时空,共同发展、不断进步的历史进程,也是一种不以人的主观意志为转移的必然趋势。而实现"人"的自由发展,就是这种历史趋势发展的必然结果。

　　"人"的自由发展,作为全人类共同的最高奋斗目标,只有通过全人类的共同奋斗才能够最后实现。离开了全人类的共同奋斗,任何阶级、阶层都不可能实现。对于统治阶级、剥削阶级是这样,对于被统治被剥削阶级以及其他任何阶层,也无不这样。可能有人认为统治阶级、剥削阶级既有权利,又有资本或财产,他们似乎能够实现"人"的自由发展。然而,事情并不是这样。他们所拥有的权利和物质条件只能够使其得到某种发展,但是这种发展,包括其个人的发展不是"人"的发展,更不是"人"的自由发展。这是因为他们的"个人自由只是对那些在统治阶级范围内发展的个人来说是

---

　　①　人类的本性,即为人性,系作为人类成员应当具有的正常的感情和理性。
　　②　天道即为客观规律,中国古代哲学把天道作为一种哲学术语。唯物主义认为天道是自然界及其发展变化的客观规律,有大道之行人不可违的认知;而唯心主义则认为,天道是上天或上帝的意志的表现,也是吉凶祸福的征兆。
　　③　"天人合一"本来是汉代主张大一统的思想家、政治家董仲舒,在阐发《公羊传》中提出的一种封建大一统的政治思想。在这里,我们则对其进行了辩证唯物主义的改造和解释。把"天"界定为客观世界及其发展规律,把"人"界定为主观世界及其发展规律。

存在的,他们之所以有个人自由,只是因为他们是这一阶级的个人"①。而决不是能够作为个人的人。因此,他们的自由也不是"人"的自由,他们的发展也不是"人"发展,更不是"人"的自由发展。

被统治被剥削阶级和广大劳动人民,也不可能单独实现这种"人"的自由发展。因为他们作为被统治被剥削阶级的人,也不能成为作为个人的人,更没有自由发展的政治权利和物质条件,因而由他们单独实现"人"的自由发展也是不可能的。即使是在社会主义历史阶段,特别是其初级阶段,由于生产力尚不发达、公有制尚不成熟,私有制仍长期存在。同时,尽管资产阶级或其他剥削阶级作为阶级已不复存在,但其影响却仍然存在,而且工人阶级、农民阶级以及各种不同阶层也仍然存在。在这种社会历史条件下,人类仍然不能作为一个统一而不可分割的整体存在,也仍然不能使人作为个人的人,因而也不可能实现"人"的自由发展。对此,马克思恩格斯早已做出了科学的论断:无产阶级只有解放全人类,才能最后解放自己。

实际上,在人类历史上提出这一伟大目标的正是无产阶级革命的伟大导师马克思和恩格斯,也只有揭示了资本主义社会形态和整个人类社会历史发展规律的他们才能够提出这一目标并对其进行科学的界定,揭示出它最终实现的社会历史条件。

可能有人会问,马克思恩格斯不是已经明确提出:"共产党人可以把自己的理论概括为一句话:消灭私有制。"②又何以说实现"人"的自由发展是无产阶级和共产党人,以至全人类的共同奋斗

①　马克思、恩格斯:《费尔巴哈》,《马克思恩格斯选集》第1卷,人民出版社1995年第2版,第119页。

②　马克思、恩格斯:《共产党宣言》,《马克思恩格斯选集》第1卷,人民出版社1995年第2版,第286页。

目标呢？其实，这两个概括具有内在的联系，而且集中体现为因果关系。这就是说，消灭私有制才能实现"人"的自由发展，而且只有消灭私有制才能实现"人"的自由发展。十分清晰，马克思恩格斯是把消灭私有制作为实现"人"的自由发展的绝对必要条件提出来的；没有这个条件，"人"的自由发展就是一句空话。这是由于马克思恩格斯在考察研究并深刻揭示资本主义和一切私有制社会形态的本质与规律的基础上，科学地认定私有制是实现"人"的自由发展的根本障碍，因此要实现"人"的自由发展，集中起来就必须消灭私有制。他们尖锐地指出："在资产阶级社会里，资本具有独立性和个性，而活动着的个人却没有独立性和个性。"①入木三分、一针见血，使人丧失独立性和个性，也就是使人不能够作为个人的人的决定因素，就在于资本主义私有制。顺理成章，要使人成为作为个人的人，进而实现"人"的自由发展，就必须消灭私有制。

如果我们把实现"人"的自由发展锁定为全人类共同的最高奋斗目标，那么要最终实现这一远大目标，人类已经开始并将继续经历"两次跨越"或"两次解放"、"三个阶段"。

第一阶段，从人类社会出现到资本主义社会形成以前，这是一个不存在人的独立性的阶段，也就是"人的依赖关系（起初完全是自然发生的）"②的阶段。

在这个阶段的开始，本来人类是作为一个整体出现在自然界面前的，尚未分化为不同的阶级，但是由于当时"人的生产能力只

---

① 马克思、恩格斯：《共产党宣言》，《马克思恩格斯选集》第1卷，人民出版社1995年第2版，第287页。

② 马克思：《政治经济学批判》，《马克思恩格斯全集》第30卷，人民出版社1995年第2版，第107页。

在狭窄的范围内和孤立的地点上发展着"①。因此,在强大而陌生的自然力,包括各种灾害和野兽面前,必然形成了人的依赖关系,弱者依赖强者、部落成员依赖部落整体、小部落依赖大部落等等。在这种原始条件下,人虽艰难生存,但却并不独立;人虽有所发展,但却极不自由。

随着生产力的发展,特别是三次社会大分工的相继实现,私有制和阶级逐渐产生,人类先后进入了奴隶制和封建制社会形态。在这种历史条件下,人的依赖关系打上了阶级社会的烙印。在奴隶制社会,广大奴隶被当做会说话的工具,变成了奴隶主阶级的附属品。即使进入了封建制社会形态,人虽然基本摆脱了奴隶地位,但迎接他们的是封建的人身依附关系,人又被紧紧地束缚在地主阶级的土地上和封建等级关系里。甚至,封建制国家的各级官吏也被纳入了人身依附的政治阶梯中,那种"普天之下莫非王土,率土之滨莫非王臣",以至"君让臣死,臣不得不死"等信条,就是封建制社会形态下人的依赖关系的真实写照。在中世纪的欧洲,不仅农奴本身处于依附关系中,而且其新娘的人身也难逃这种关系。对此,反动教会的教主对其享有的"初夜权",就是一个铁证。

第二阶段,从资本主义社会形态的形成到社会主义代替资本主义或资本主义发展为社会主义,这是一个或仍存在"以物的依赖性为基础的人的独立性"②的阶段。

在这个阶段,由于社会生产力的空前发展,特别是以蒸汽机为标志的机器大工业生产的出现,资本主义私有制代替了前资本主

①　马克思:《政治经济学批判》,《马克思恩格斯全集》第30卷,人民出版社1995年第2版,第107页。

②　马克思:《政治经济学批判》,《马克思恩格斯全集》第30卷,人民出版社1995年第2版,第107页。

义的各种私有制、资本主义的商品经济取代了简单商品经济。不仅整个社会财富表现为庞大的商品堆积,而且劳动力也已实现了商品化。广大劳动者,一方面变成了一无所有的无产者,作为"劳动力占有者没有可能出卖有自己的劳动对象化在其中的商品,而不得不把只存在于他的活的身体中的劳动力本身当作商品出卖"①。另一方面,他们又获得了对自身劳动力的占有权与支配权,成为了"自己的劳动能力、自己人身的自由所有者。"②而且,即使出卖劳动力也有权只出卖一定时间。

由此可见,这是人类在走向"人"的自由发展远大目标进程中的一次历史性跨越,也是人权的第一次解放。人类的这次解放,不仅摆脱了会说话的工具的非人地位和人身依附的非人命运,而且获得了对自己劳动力的占有权和支配权或让渡权。而这一切,又都得到了国家法律的保证并冠以平等、自由、交换的资本主义文明。从此,人类实现了以物的依赖性为基础的人的独立性。

对于这一阶段的主要特征,马克思曾做过精辟而生动的分析:"劳动力占有者和货币占有者在市场上相遇,彼此作为身份平等的商品占有者发生关系,所不同的只是一个是买者,一个是卖者,因此双方是在法律上平等的人。这种关系要保持下去,劳动力所有者就必须始终把劳动力只出卖一定时间,因为他要是把劳动力一下子全部卖光,他就出卖了自己,就从自由人转化为奴隶,从商品占有者转化为商品。他作为人,必须总是把自己的劳动力当作自己的财产,从而当作自己的商品。而要做到这一点,他必须始终让买者只是在一定期限内暂时支配他的劳动力,消费他的劳动力,

---

① 马克思:《资本论》第一卷,人民出版社 2004 年第 2 版,第 196 页。
② 马克思:《资本论》第一卷,人民出版社 2004 年第 2 版,第 195 页。

就是说,他在让渡自己的劳动力时不放弃自己对它的所有权。"①马克思在这段分析后面还加上了一个注释:"在自由劳动的民族里,一切法典都规定了解除契约的条件……奴隶制采取债役这种隐蔽的形式。因为债务要以劳役偿还,而且要世代相传,所以不仅劳动者个人,而且连他的家族实际上都成为别人及其家族的财产。"②

可见,人类在自身发展进程中,由第一阶段进入第二阶段,不仅对于人权是一次历史性解放,而且也促进生产力和整个人类社会实现了一次超常发展和革命性进步。马克思说:"毫无疑问,这种物的联系比单个人之间没有联系要好,或者比只是以自然血缘关系和统治从属关系为基础的地方性联系要好。"③只有"在这种形式下,才形成普遍的物质交换,全面的关系,各方面的需求以及全面的能力的体系"④。对于这一点,资本主义时代生产力的空前发展和人类文明的空前进步,已经做出了有力的证明。

须明确界定的是,社会主义历史阶段,特别是其初级阶段,在总体上是一个由第二阶段向第三阶段发展的过渡性历史阶段,即由以"物的依赖性为基础的人的独立性"向"人"的自由发展进行历史性转变的阶段。因此,仍然存在着这种以物的依赖性为基础的人的独立性现象。从实践中社会主义所处时代的特征来看,资本主义社会形态尚未创造出它所能容纳的全部生产力,实践中社会主义则面临追赶世界中等发达和高度发达国家生产力,远未创造出高于、大于、多于资本主义社会形态所能容纳的全部生产力的

---

①　马克思:《资本论》第一卷,人民出版社 2004 年第 2 版,第 195—196 页。

②　马克思:《资本论》第一卷,人民出版社 2004 年第 2 版,第 196 页,注释(40)。

③　马克思:《政治经济学批判》,《马克思恩格斯全集》第 30 页,人民出版社 1995 年第 2 版,第 111 页。

④　马克思:《政治经济学批判》,《马克思恩格斯全集》第 30 卷,人民出版社 1995 年第 2 版,第 107 页。

生产力;社会主义公有制虽为主体,但尚未成熟,私有制仍然存在;以交换价值和价值交换为基础的市场经济体制机制,对社会生产力发展尚具有相当长的生命周期,等等。虽然,资产阶级等剥削阶级作为阶级已不复存在,但是不同阶级和阶层还存在,资产阶级法权、资产阶级观念等资本主义社会的某些上层建筑和意识形态及其影响等还存在。在这种社会历史条件下,社会主义社会,特别是其初级阶段的社会成员仍将以不同的阶级或阶层的人出现,而不能作为个人的人出现,即不能摆脱或完全摆脱以物的依赖性为基础的人的独立性状态。可见,以物的依赖性为基础的人的独立性或其影响,在社会主义历史阶段,特别是其初级阶段不仅是不争的事实,而且有其存在的历史必然性。

如果在资本主义社会形态,这种以物的依赖性为基础的人的独立性及其形成的社会机制,无论是对于占有物的人即资本家,还是对于不占有物而只占有自身劳动力的劳动者,都有或曾有历史的进步性和积极作用,推动和促进了使用价值包括新质使用价值和价值包括超常价值、剩余价值包括超常剩余价值的创造以及综合价值包括革命性综合价值的形成与实现,进而推动和促进了生产力和整个人类社会及其各领域的发展与进步,特别是超常发展和革命性进步;那么,在社会主义历史阶段,特别是其初级阶段,这种以物的依赖性为基础的人的独立性及其所形成的社会机制,对于占有物与不占有物或占有物多与占有物少的人,则仍有不同的历史性积极作用,继续推动和促进社会主义市场经济条件下使用价值包括新质使用价值和价值包括超常价值、剩余价值包括超常剩余价值的创造,以及综合价值包括革命性综合价值的形成与实现,并且将继续推进社会主义历史阶段生产力和整个社会及其各领域的发展与进步,特别是新的超常发展和革命性进步,进而为人类由以物的依赖性为基础的人的独立性向其"人"的自由发展的最高目标前进,创造足够的物质条件及其社会文明。

可见,在人类社会发展史上,社会主义历史阶段作为一个从资本主义或其他私有制社会形态向共产主义社会形态高级阶段发展的过渡性历史阶段,肩负着人类由自身发展的第二阶段向其第三阶段,即由以物的依赖性为基础的人的独立性向"人"的自由发展的最高目标过渡和发展的历史使命。

社会主义历史阶段,特别是其高级阶段,要完成这一历史使命,须在生产力、生产关系和上层建筑各领域创造一系列条件,但是按照实现"人"的自由发展的本质要求,实现"个人全面发展"①是其中一个不可或缺的条件和不可跨越的基础。这就是说,实现人在自然属性、社会属性和思想观念层面的全面发展,是社会主义历史阶段完成人类由自身发展的第二阶段向其第三阶段过渡和发展的一个基本使命。

第三阶段,从资本主义社会形态走向消亡开始并经社会主义历史阶段的过渡,人类将最终进入其自身发展的第三阶段。这是一个"建立在个人全面发展和他们共同的、社会的生产能力成为从属于他们的社会财富这一基础上的自由个性"②的阶段。

在这个阶段,人类将最终达到作为个人的"人"的标准并实现"人"的自由发展这一共同的最高奋斗目标,从而完成人类自身发展进程中的第二次历史性跨越和人权的第二次历史性解放,这也是人类历史上一次关于人的自身发展的更加伟大的跨越和解放。

对于这一阶段来说,一方面,由于人类自身发展第二阶段的历

①　马克思:《政治经济学批判》,《马克思恩格斯全集》第30卷,人民出版社1995年第2版,第107页。

②　马克思:《政治经济学批判》,《马克思恩格斯全集》第30卷,人民出版社1995年第2版,第107—108页。

史进步性和发展潜力的充分发挥,"为第三阶段创造条件"①,并且为其到来提供了可能性;另一方面,由于第二阶段存在着历史局限性和落后性,特别是使人对物的依赖性,分别把占有物和不占有物的人异化为剥削阶级和被剥削阶级、把占有物多与占有物少的人区分为不同阶层,发展到一定历史阶段,这便成为生产力和人类社会进一步发展与进步的桎梏并为其退出历史舞台埋下了客观必然性。正如马克思所说:"在个人创造出他们自己的社会联系之前,他们不可能把这种社会联系置于自己支配之下。如果把这种单纯**物的联系**理解为自然发生的、同个性的自然(与反思的知识和意志相反)不可分割的、而且是个性内在的联系,那是荒谬的。这种联系是各个人的产物。它是历史的产物。它属于个人发展的一定阶段。这种联系借以同个人相对立而存在的异己性和独立性只是证明,个人还处于创造自己社会生活条件的过程中,而不是从这种条件出发去开始他们的社会生活。"②

那么,人类在进入社会主义历史阶段,包括其初级阶段以后,究竟需要创造哪些条件,才能最终过渡到其自身发展的第三阶段,最终实现"人"的自由发展呢?

其实,对于如此重大而前瞻的世界性问题,自己说不出几句有用的话来。但是,根据马克思主义的基本原理和世界社会主义正反两方面的历史经验,特别是中国特色社会主义理论与实践,我认为以下条件是不可缺少的:

第一,高于、大于、多于资本主义社会形态所能容纳的全部生

---

① 马克思:《政治经济学批判》,《马克思恩格斯全集》第 30 卷,人民出版社 1995 年第 2 版,第 108 页。

② 马克思:《政治经济学批判》,《马克思恩格斯全集》第 30 卷,人民出版社 1995 年第 2 版,第 111—112 页。

产力的生产力。在人类自身发展的第二阶段,人的独立性之所以必须以物的依赖性为基础,既是由生产力的发展决定的,又是由生产力的不发展决定的。说它是由生产力的发展决定的,是因为资本主义创造了高于、大于、多于封建制社会形态等过去一切世代创造的全部生产力的生产力;说它是由于生产力的不发展决定的,是因为资本主义尚未创造出资本主义社会形态所能容纳的全部生产力,人类更未创造出高于、大于、多于这种生产力的生产力。可见,人类在自身发展的第二阶段,能够实现以物的依赖性为基础的人的独立性,是由于生产力的发展决定的;而只能够实现以物的依赖性为基础的人的独立性,则是由于现实生产力的不发展决定的。因此,创造高于、大于、多于资本主义社会形态所能容纳的全部生产力的生产力,是人类实现由以物的依赖性为基础的人的独立性向"人"的自由发展这一最高目标跨越的物质条件。

　　对于实践中或发展中的社会主义①,完成这项任务将更加艰

---

　　① 所谓实践中或发展中的社会主义,是我在研究创新劳动价值论中使用的一个概念,即正在根据马克思主义关于科学社会主义的基本原理并结合时代特征和本国实际,实践、探索和发展着的社会主义。中国特色社会主义就是实践中或发展中的社会主义的成功典范。实践中或发展中的社会主义有三个主要特征:一是普遍性,它把科学社会主义基本原理变为实践,形成了社会主义国家,标志着社会主义不仅由空想变为科学,而且由理论变为实践;二是特殊性,它是由资本主义不发展,甚至落后国家在特定历史条件下产生的社会主义国家,而不是马克思恩格斯原预想在资本主义充分发展国家产生的社会主义,它正在以比资本主义更高的质量与速度,有步骤地完成其更加艰巨的生产力发展任务;三是创造性,科学社会主义由理论变为实践是一个动态、开放和不断创造的历史过程,因而它在实践中创造、在创造中实践,将直到社会主义在资本主义充分发展国家也变为实践,与其共同实现社会主义在全世界胜利。实际上,邓小平同志所讲的社会主义就是实践中或发展中的社会主义。无论是其普遍性、特殊性还是其创造性,都源于其进行的社会主义实践,并基于其建立的社会主义国家。用邓小平同志的话来说,就是正在"坚持"(社会主义原则)、"建设"(社会主义国家)、"发展"(生产力)的社会主义。在邓小平同志看来,实践中或发展中的社会主义"最根本任务就是发展生产力,社会主义的优越性归根到底要体现在它的生产力比资本主义发展得更快一些、更高一些,并且在发展生产力的基础上不断改善人民的物质文化生活。"(《建设有中国特色的社会主义》,《邓小平文选》第三卷,人民出版社1993年第1版,第63页)。

巨。因为它不是在资本主义社会形态所能容纳的全部生产力的基础上创造高于、大于、多于这种生产力的生产力,而是要在赶超资本主义先进国家生产力并创造或参与创造资本主义社会形态所能容纳的全部生产力的基础上,再去创造高于、大于、多于这种生产力的生产力。虽然,它们有一定的后发优势,但后发优势只是赶、超这种生产力差距的条件,并不是生产力发展本身。因此,对于任何社会主义国家,包括已经进入的社会主义与将来进入的社会主义、资本主义不发达国家进入的社会主义与发达资本主义国家进入的社会主义,要由人类自身发展的第二阶段发展到第三阶段,即由以物的依赖性基础的人的独立性去实现"人"的自由发展目标,创造高于、大于、多于资本主义社会形态所能容纳的全部生产力的生产力,都是绝对绕不开的。对于实践中或发展中的社会主义来说,由于人类历史发展的特定机遇,是在其存在的物质条件在旧社会的胎胞里尚未成熟或尚未完全成熟的时候产生的,这是一个历史事实。人们若因此而否认它作为社会主义国家的存在和发展,不是马克思主义的;若因此而忽视它为实现"人"的自由发展目标所肩负的生产力发展任务的历史艰巨性,也不是马克思主义的。只有实事求是地赶、超资本主义国家的先进生产力并在资本主义社会形态所能容纳的全部生产力的基础上,最终创造出高于、大于、多于这种生产力的生产力,为实现"人"的自由发展这一最高目标创造足够的物质条件,才是马克思主义的。

第二,成熟的社会主义公有制。在人类自身发展的第二阶段,人的独立性之所以必须以物的依赖性为基础,除了生产力发展的原因以外,资本主义私有制进一步把物的占有者异化为剥削阶级成员,即剥削劳动者创造的剩余价值的资本家,又把物的非占有者异化为被剥削阶级成员,即除自身的劳动力外一无所有的无产者,从这两个方面把人的独立性牢牢地锁定在对物的依赖性上。因此，要实现"人"的自由发展，必须消灭资本主义私有制。在社会主义历史阶段，特别是其初级阶段，由于社会主义公有制尚不成熟，私有资本仍长期存在，劳动力又存在一定的商品性，其创造的剩余价值也带有相当的剥削性，因而致使社会主义市场经济条件下的物还性质不同、程度不同地把占有物与不占有物或占有物多与占有物少的人分别异化或区分为不同阶层、不同群体的人，从而使人的独立性难以最后摆脱对物的依赖性，甚至长期打上对物的依赖性的烙印。可见，根据生产力发展的历史进程，建设成熟的社会主义公有制，逐步消灭生产资料私有制，是逐渐摆脱和消除人对于物的依赖性，并且使人类最终实现"人"的自由发展这一最高目标的一种必不可缺少的经济基础或社会经济条件。正如马克思所说，人类自身发展的第三阶段，必须建立在人类共同的、社会的生产能力成为从属于他们的社会财富这一成熟的生产资料社会主义公有制的基础上。

第三，各种阶级和阶层及其差别与影响的消亡。在人类自身发展的第三阶段，实现"人"的自由发展的社会政治前提，是人成为作为个人的人。这个"人"已经不再是社会各种阶级或阶层的人，并且已不带有它们的任何差别和烙印，真正实现了"人"的独立性。将来到那个时候，即"当阶级差别在发展进程中已经消失而全部生产集中在联合起来的个人的手里的时候，公共权力就失去政治性质"[1]。而一旦那个时候到来，"代替那存在着阶级和阶

---

[1]　马克思、恩格斯:《共产党宣言》,《马克思恩格斯选集》第 1 卷,人民出版社 1995 年第 2 版,第 294 页。

级对立的资产阶级旧社会的,将是这样一个联合体"①,即能够自由发展的人的联合体,也就是共产主义社会形态的高级阶段。可见,为了最终实现"人"的自由发展这一全人类的最高目标,社会主义历史阶段作为整个共产主义社会形态的第一阶段或初级阶段,必须在创造高于、大于、多于资本主义社会形态所能容纳的全部生产力的生产力和成熟的社会主义生产资料公有制的过程中,消灭各种阶级或阶层及其差别与影响,使人类成员成为作为个人的人,为实现"人"的自由发展这一人类共同的最高目标,提供不可或缺的社会政治条件。

第四,以人类抽象劳动为实体的价值形式由交换价值转变为高度发达的生产价值。在人类自身发展的第二阶段,社会实行的是商品经济或市场经济体制机制,不仅资本的形成和剩余价值的创造是通过交换价值和价值交换实现的,而且交换价值和价值交换还为其取得了平等、自由的外观,使人们借以依赖的物和其社会分配在人类历史上显得空前丰厚、"合理"。这种经济运行体制机制的历史进步性和对生产力发展的推动作用,不仅已被资本主义社会形态的形成和发展所证明,而且一经与社会主义基本经济制度相结合,就会在社会主义历史阶段的经济运行和发展中焕发出新的生命力。然而,这种交换价值和价值交换也蕴涵着自身不可解决的矛盾,即"物品固有的实际效用和这种效用的规定之间的对立,以及效用的规定和交换者的自由之间的对立"②。因此,随着社会主义历史阶段生产力的空前发展和社会主义公有制的日益

---

① 马克思、恩格斯:《共产党宣言》,《马克思恩格斯选集》第1卷,人民出版社1995年第2版,第294页。

② 恩格斯:《国民经济学批判大纲》,《马克思恩格斯全集》第3卷,人民出版社2002年第2版,第451页。

成熟,以及各种阶级、阶层及其差别与影响的逐步消亡,以发达生产价值取代交换价值,不仅是解决其自身矛盾的唯一途径,而且也是人类为最终走出以对物的依赖性为基础的人的独立性阶段,实现"人"的自由发展目标,必须在更高层级和更高境界进行的经济运行体制机制转换。正如恩格斯所说:"到那个时候,价值概念的实际运用就会越来越限于决定生产。"[1]从而进入以人类抽象劳动为实体的价值的"真正的活动范围"[2]。这是人类实现"人"的自由发展目标所必须的经济运行体制机制条件。

第五,人的全面发展。人类实现"人"的自由发展目标,不仅须有相应的物质条件、社会经济条件、社会政治条件和经济运行的体制机制条件,而且还须有人的自身条件,即实现人的全面发展。

人的全面发展是"人"的自由发展的基础,"人"的自由发展是人的全面发展的结果。二者是相辅相成,缺一不可的,不实现人的全面发展,就不能实现"人"的自由发展;不实现"人"的自由发展,人的全面发展就失去了发展的目标。这就是人的全面发展与"人"的自由发展之间的历史辩证法。因此,人类在社会主义历史阶段的一项重要任务,就是在生产力空前发展和社会空前进步的同时,实现人在其自然属性、社会属性层面的全面发展和思想观念的革命性进步,即"同传统的观念实行最彻底的决裂"[3],为人类实现"人"的自由发展远大目标打下坚实的基础。可以说,在资本主义条件下,由于劳动力已经完全商品化,因此劳动者不可能实现全

---

[1]　恩格斯:《国民经济学批判大纲》,《马克思恩格斯全集》第3卷,人民出版社2002年第2版,第452页。

[2]　恩格斯:《国民经济学批判大纲》,《马克思恩格斯全集》第3卷,人民出版社2002年第2版,第452页。

[3]　马克思、恩格斯:《共产党宣言》,《马克思恩格斯选集》第1卷,人民出版社1995年第2版,第293页。

面发展,而在社会主义历史阶段,以人为本宗旨最终要体现在实现人的全面发展上。正如马克思所说,人类自身发展的第三阶段,必须"建立在个人全面发展"①的基础上。这是人类实现"人"的自由发展远大目标的自身条件。

第六,世界主要国家社会主义使命的完成。实质上,"人"的自由发展作为全人类共同奋斗的最高目标的实现,将是人类社会发展史上一场前所未有的世界性使命,是生产力和整个人类社会及其各个领域一次空前的超常发展和革命性进步。

实现"人"的自由发展,绝不仅是一两个国家的事情,而必将是全世界共同的事情;也绝不仅是一个历史发展阶段的任务,而必将是一个历史发展时代的任务。因此,它绝不可能靠一两个国家单独完成,至少需要世界主要国家先后都进入社会主义后共同完成;也绝不是在社会主义时代就能够完成或最终完成的,而只有在人类历史进入共产主义时代才能最终完成。恩格斯曾就此做过精辟的分析:"单是大工业建立了世界市场这一点,就把全球各国的人民,尤其是各文明国家的人民,彼此紧紧地联合起来,致使每一个国家的人民都受着另一国家的事变的影响。"他科学地断定:"共产主义革命将不仅仅是一个国家的革命","它是世界性革命,所以将有世界性的活动场所。"②当代,经济全球化和世界信息化正在网络着地球的各个角落。这次世界金融危机进一步说明,地球已经变小、变平了。任何国家,特别是主要国家只要出事,无论是好事还是坏事,人们不用跷脚就能看见,不用侧耳就能听到,只要发生在地球

---

① 马克思:《政治经济学批判》,《马克思恩格斯全集》第30卷,人民出版社1995年第2版,第107页。

② 恩格斯:《共产主义原理》,《马克思恩格斯选集》第1卷,人民出版社1995年第2版,第241页。

上就能感受到。在这种条件下,人类任何重大问题都是世界性问题,任何重大问题的解决都须进行世界性解决,何况实现"人"的自由发展这一整个人类历史上空前重大、广泛、深远的世界性问题?!

　　特别是解决关于人的独立性以物的依赖性为基础这一课题,可谓牵一"发"而动全球,远不是一两个国家所能解决的,也不是任何时代都能回答的。以物的依赖性为基础的人的独立性,是在交换价值和价值交换以及整个商品经济或市场经济体制机制下形成和发展的,人类要摆脱对于物的依赖性,也只有在生产力发展到足以使这种体制机制被更先进的社会经济运行体制机制所取代以后。而交换价值和价值交换以及整个市场经济体制机制的消亡本身,就是一个世界性和时代性问题。马克思在考察商品交换产生时,曾揭示出其由外到内的路径:"商品交换是在共同体的尽头,在它们与别的共同体或其成员接触的地方开始的。但是物一旦对外成为商品,由于反作用,它们在共同体内部生活中也成为商品。"①根据这一思想和迄今世界各国,特别是中国特色社会主义实践,商品交换的消亡则将反其道而行之,遵循由内到外的路径,即由国内到国际,甚至在某些完成或基本完成社会主义使命的国家内部,交换价值和价值交换以及整个市场经济体制机制消亡的其他条件已经具备的情况下,在国际交往,特别是在经济、技术、贸易交往中,仍须通过交换价值和价值交换的形式和机制进行。可见,交换价值和价值交换以及整个市场经济体制机制及其承载的人对物的依赖性,其消亡过程的世界性和时代性,是一条不以人们主观意志为转移的客观规律。

　　自由发展是人类本性的要求。它作为一个模糊目标,人类为

---

　　①　马克思:《资本论》第一卷,人民出版社 2004 年第 2 版,第 107 页。

其奋斗不是从今天开始的,也不是从社会主义开始的。在一定意义上,从人类在地球上出现,直到这一目标的最终实现,都可视为人类为其奋斗的历程。虽然如此漫长而艰难、复杂而曲折,然而"这在地球的历史上只不过是人的生命中的一秒钟"①。实现"人"的自由发展,作为整个人类共同奋斗的最高目标,正是马克思恩格斯科学、系统地总结整个人类社会发展史和全部人类文明,特别是资本主义社会的特殊规律和无产阶级革命的历史经验而精辟概括出来的。在当代,人类这一共同奋斗的最高目标,将越来越成为国际社会发展中最权威的天平。任何国家、任何政党、任何国际组织的言行,无一不受到它的检验和裁判,都要看其在尘埃落定后,是否符合人类这一最高目标对其所在社会历史条件下的要求,是否实现了这种历史要求,以及在多大程度上实现了这种历史要求? 而且,这是毋须合议的最终判决。

1848 年,《共产党宣言》问世时,共产主义被公认为一种势力;1917 年来,苏联等社会主义国家先后产生时,社会主义被公认为一种国家;当代,在中华人民共和国创造的奇迹面前,中国特色社会主义已被公认为人类经济社会又好又快发展的一种模式。以至今天世界许多国家和民族的人民都公开表示,现在明白了这样一件事情:不仅中国离不开世界,世界也不能没有中国。面对全球物质资源与生态能力的严峻挑战,特别是资本主义最发达国家引发的这场世界金融危机,人类已在重新思考马克思,并且探索社会主义乃至共产主义的宗旨和目标究竟是什么,与自己到底有什么关系? 对此,我们也应当用一句话来回答:实现"人"的自由发展。

---

① 　恩格斯:《自然辩证法》,《马克思恩格斯选集》第 4 卷,人民出版社 1995 年第 2 版,第 378 页。

不管地球人是否都认识到这一点,但千真万确,这恰恰是全人类共同的最高奋斗目标。

纵观《共产党宣言》问世 160 多年的世界历史,特别是人类经受各种曲折、灾难、战争和危机的历程,实际关注和思考人类这一最高目标,并且通过发展生产力和人类文明,实际上为之奋斗的人不是少了,而是多了。当全人类大多都认识和接受自己这一最高目标并为之共同奋斗时,这一长远目标就不再那么遥远了。

第二节 知识经济是最终完成社会主义 使命的经济形态

社会主义作为共产主义社会形态的初级阶段,前头连着资本主义或其他私有制社会形态,后头连着共产主义社会形态(高级阶段,以下皆同),是人类历史上一个过渡性①的历史阶段。这种特殊历史地位,规定了社会主义的历史使命就是把人类从资本主义或其他私有制社会形态送入共产主义社会形态。这将是人类社会发展史上一次最普遍、最深远、最完整、最伟大的革命性进步。

社会主义历史使命的完成,将是人类历史上一项巨大的系统工程。世界社会主义正反两个方面的历史经验,特别是中国特色社会主义的理论和实践已经说明,它绝不仅仅是推翻资产阶级统治,建立社会主义国家了事,更加艰巨、更加复杂、更加曲折并更加长期的是全面、系统、深入地构建先进、优越、强大并能永远代替资本主义而不被资本主义所代替的社会主义政治、社会主义经济、社会主义文化、社会主义国防、社会主义外交和社会主义经济运行体

---

① 赵培兴:《社会主义论》,人民出版社 1988 年第 1 版,第 4—6 页。

制机制,以及社会主义关于人的发展的工程。可见,这的确是一项即包括生产力,又包括生产关系和上层建筑及其意识形态的革命性社会系统工程。

然而,完成这项社会主义使命的基础工程,就是发展社会主义历史阶段的社会生产力。邓小平反复指出:"社会主义阶段的最根本任务就是发展生产力,社会主义的优越性归根到底要体现它的生产力比资本主义发展得更快一些、更高一些,并且在发展生产力的基础上不断改善人民的物质文化生活。"①没有这项基础工程,或没有搞好这项基础工程,其他工程都是空中楼阁,甚至使整个社会主义变成一句空话。只要打开马克思的原著,我们就会发现"马克思主义最重视发展生产力"②。

马克思在《共产党宣言》发表十年后的 1858 曾天才地做出两个科学的判断:"无论哪一个社会形态,在它们所能容纳的全部生产力发挥出来以前,是决不会灭亡的;而新的更高的生产关系,在它的物质存在条件在旧社会的胎胞里成熟以前,是决不会出现的。"③这是对马克思主义唯物史观的精辟阐述,特别是用"两个以前"集中概括了生产力决定生产关系的科学原理。这一原理无疑也得到了中国民主革命,特别是中国共产党领导的新民主主义革命成功实践的有力证明。半封建半殖民地社会的旧中国,正是在其所能容纳的生产力发挥殆尽并成为中国先进生产力发展的最大障碍和疯狂破坏者以后,才走向灭亡的;而新中国出现的社会历史

---

① 邓小平:《建设中国特色社会主义》,《邓小平文选》第三卷,人民出版社 1993 年版,第 63 页。

② 邓小平:《建设中国特色社会主义》,《邓小平文选》第三卷,人民出版社 1993 年版,第 63 页。

③ 马克思:《〈政治经济学批判〉序言》,《马克思恩格斯全集》第 31 卷,人民出版社 1998 年第 2 版,第 413 页。

条件,除十月社会主义革命送来的马克思主义和无产阶级革命经验外,相当部分也是在这个半封建半殖民地"旧社会的胎胞里"产生、发展和成熟起来的。因此,无论是将来在资本主义充分发展基础上出现的社会主义,还是在特定历史条件下,资本主义不发展,甚至落后国家出现的社会主义,即实践中或发展中的社会主义,它们的产生都是所在社会落后和腐朽生产关系阻碍、破坏先进生产力发展的必然结果。二者之间的区别,不在于是不是先进生产力及其代表战胜和代替落后或腐朽生产关系及其代表的问题,而是先进生产力及其代表怎样或在何种历史条件下战胜和代替落后或腐朽生产关系及其代表的问题。

现在的问题是,实践中或发展中的社会主义,特别是处于初级阶段的社会主义国家,究竟怎样发展社会主义历史阶段的生产力?对此,中国特色社会主义理论与实践已经、正在并将继续探索和回答这一时代课题。

从当代世界资本主义与社会主义、发达国家与发展中国家并存、竞争、合作的多元社会发展的时代特征和世界社会主义正反两个方面的历史经验,特别是社会主义新中国 60 年进程中,已经不难看出,实践中或发展中的社会主义国家要实现社会主义历史阶段生产力发展的战略目标,必须完成"三部曲":

第一,使社会生产力赶上当代发达国家的平均水平,或达到"中等发达国家的水平"①,即"人均国内生产总值达到中等发达国家水平,基本实现现代化"。② 而且,要以比资本主义国家更高的

①　邓小平:《社会主义必须摆脱贫穷》,《邓小平文选》第三卷,人民出版社 1993 年版,第 225 页。

②　《中国共产章程》(中国共产党第十七次全国代表大会部分修改),2007 年 10 月 21 日通过。

质量和更快的速度完成这一部曲。对于实践中或发展中的社会主义，特别是处于其初级阶段的国家，这是必须首先实现的目标。它是社会主义大厦的基础工程的基础工程，决定着初级阶段社会主义国家的生死存亡。在社会主义国家发展生产力第一部曲的历程中，苏联曾有过经验。社会主义苏联击溃德国法西斯的进攻，根本扭转第二次世界大战战局的历史性胜利，就是实践中或发展中的社会主义国家尽快完成，甚至超额完成生产力发展第一部曲事关国家生死存亡的铁证。

当然，实践中或发展中的社会主义国家之所以必须首先完成生产力发展第一部曲的意义不仅如此，它从根本上决定着社会主义以人为本宗旨的逐步实现和整个社会主义优越性的阶段性体现。对此，邓小平同志早有战略考虑："到下一世纪中叶，我们可以达到中等发达国家的水平。如果达到这一步，第一，是完成了一项非常艰巨的、很不容易的任务；第二，是真正对人类作出了贡献；第三，就更加能够体现社会主义制度的优越性……这不但是给占世界总人口四分之三的第三世界走出了一条路，更重要的是向人类表明，社会主义是必由之路，社会主义优于资本主义。"[①]在社会主义中国的60年进程中，中国共产党人领导全国各族人民和整个中华民族做出了一系列五千年华夏历史上前所未有的大事，但在发展生产力的层面上，集中起来主要就是一件事：即决定性地推进了实践中或发展中社会主义国家发展生产力的第一部曲，虽然尚未最后完成，但弹指一挥间就把一个四分五裂、一穷二白的半封建半殖民地社会的落后国家，改革、建设和发展成为当今世界第三大

---

① 邓小平：《社会主义必须摆脱贫穷》，《邓小平文选》第三卷，人民出版社1994年第2版，第224—225页。

经济体,并且即将成为第二大经济体的社会主义国家。这一不争事实向人类表明:实践中或发展中的社会主义,一定要聚精会神、千方百计地完成生产力发展的第一部曲。

第二,参与创造资本主义社会形态所能容纳的全部生产力。对于一个实践中或发展中的社会主义国家,在完成了生产力发展的第一部曲以后,这应当是生产力发展的第二个战略目标。在操作中,可瞄准、达到,甚至超过同时代发达资本主义,甚至最发达资本主义国家的生产力水平并进而创造出资本主义社会形态所能容纳的全部生产力,完成实践中或发展中的社会主义国家生产力发展的第二部曲。

尽管这是一个发达资本主义国家生产力发展的最高目标,同时也是整个资本主义社会形态生产力发展所能达到的最后标准,但从整个人类历史上生产力发展进程的层面来看,它却是人类生产力发展的一个必经台阶,因而任何社会形态的国家,包括实践中或发展中的社会主义国家,都是不能绕过的。这正如人们要从一层楼登上三层楼一样,无论你是走步梯还是坐电梯,都必须经过而不能跳过二层楼这个绝对高度。

当然,现在这还不是实践中或发展中的社会主义国家生产力发展的直接目标,甚至也不是资本主义国家,包括发达资本主义国家现在就能达到的目标。但是,对于实践中或发展中的社会主义国家有意义的是,虽然这个生产力发展目标仍在资本主义社会形态生产力发展的历史坐标上,而我们一旦达到了这个发展目标,即完成了实践中或发展中的社会主义生产力发展的第二部曲,就冲到了资本主义社会形态与"够格"社会主义之间生产力发展本来的临界点,超过了这个临界点,就登上了社会主义历史阶段生产力发展的历史坐标。届时,实践中或发展中的社会主义国家就完成了社会主义初级阶段生产力发展的历史任务,也就能以"够格"社会主义屹立在人类历史发展的舞台上,做"够格"社会主义应该做并能够做的事。

对于资本主义国家,如果创造出了资本主义社会形态所能容纳的全部生产力,那么它也就由于完成了其生产力发展的历史任务,而走到资本主义社会形态发展的历史尽头并将冲破资本主义生产方式的桎梏,以适合于那时国内外历史条件的要求和形式,实现由资本主义发展为社会主义的革命性进步。

第三,创造高于、大于、多于资本主义社会形态所能容纳的全部生产力的生产力。无论是对于在资本主义社会形态充分发展基础上产生的社会主义,还是对于实践中或发展中的社会主义,这都是它们作为社会主义,特别是社会主义高级阶段生产力发展的主题曲。

其实,对于在资本主义社会形态充分发展基础上产生的社会主义,由于实践中或发展中的社会主义生产力发展一、二部曲的实际内容,都应是在资本主义"旧社会的胎胞里"发展和成熟起来的,因此它们将有可能只需经过一个不长的过渡时期,就直奔社会主义历史阶段生产力发展的主题曲,直接去创造高于、大于、多于资本主义社会形态所能容纳的全部生产力的生产力。这是马克思恩格斯在当时历史条件下预想的一种社会主义模式。

然而,对于实践中或发展中的社会主义,情况就大不一样了。由于它们是在特定的历史条件下产生的,作为"够格"社会主义"存在的物质条件"并不是在其"旧社会的胎胞里"成熟的,而是它们问世以后,在其旧社会的胎胞外面发展、形成或成熟的,这就不得不在其生产力发展的进程中,增加了所谓一、二部曲的内容。因此,它们不能在产生后直奔社会主义历史阶段生产力发展的主题曲。对于实践中社会主义国家这种生产力发展的所谓"先天不足"，马克思主义的态度是：既不能因此而否定其社会主义性质，甚至让它们回到旧社会的胎胞里，先发展资本主义或搞什么民主社会主义，待其存在的物质条件成熟以后，再搞社会主义。难道已经呱呱坠地的婴儿，还能再送回原胎胞去培育吗?! 同时，也不能否认它们作为"够格"社会主义在生产力发展上的历史性不足，而不科学发展生产力，一味地在生产关系上下工夫。

中国共产党人坚持马克思主义基本原理与时代特征和中国具体实践相结合，不仅抓住了特定历史机遇，使社会主义在极其必要条件具备的情况下"出生"，而且已经、正在并继续解决作为社会主义"事实上不够格"①的问题，特别是生产力发展的"不够格"问题。她以60年就把一个一穷二白的落后国家改革和发展成为当代世界第三大经济体的不争事实，正在并将继续向人类表明：在资本主义不发展，甚至极其落后国家产生的社会主义，即实践中或发展中的社会主义国家，能够通过发挥社会主义制度的根本优越性和市场经济体制机制的内在动力，以集中力量办大事的社会主义国家职能，以更高质量和更快速度创造和追赶本应"在资产阶级社会的胎胞里发展的生产力"②，并且进一步参与创造资本主义社会形态所能容纳的全部生产力，最终创造高于、大于、多于资本主义社会形态所能容纳的全部生产力的生产力。

当然，在人类社会发展史上，社会主义历史阶段创造出高于、大于、多于资本主义社会形态所能容纳的全部生产力的生产力，即

---

①　邓小平：《社会主义必须摆脱贫穷》，《邓小平文选》第三卷，人民出版社1994年第2版，第225页。

②　马克思：《〈政治经济学批判〉序言》，《马克思恩格斯全集》第31卷，人民出版社1995年第2版，第413页。

实践中或发展中的社会主义完成生产力发展的第三部曲并最终完成社会主义的历史使命,把人类送入共产主义社会形态,既不是一两个社会主义国家能够单独完成的,更不是在一两个历史时期内就可以实现的,它是整个社会主义历史阶段和社会主义时代的使命。因此,必须由世界主要社会主义国家,包括实践中或发展中的社会主义国家和将来在资本主义充分发展基础上产生的社会主义国家,在一个新的历史时代共同完成。

然而,在当代的现实生活中,为什么相当部分人们感到社会主义,特别是实践中或发展中的社会主义创造高于、大于、多于资本主义社会形态所能容纳的全部生产力的生产力并最终完成社会主义的历史使命,把人类送入共产主义社会形态的远大目标,是那么渺茫、那么遥远,甚至松动或模糊了社会主义信心和共产主义信仰,给民主社会主义留下了一块不大不小的空间? 出现这种现象的原因是多层面的,其中一个重要问题,在于思想深处存在着这样一个疑问:社会主义究竟怎样,或靠什么经济形态去创造如此巨大的生产力并最终完成其历史使命呢?

根据我的长期考察和跟踪研究,能够创造出高于、大于、多于资本主义社会形态所能容纳的全部生产力的生产力并最终完成社会主义历史使命的,就是以创新,特别是包括科学技术文化的知识创新为核心的知识经济形态。

在人类发展史上,作为一种独立的经济形态,知识经济是继工业经济形态之后的一种新的经济形态。关于知识经济,现在国内外有许多颇有见地的概括。按照 1996 年世界经合组织(OECD)的说法,知识经济就是"以知识为基础的经济"。联合国教科文组织科技政策局早在 1984 年提出的科研课题——多学科综合研究应用于经济发展(Multidi-sciplinary Studies on Application to

Development），已经包含用知识发展推动经济发展的思想。吴季松提出的关于知识经济就是"智力经济"的概括①，也颇有道理。

总体说来，知识经济确实是以包括科学技术文化的知识为主要基础的经济。具体说就是：知识经济是以知识为经济社会主要资源、智力为劳动基本耗费、智慧为发展核心动力的经济。在这里，既不能否认知识、智力、智慧资源在农业经济和工业经济中的应有地位与作用，也不能否认物质资源、体力耗费、非智慧动力在知识经济中的应有地位与作用。须特别提出的是，知识经济中的知识在相当意义上是新的知识，知识经济中的智慧在相当意义上也是新的智慧，而知识经济中的智力在相当意义上是作为主要劳动耗费的智力，因而也可以说知识经济就是以智力为主要劳动耗费的知识创新和智慧创新经济。因为只有通过以智力为主要劳动耗费的知识创新和智慧创新，才能产生新的知识和新的智慧并形成和发展知识经济。

可以说，如果创新劳动是人类劳动中最高级、最复杂的劳动形态，那么知识创新劳动则是创新劳动形态中最高级、最复杂的劳动形式；如果创新劳动能够创造价值量超大的超常价值及其承担者人类尚未有或部分尚未有新质使用价值，其实现能够形成革命性综合价值，推进生产力和人类社会及其各领域实现超常发展和革命性进步，那么知识创新劳动则能够创造价值量更加超大的超常价值及其承担者效用更加超大的新质使用价值，其实现将形成作用更加巨大的革命性综合价值并推进生产力和人类社会及其各领域实现更加超常的发展和更加空前的革命性进步。因此，以知识创新为核心的知识经济能够创造工业经济形态和农业经济形态不

① 吴季松：《知识经济学》，北京科学技术出版社1999年版，第30页。

能创造的生产力,能够使人类社会及其各领域实现工业经济形态和农业经济形态不能实现的革命性进步。天将降大任于知识经济,只有知识经济形态才能够完成工业经济形态和农业经济形态所不能完成的社会主义的历史使命。

那么,究竟为什么只有知识经济形态才能创造出高于、大于、多于资本主义社会形态所能容纳的全部生产力的生产力并最终完成社会主义的历史使命呢?从根本上来说,这是由知识经济形态的内在性能及其发展趋势所规定的。概括起来,这些内在性能及其发展趋势形成了知识经济形态不同于工业经济形态的五条主要特殊规律。

第一,生产力发展的超常性。这是知识经济形态下关于生产力发展的一种基本趋势,也是知识经济形态自身发展的一条特殊规律。

由于重复劳动创造的是人类已有旧质使用价值、正常价值和正常剩余价值,形成的也是非革命性综合价值;而只有创新劳动才能创造人类尚未有或部分尚未有新质使用价值、超常价值和超常剩余价值并形成革命性综合价值,推进社会生产力实现超常发展。正是由于知识经济与工业经济根本不同的是以知识为经济社会的主要资源、以智力为劳动的基本耗费、以智慧为发展的核心动力,并且不断地创造新的知识产品和智慧成果。而这些新的知识产品和智慧成果,比物质性的产品与成果,包括物质创新产品与成果具有更高效用的新质使用价值、更大价值量的超常价值和超常剩余价值,并能形成更加巨大的革命性综合价值,从而能够更加有力地推进社会生产力实现超常发展并形成超常性发展的更大趋势。可见,这种生产力发展的超常性是由知识经济形态自身的潜质决定的。实质上,在工业经济,特别是新型工业经济的基础上或过程中,从信息化、知识化入手,发展以创新,特别是包括科学技术文化的知识创新为核心的知识经济,就是在更高层级上,进一步走一条以创新劳动价值论为理论基础,并且确保生产力更加超常发展和整个社会包括各领域实现更大革命性进步的创新发展道路。

因此,当代实践中或发展中的社会主义国家,不仅追赶中等发达和高度发达资本主义国家先进生产力,完成生产力发展一、二部曲,必须在实现工业化,特别是新型工业化基础上或进程中,从信息化、知识化入手,发展知识经济,而且将来创造高于、大于、多于资本主义社会形态所能容纳的全部生产力的生产力,即完成其生产力发展的第三部曲,更加需要坚持创新发展道路,大力发展知识经济,充分发挥知识经济形态下生产力发展的超常性能,进一步形成生产力发展的超常化趋势。

纵观人类历史上的农业经济和迄今为止的工业经济以及初现的知识经济,对于人类生存发展的这个物质世界,充其量只是直接认知了其中4%的可见物质;尚有23%的物质我们根本看不见,只可通过引力效应证实其存在,现在只能称之为"暗物质";而剩下73%的物质,根本看不见,现在则只能称之为"暗能量"。对于人类那高达96%的完全未知或基本未知的物质世界,传统工业经济恐怕已无力染指。因此,无论是赢得当代全球物质资源和生态能力危机的严峻挑战,实现经济社会可持续发展,还是继续向那96%的未知世界进军,都只能由信息化、知识化拉动的新型工业经济和知识经济形态担当主力。可见,知识经济不仅是创造高于、大于、多于资本主义社会形态所能容纳的全部生产力的生产力,最终完成社会主义历史使命的经济形态,而且肩负着生产力和整个人类社会更加长远发展和更大革命性进步的历史使命。

第二,生产资料占有的社会性。这是知识经济形态下,关于生产资料所有制发展的一种基本趋势,也是知识经济形态自身发展的第二条特殊规律。

知识经济形态同主要以物质资源为基础的工业经济形态不同,在这种以知识、智力和智慧资源为主要基础的经济形态下,生产力发展的超常性及其超常化趋势要求生产资料,尤其是知识性生产资料占有的社会性。特别是信息、网络、生物医药、新能源、新材料和生命、空间、海洋以及软科技等高新科学技术和现代文化及其产业,其知识性生产资料,尤其是社会化的知识性生产资料,将日益扩大其在生产资料家族中的占比,加之基础性、普遍性、通用性知识本身早已日益社会化。因此,知识性生产资料及其在整个生产资料中占比的不断提高,从根本上加强和扩大了知识经济形态下生产资料的社会性和其发展的社会化趋势,有力地冲减和防止了生产资料,特别是除物质载体以外的知识性生产资料的私人垄断,从而促进了其社会占有。

同时,知识经济形态下的劳动者,特别是知识创新或创新知识的劳动者本身,往往既是其创新劳动力的占有者,又是其生产资料,特别是知识性生产资料的占有者,以至于他们只有作为一个创新劳动力占有者与创新劳动资料占有者的有机统一体才能实现创新,特别是实现知识创新。可见,这种生产资料,特别是知识性生产资料占有的社会性,是由知识经济形态下,劳动力占有者与生产资料,特别是知识性生产资料占有者之间的不可分离性决定的。重要的是,在这种社会现象中蕴涵着一种"劳动者有产、有产者劳动"的生产方式和社会结构,而这正是马克思所预见的社会主义的社会结构。这"不是重新建立私有制,而是在资本主义时代的成就的基础上,也就是说,在协作和对土地及靠劳动本身生产的生产资料的共同占有的基础上,重新建立个人所有制。"①在一定意义上,这不仅促进和实现了劳动力与生产资料、可变资本与不变资本的结合,而且促进和实现了生产的社会化与生产资料社会占有的结合。

马克思曾科学地判断,资本一出现就标志着社会生产过程的一个新时代,那么知识经济不断发展将进一步展现的劳动力与生产资料,特别是创新劳动力与知识性劳动资料相结合现象的反复出现,这种逐步破解资本主义生产方式固有的生产社会化与生产资料私人占有矛盾的发展趋势,不恰恰预示着又一个社会生产过程的新时代吗?!

第三,经济社会发展的可持续性。这是知识经济形态下,关于经济社会发展的一种基本趋势,是知识经济形态自身发展的第三条特殊规律。

知识经济作为人类社会发展史上的一个独立的经济形态,正是在工业经济赖以生存发展的物质资源有限性与人类经济社会发展需求无限性之间这一时代根本矛盾日益尖锐的历史条件下产生的。因而知识经济生来就是可持续发展的,也就是绿色的。虽然现在只是见其端倪,但在应对人类共面的这场全球物质资源和生态能力的挑战中,它对人类经济社会发展所具有的可持续性功能和绿色天质已经初露锋芒。

实践证明,发展知识经济,特别是通过高新科学技术文化及其产业,能够以知识、智力和智慧资源发展的无限性弥补物质资源,特别是稀缺资源的有限性;能够最大限度地扩大知识、智力和智慧资源在经济社会发展中的空间,缩小物质资源,特别是短缺资源的

---

① 马克思:《资本论》第一卷,人民出版社 2004 年第 2 版,第 874 页。

需求;能够不断开发新物质资源和新能源,以代替旧资源和旧能源,特别是短缺资源和化石能源;能够通过科技创新,发展生态产业并对物质资源和化石能源进行节约化、循环化和清洁化利用,以恢复和发展地球的生态能力,使人类生存发展的物质需求逐步与其相互平衡,进而从根本上实现人类经济社会发展的可持续化。可见,这种经济社会发展的可持续性,是由知识经济形态的主要资源知识、智力和智慧发展的无限性决定的。

实质上,经济社会发展的可持续性不仅是一个经济发展的自身问题,而且是一个发展经济的宗旨问题。知识经济发展生来的可持续性及其绿色天质,要求经济发展以人为本并因而实行经济、社会、生态全面协调发展。这就需要有相应的体制机制保证,特别需要市场的不可见手与政府的可见手互相结合,使市场经济体制机制与国家宏观调控监管相得益彰,并且逐步创造人类更先进、更科学、更有效的经济管理运行体制机制。

因此,对于实践中的社会主义国家,从信息化和知识化入手,发展以创新,特别是以知识和智慧创新为核心的知识经济,不仅是当前推进新型工业化进程,从根本上实现经济低碳增长,发展生态经济,赢得这场人类共面的时代性挑战,实现经济社会可持续发展的唯一选择,而且是最终完成生产力发展"三部曲"并实现社会主义历史使命的战略要求。

第四,人的发展的全面性。这是知识经济形态下,关于人的发展的一种基本趋势,是知识经济形态自身发展的第四条特殊规律。

人的发展的全面性,既是知识经济作为人类发展史上一种独立经济形态的内在要求,又是它的一种发展目标。在社会属性层面,它要求人逐步淡化、消除各种阶级或阶层的烙印或影响和对

"物"的依赖性,而不断增强非阶级或非阶层的独立的"人"的属性和对知识、智力、智慧的依赖性。这是由于在知识经济条件下,对于人或劳动者,特别是创新劳动者,越来越有意义的将是对知识、智力和智慧资源的占有、发挥和应用及其创造的成果,人们对社会财富的分配、社会地位的占据和非物质性待遇的获得,都取决于或基本取决于此;而越来越不再依赖或不再主要依赖于阶级或阶层等因素和对"物"的占有。这种社会机制,必将造成在知识、智力、智慧面前人人平等,有利于逐步改变和摆脱以"物"的依赖性为基础的人的独立性。可见,关于人的发展的全面性,是由知识经济形态不同于以物为本的工业经济形态的以人为本宗旨和其高度知识性决定的。

同时,知识经济形态把社会分配纳入了按照劳动成果,包括创新成果分配和实现社会公平的机制。这一方面,有利于扩大劳动收入在国民经济分配中的占比,以满足广大劳动者,特别是创新劳动者对于生存资料、发展资料、风险资料和相应享受资料的需求,保证其劳动力,包括创新劳动力生产再生产和在人的自然属性层面充分发展的需要;另一方面,这种分配机制将有力地促进生产力的超常发展和整个社会及其各领域的革命性进步,为社会公平的进一步实现,保证广大社会成员在人的自然属性层面充分发展,提供足够的物质条件。

此外,在人的社会属性和自然属性层面不断发展的进程中,知识经济形态还要求人在思想观念层面,特别是对于私有观念和传统工业经济形态形成的各种落后观念等实现革命性转变,并且树立和形成社会主义核心价值体系和一系列适应社会主义社会和知识经济形态的思想观念,包括新的劳动观念、价值观念、道德观念和人的发展观念等,进而使劳动逐步成为人的生活的第一需要,劳动者"各尽所能",最大限度地发挥自己的潜力,实现人的价值;各种劳动形态,特别是脑力劳动与体力劳动之间的矛盾,也将变为广大劳动者之间和劳动者自身的和谐分工与有机结合;每个人都不仅追求自己的全面发展,而且还将努力实现一切人的全面发展。如果进入共产主义高级阶段,人的发展将达到"每个人的自由发展是一切人的自由发展的条件"的境界,那么社会主义历史阶段人的发展则将达到:一切人的全面发展是每个人的全面发展的宗旨的境界。

可见,实现人的全面发展,不仅是知识经济发展的目标,而且是知识经济发展的过程。

第五,世界经济发展的一体化。这是知识经济形态下,世界经济发展的一种基本趋势,也是知识经济形态自身发展的第五条特殊规律。

主要以物质资源为基础的工业经济形态在当时的历史条件下,曾以包括精细分工和推进生产力大发展在内的一系列先进性和优越性代替了农业经济形态;而在当代的条件下,主要以知识、智力和智慧资源为基础的知识经济形态,则将在工业经济形态充分发展的基础上,以包括经济发展一体性,特别是世界经济发展一体化和推进生产力更加超常发展在内的一系列先进性和优越性,逐步取代工业经济形态。

在知识经济形态下,世界经济发展的一体化是由知识、智力、智慧资源及其产品,特别是其创新成果不同于物质产品和物质创新成果的共享性①决定的。正是知识经济这种从资源到产品的共

①　赵培兴:《创新劳动论》,中央文献出版社、黑龙江人民出版社 2006 年版,第 142—143 页、168—170 页。

享性,不断地对世界经济的发展提出了一体化要求。如果整个知识经济尚处端倪,那么这种对世界经济发展的一体化要求则已渐显气候。特别是在知识大爆炸的今天,知识创新时间趋快、知识创新空间趋大、知识创新价值趋多等三大趋势下,将使各类创新,特别是包括科学技术文化的知识创新迅猛发展,进而加剧了世界经济一体化发展的紧迫性。加之,电脑、软件、网络和整个信息产业的不断更新换代和大幅扩张,又为世界经济一体化提供了现实可能性。可以说,当今世界任何一种包括科学技术文化在内的知识创新成果,特别是高新科技和现代文化创新产品内部,都将形成一个知识"联合国"和"世博会",凝聚世界各国的顶尖科技成果和先进文化元素。在这种条件下,任何一个国家在日新月异、万紫千红的知识,特别是高新科技和先进文化的迅猛发展中,都不可能、也不必要包打天下,创造、掌握和垄断世界一切知识及其产业,而必将自觉不自觉地纳入世界经济发展的一体化趋势。

　　主要以知识、智力和智慧为基础的知识经济,不仅使世界经济趋向一体化发展,而且还具有一种主要依靠物质资源生存发展的工业经济,特别是传统工业经济所不具有的和平合作机理。它对于传统工业经济时代那种对物质资源,特别是短缺资源的垄断、抢夺,甚至以战争手段占有的非和平合作机理,具有内在的排斥性。实际上,对于知识、智力和智慧资源靠战争手段也是难以得到的。因此,随着知识经济的进一步发展,这种内在的和平合作机理还将驱使世界经济在一体化趋势中,走和平合作的发展道路。可见,当代世界和平、发展、合作问题的根本解决和最终实现,无一能够离开知识经济的发展,无一能够离开知识经济形态的形成,无一能够离开知识经济时代的到来。

　　当然,对于人类实现由工业经济向知识经济发展、由工业经济形态向知识经济形态转变、由工业经济时代向知识经济时代革命性进步的长期性、艰巨性、曲折性,必须具有清醒的认识。特别是对于传统工业经济时代资本主义发达国家那种非和平发展历史、非和平发展道路、非和平发展思维和非和平发展文化,在政治、经济、金融、军事、外交和文化等诸领域的即成和惯性能量,必须进行科学的考量和足够的准备。根据知识经济形态内在的一体性要求,遵循知识经济条件下世界经济发展的一体化趋势,为世界的和平、合作、发展架构政治、经济、文化新秩序,又何曾不是社会主义历史阶段,包括实践中社会主义的一项历史任务?!然而,社会主义,包括实践中社会主义,不要战争,但不怕战争;需要和平,但不乞求和平;不搞军备竞赛,但要有先进、完整、强大并足以打赢各种现代战争的战争力量。只有具备这种打赢各种现代战争的战争力量,才能够防止各种现代战争,永做"不战而屈人之兵",永为"善之善者也"①。

在这里,我所研究的知识经济形态的特殊规律,只是在知识经济形态与整个人类社会形态,特别是包括社会主义历史阶段在内的共产主义社会形态之间本质联系的意义上提出来的,并不是知识经济形态的全部规律,也不是知识经济形态的全部特殊规律。重要的是,知识经济形态发展的这些特殊规律与实现社会主义的各项历史任务紧密联系在一起,并且构成了内在的因果关系。

概括起来,对于社会主义,特别是实践中或发展中的社会主义国家,要完成社会主义历史阶段的使命,就必须实现生产力的超常发展,而充分发展知识经济能够根本实现生产力的超常发展;就必须实现生产资料的社会占有,而充分发展知识经济能够根本实现

---

① 孙武:《孙子兵法》(上),《谋攻篇》,紫禁城出版社1998年第1版,第25页。

生产资料的社会占有;就必须实现人类经济社会的可持续发展,而充分发展知识经济能够根本实现经济社会的可持续发展;就必须实现人的全面发展,而充分发展知识经济能够根本实现人的全面发展;就必须实现世界经济发展的一体化,而充分发展知识经济能够根本实现世界经济发展的一体化等等,不一而足。

因此,实现生产力的超常发展、生产资料的社会占有、经济社会的可持续发展、人的全面发展和世界经济发展的一体化等社会主义的基本条件,不仅是知识经济发展的内在要求,而且是知识经济发展的必然结果。

由此可见,工业经济形态的充分发展不能不导致知识经济形态的产生,而知识经济形态的充分发展又不能不导致社会主义及其使命的最终完成。以包括科学技术文化的知识创新为核心的知识经济,是最终完成社会主义历史使命的经济形态,这是人类历史上一条不以人们主观意志为转移的客观规律。虽然,知识经济及其背后的这一客观规律,尚处于端倪和苗头状态,但我们要善于"知几","知微知彰",把准时代脉搏,顺应历史趋势,"见几而作,不俟终日"[1],高瞻远瞩、运筹帷幄,决胜于人类历史发展的每个重大关头。

其实,马克思和恩格斯早在 1846 年就已明确提出:"建立共产主义实质上具有经济的性质,这就是为这种联合创造各种物质条件"[2]。此后的 160 多年实践,包括世界无产阶级革命与社会主义正反两个方面的历史经验和工业经济在矛盾中的发展,特别是当代新型工业经济的出现,使我们越来越清晰地认识到,这

---

① 余力主编:《周易》,紫禁城出版社 1998 年第 1 版,第 74 页。

② 马克思、恩格斯:《费尔巴哈》,《马克思恩格斯选集》第 1 卷,人民出版社 1995 年第 2 版,第 122 页。

种由信息化和知识化拉动的新型工业经济实际上就是由传统工业经济向知识经济发展的一种过渡形态，它的进一步发展就直接通向知识经济形态。可见，最终实现社会主义历史使命的经济形态，就是工业经济，特别是新型工业经济充分发展所导致的知识经济形态。

可能有人疑问，知识经济并非最先产生于社会主义，社会主义也并非最先产生于知识经济，又何以说知识经济是最终完成社会主义历史使命的"经济形态"①呢？实际上，"政治经济学本质上是一门历史的科学。它所涉及的是历史性的即经常变化的材料；它首先研究生产和交换的每个个别发展阶段的特殊规律，而且只有在完成这种研究之后，它才能确立为数不多的、适合于一切生产一般和交换一般的、完全普遍的规律"②。这就需要我们从各种经济形态的历史的、变化的事实及其材料中研究和发现其特殊规律并根据这些特殊规律找出其普遍规律。从农业经济的发展进程来看，虽然产生于原始社会末期并发展于奴隶制社会，但它作为人类历史上一种独立经济形态的充分发展，形成和承载的却是代替奴隶制社会的封建制社会形态；从工业经济的发展进程来看，虽然早

---

① 所谓经济形态，主要是指社会生产力形成和发展的基本性能和状态。它与社会经济形态和社会形态不同，社会经济形态指的是社会经济结构，即人类社会发展一定阶段上占主要地位的生产关系的总和；社会形态指的是人类历史上以一定生产关系总和为基础的社会，即社会一定发展阶段的经济基础以及与其相适应的上层建筑的总体。尽管经济形态主要是对社会生产力的总体、本质和规律性现象的概括，但是由于生产力决定生产关系、经济基础决定上层建筑，因而经济形态对社会形态具有相当的决定作用。而且，经济形态不仅决定社会形态，还跨越社会形态。这是由于经济形态所具有的物质性和对社会形态发展的超前性决定的。对此，在人类历史上虽仅先后出现农业经济、工业经济和知识经济（端倪）三种经济形态，但却已先后出现原始社会、奴隶制社会、封建制社会、资本主义社会和共产主义等五种社会形态的事实，就是一个有力的证明。

② 恩格斯:《反杜林论》,《马克思恩格斯选集》第3卷,人民出版社1995年版,第489—490页。

在第二次社会大分工手工业就从农业中分离出来,经过第三次社会大分工又得到了一定的发展并推动了奴隶制社会形态和封建制社会形态的发展,但作为人类历史上一个独立经济形态的充分发展,特别是以蒸汽机为标志的机器大工业的发展,它形成和承载的却是代替封建制社会的资本主义社会形态。

可见,无论是农业经济还是工业经济,都并非产生和发展,特别是进一步发展或充分发展于同一种社会形态。首先,这是由于在整个人类社会历史发展的进程中,农业经济(虽然当时未形成完整的经济形态)是作为原始社会形态的否定因素、奴隶制社会形态的肯定因素出现在原始社会形态末期的,因而它的发展本身必然是对原始社会形态的否定、对奴隶制社会形态的肯定。而且,农业经济在奴隶制社会后期,又是作为奴隶制社会形态的否定因素、封建制社会形态的肯定因素而进一步发展的,因而它的进一步发展又必然形成了对奴隶制社会的否定、对封建制社会形态的肯定。同样,工业经济也是作为封建制社会形态的否定因素、资本主义社会形态的肯定因素出现和发展于封建制社会形态末期的,因而它作为一个独立经济形态的进一步发展,也必然形成对封建制社会形态的否定、对资本主义社会形态的肯定。

实际上,农业经济和工业经济这种先后相似的发展历程,不仅已成为人类社会发展史上不争的事实,而且它们所反映的也不仅是各自的特殊规律,在其特殊规律中已包含着一种适用于不同经济形态的普遍规律,这就是:经济形态跨越社会形态定律。这一定律充分说明,人类历史上任何一种经济形态,在其生命周期中所经历的都不只是一种社会形态,而且它的进一步发展或充分发展所承载的又都不是其产生的原社会形态,而是否定或代替其原生社会形态的先进社会形态。

根据这一经济形态跨越社会形态的科学定律,知识经济虽然产生于工业经济发达的资本主义国家,并且展示出它在资本主义社会形态中尚有继续发展的空间,但其内在性能和发展趋势却决定,知识经济作为人类历史上继工业经济形态之后的一种独立经济形态,依然是作为资本主义社会形态的最终否定因素和包括社会主义历史阶段在内的共产主义社会形态的根本肯定因素,而产生、存在并初步发展于工业经济发达的资本主义国家的。即使知识经济在资本主义社会形态中,现已初步发展的基础上继续发展,也属于马克思所说"在旧社会的胎胞里"为"新的更高的生产关系",即社会主义生产关系创造成熟的"物质存在条件"①。因此,知识经济作为独立经济形态的充分发展,必将是对资本主义社会形态的否定和对社会主义,特别是社会主义高级阶段以及整个共产主义社会形态的肯定。

可见,经济形态跨越社会形态定律,反映了人类社会发展史上一条不以人们意志为转移的客观规律。形成这条规律的主要因素有二:一是经济形态对于社会形态的决定性;二是经济形态与社会形态的非对称性。而这两种因素又是以生产力决定生产关系、经济基础决定上层建筑的历史唯物主义为理论基础的。其实,在人类社会发展史上,这两种因素不仅早已是不争的事实,而且充分体现出历史发展的必然性。以不同发展资源和劳动形态为主要基础的各种经济形态,除在价值及其承担者使用价值创造上具有量和质的差别,甚至超常性差别外,正像具体"劳动作为使用价值的创造者,作为有用劳动,是不以一切社会形式为转移的人类生存条

---

① 马克思:《〈政治经济批判〉序言》,《马克思恩格斯全集》第31卷,人民出版社1998年第2版,第413页。

件"①一样,它们也是不以社会形态或社会形式为转移并从根本上决定社会形态或社会形式发展的。

还可能有人疑虑,原始社会形态的生产力标志有石器、奴隶制社会形态的生产力标志有青铜器(存在部分铁器)、封建制社会形态的生产力标准有铁器(仍存在部分青铜器)、资本主义社会形态形成时期的生产力标志有蒸汽机,那么社会主义历史阶段的生产力标志是什么呢? 我则认为应当这样考虑,这些不同社会形态的生产力标志是何时被人类认识并概括为其生产力发展标志的呢? 是在它们产生以前吗? 不是。是在它们产生的当时吗? 也不是。而是其产生以后,并且是其产生以后的以后。作为马克思主义的结论,直到1867年人们才在《资本论》中正式见到:"按照制造工具和武器的材料,把史前时期划分为石器时代、青铜器时代和铁器时代。"②显而易见,这种疑虑不仅是不必要的,而且也不应如此苛求。如果回答上一个疑虑的答案是以历史唯物主义为理论基础的,那么对这个疑虑的回答,则是以辩证唯物主义为理论基础的。我们不能当算命先生。在这里,我则根据人类社会历史发展的普遍规律和当代工业经济与知识经济发展的历史趋势,以及它们在人类社会发展进程中的历史地位提出:工业经济形态的充分发展必然导致知识经济形态,知识经济形态的充分发展,又必然导致社会主义代替资本主义或资本主义发展为③社会主义,并且最终完

①　马克思:《资本论》第一卷,人民出版社2004年第2版,第56页。

②　马克思:《资本论》第一卷,人民出版社1995年第2版,第211页(小注5)。

③　恩格斯曾根据19世纪下半叶世界社会主义运动和资本主义发展的实际情况,提出了一个设想:"在人民代议机关把一切权利集中在自己手里、只要取得大多数人民的支持就能够按照宪法随意办事的国家里,旧社会有可能和平长入新社会,比如在法国和美国那样的民主共和国,在英国那样的君主国。"(弗·恩格斯:《1891年社会民主党纲领草案批判》,《马克思恩格斯选集》第4卷,人民出版社1995年第2版,第411页)。人类社会发展的近现代史,特别是当代和今后世界社会主义与资本主义发展的实践将科学地检验这种可能性。

成社会主义历史阶段的使命。如果借用数学"推断"符号,模拟数学公式,我们可以把知识经济形态的充分发展,必将导致社会主义代替资本主义或资本主义发展为社会主义并最终完成社会主义使命的思想内涵概括地表达为:

知识经济形态充分发展 ⇒ 社会主义代替资本主义

可以说:"资本主义社会必然要转变为社会主义社会这个结论,马克思完全是从现代社会的经济的运动规律得出的。"[①]因此,我们要坚信社会主义必然代替资本主义或资本主义可能发展为社会主义,就必须研究现代社会的生产力发展和经济运动规律,从中掌握社会主义究竟具体通过什么经济形态和生产力发展路径代替资本主义,或资本主义究竟具体通过什么经济形态和生产力发展路径发展为社会主义并最终完成社会主义的历史使命,切实把社会主义代替资本主义或资本主义发展为社会主义的历史必然性与可能性同其具体实现的经济形态和生产力发展路径结合起来,从而把共产主义信仰和中国特色社会主义信心进一步建立在当代生产力发展和经济运动的规律上。

根据当今的时代特征和世界社会主义正反两个方面的历史经验,特别是中国特色社会主义的理论与实践,在实现工业化,特别是新型工业化的基础上或进程中,从信息化和知识化入手,发展知识经济并使知识经济形态得到充分发展,是社会主义代替资本主义或资本主义发展为社会主义,进而创造高于、大于、多于资本主义社会形态所能容纳的全部生产力的生产力,最终完成社会主义的历史使命,将人类从资本主义等私有制社会形态送入共产主义社会形态的必由之路。无论是对于实践中的社会主义还是对于将

---

① 列宁:《卡尔·马克思》,《列宁选集》第 2 卷,人民出版社 1995 年版,第 439 页。

来在资本主义充分发展基础上建立的社会主义，大体上都是这样。如果有什么不同，也不是要不要、该不该和能不能发展知识经济的问题，而是在什么时候、什么起点上和怎样发展或怎样进一步发展知识经济的问题。

关于中国特色社会主义道路，虽然不同国家的理解不同，但是其创造的经济社会又好又快发展奇迹，已经使世界各类国家都将其公认或默认为经济社会发展的成功模式。随着她作为实践中或发展中的社会主义国家生产力发展"三部曲"的一步一步完成，人类将越来越深刻地认识到，中国特色社会主义不仅是发展中国家经济社会发展的成功模式，而且是实践中或发展中社会主义国家经济社会发展的成功典范。

中国共产党人，在毛泽东思想的基础上，进一步坚持马克思主义基本原理与时代特征和中国具体实践相结合所创造的，包括邓小平理论、"三个代表"重要思想和科学发展观等重大战略思想在内的中国特色社会主义理论体系，指引中国特色社会主义跨越了光辉的历程，特别是在 1949 年开始的社会制度更替、1979 年开始的经济体制转换、党的十七大开始的经济发展方式转变，并且在这决定中国前途命运的三次革命性进步的坚实基础上和进程中，从信息化、知识化入手坚持新型工业化道路，开始发展知识经济，有力应对地球物质资源与生态能力挑战以及世界金融危机冲击，切实把经济社会发展纳入全面协调可持续发展轨道，不断地以比资本主义社会形态更高的质量、更快的速度和更低的物投、更少的碳排，实现社会主义历史阶段生产力和整个社会的发展与进步，特别是超常发展和革命性进步。这条伟大的道路，是一条发展的马克思主义指导下的和平发展道路，是一条科学发展观指导下的创新发展道路。它不仅承载着实践中或发展中社会主义国家生产力发展的"三部曲",特别是创造高于、大于、多于资本主义社会形态所能容纳的全部生产力的生产力,而且承载着整个社会主义历史阶段的使命,最终实现"人"的自由发展这一全人类共同的最高奋斗目标。因此,这条道路不仅由发展中国家通向发达国家,而且由社会主义初级阶段通向社会主义高级阶段、由社会主义历史阶段通向共产主义社会形态高级阶段。在人类社会历史发展的长河中,它必将越来越放射出社会主义的光芒。

实践是检验真理的唯一标准,何须"五百年期盼",何须"千年等一回"?! 让我们在中国特色社会主义历史使命实现后,看这条伟大道路吧。

总之,在人类社会发展史上,工业经济形态,特别是新型工业经济的充分发展必然导致知识经济,知识经济形态的充分发展必然导致社会主义代替资本主义或资本主义发展为社会主义并最终完成社会主义的历史使命。知识经济是最终完成社会主义使命的经济形态。我们一定要把对共产主义的信仰和对中国特色社会主义的信心,建立在当代这一生产力和经济社会发展规律的基石上。只有这样,我们才能进一步实现思想入党或信仰入党。

在社会主义市场经济条件下,如果共产党员,特别是党员领导干部能够迈出这一小步,那么我们党的建设和整个中国特色社会主义与中华民族复兴的伟大事业将迈出一大步。

这是什么力量? 这就是信仰的力量,这就是共产党人伟大信仰的力量。

后　记

　　由于《创新劳动价值论》是在我关于创新劳动理论和创新劳动价值理论的简缩本《论创新劳动及其价值定位》和集中论述创新劳动理论的《创新劳动论》基础上完成的,因此在它们的研究、形成和出版过程中,曾先后予以关心和支持的领导、老师、专家、学者,在《创新劳动价值论》出版时,一一浮现在我面前。主要有中共黑龙江省委原副书记、省人大第一副主任刘东辉、省人大原主任李剑白、省政协原主席周文华和黑龙江省人民政府原副省长、省政协原副主席黄枫同志,以及中共黑龙江省委宣传部副部长潘春良、部务委员赵德信同志;有世界生产力科学院院士、著名经济学家、黑龙江大学经济学院原院长熊映梧教授,黑龙江省社科联原主席刘景林研究员、现主席刘世佳研究员,省政府发展研究中心原主任邹滨年研究员,哈尔滨商业大学校长、博士生导师曲振涛教授,中国建设银行黑龙江分行巡视员王守川研究员,黑龙江大学原校长、博士生导师衣俊卿教授和其经济管理学院院长焦方义教授,哈尔滨工程大学原副校长邓三瑞教授,中共黑龙江省委党校副校长祝福恩教授和经济学教研室原主任牟朋文教授,黑龙江社会科学院经济研究所原副所长蒋立东研究员,黑龙江大学法学院原副院长杨忠文教授、东北林业大学经济管理学院王恩武教授;有中央文献研究室室务委员廖心文研究员,中央文献出版社原社长郑德兴同志和研究二处处长、责任编辑王春明副编审,黑龙江出版总社原社长陈春江,黑龙江人民出版社社长龚江红、副社长吕观仁,责任编辑、文史编辑室主任、副编审张晔明以及文史编辑室副主任许云峰等同志;有黑龙江日报报业集团原社长、总编辑贾宏图,现社长、总编辑杨殿军同志和黑龙江报业集团理论部原主任李忠玉编审、评论部原主任高级记者陆敦英同志,《学习与探索》编辑部王刚同志;有省委办公厅陈宝杰等同志。还有先后在我身边工作的一些同志。

须专门提及的是《人民日报》理论部副主任杜飞进和该部年轻经济学家马宏伟同志,以及新华社杨兆波同志和黑龙江分社副社长、总编辑高淑华与主任记者徐宜军同志,曾给予我有力的支持。

在这次《创新劳动价值论》的出版过程中,得到了中共黑龙江省委、省人民政府领导和省人大党组书记、常务副主任刘东辉同志、中央党史研究室原副主任石仲泉教授的关心以及省委宣传部的支持,还得了省知识产权局原局长张晓伟等有关同志的支持。同时,人民出版社对于我这个多年的老作者给予了热情欢迎和帮助。我的责任编辑、经济编辑室副主任郑海燕副编审在编辑工作中付出了自己的激情和精力,加之中共黑龙江省委办公厅有关部门的具体协助,使《创新劳动价值论》得以尽快与读者见面。在其修改过程中,得到了杨煌同志和牟朋文教授的指导并得到了《今日世界》主编董战群同志的支持。书中的各种数学表达和中国古代哲学思想引用分别由黑龙江大学应用数学研究所所长、博士生导师韩志刚教授和哲学系中国哲学博士生导师张锡勤教授把关。

在这里,我特意列出各位领导、专家、学者和老师、朋友的大名,不仅是表达我的谢意,更重要的是,学习和彰显他们那种对发现的创新理论,在其未识之时的理解和支持。我深感对于我们这个具有创新传统并正在振兴中的伟大民族,这种倡导和支持创新的精神是一种极其宝贵的资源和财富,其价值将日益释放出来。

最后,无论《创新劳动价值论》是否成功,在其研究和形成的过程中,我始终深感我们伟大的党及其有关组织的大爱。大学毕业让我留校做了十年马克思主义理论教员,接着调我到省委机关工作并送我到中央党校学习政治经济学、研读《资本论》,随后又安排我担任县委书记、市长等一线领导职务,使我能在理论与实践两个层面得到深造,经受历练,特别是学会了在理论与实践的结合中思考问题,不仅对理论问题进行实践思考,而且对实践问题进行理论思考。对于我来说,没有这种经历及其形成的思维方式,不仅不可能研究创新劳动价值论,而且也不可能从人类浩瀚的劳动史,特别是创新劳动史和当代国内外创新实践中将其原汁原味地提取出来并进行科学抽象与概括。大爱不言表、大恩不言谢,就让我把她永远作为前进的方向和动力吧!

关于创新劳动价值论,我诚望得到国内外广大学者、专家和实际工作者以及读者朋友们的关心、教诲和指正,以不断深化对它的研究并尽快发挥其在人类生产力和整个社会及其各领域中的发展与进步,特别是在超常发展和革命性进步中的应有作用。

策划编辑:郑海燕
封面设计:周文辉
责任校对:张杰利

图书在版编目(CIP)数据

创新劳动价值论——论超常价值/赵培兴 著. -北京:人民出版社,2010.7
ISBN 978-7-01-009112-9

Ⅰ.①创… Ⅱ.①赵… Ⅲ.①马克思主义-价值论-研究 Ⅳ.①F014.2

中国版本图书馆 CIP 数据核字(2010)第 131709 号

创新劳动价值论

CHUANGXIN LAODONG JIAZHI LUN

——论超常价值

赵培兴 著

人民出版社 出版发行
(100706 北京朝阳门内大街166号)

北京市文林印务有限公司印刷 新华书店经销

2010 年 7 月第 1 版 2010 年 7 月北京第 1 次印刷
开本:710 毫米×1000 毫米 1/16 印张:24.75
字数:286 千字 印数:0,001-3,000 册

ISBN 978-7-01-009112-9 定价:52.00 元

邮购地址 100706 北京朝阳门内大街 166 号
人民东方图书销售中心 电话 (010)65250042 65289539